地球の歩き方

Plat

P23 ぷらっと

ウズベキスタン

サマルカンド ブハラ ヒヴァ タシケント

UZBEKISTAN
SAMARKAND

地球の歩き方編集室

CONTENTS

地球の歩き方 P23 ぷらっと
Plat ウズベキスタン
サマルカンド ブハラ ヒヴァ タシケント
UZBEKISTAN SAMARKAND

8 THINGS TO DO ☑ IN UZBEKISTAN

SHOPPING

GOURMET

SAMARKAND  AREA GUIDE

RESTAURANT & HOTEL

BUKHARA AREA GUIDE

RESTAURANT & HOTEL

KHIVA AREA GUIDE

RESTAURANT & HOTEL

TASHKENT AREA GUIDE

RESTAURANT & HOTEL

COLUMN

TRAVEL INFORMATION

MAP

UZBEKISTAN AREA NAVI

ウズベキスタン早わかりナビ

中央アジアの中心部にある
日本の約1.2倍の面積をもつ国がウズベキスタン。
世界中の観光客が注目する
古都サマルカンドをはじめ、
シルクロードのオアシス都市ブハラ、ヒヴァ、
中央アジア最大の都市タシケントなどは、
絶対訪れたい！

A 「青の都」として世界中に知られる サマルカンド

Samarkand / Samarqand ▶P.10,58

「サマルカンドブルー」に彩られたイスラーム建築群を数多く残す、かつてのシルクロードの中心都市。現存するこれらの建築群の多くは14～16世紀ティムール王国の首都であった頃に建造されたもの。その壮大さ、美しさから、ウズベキスタンはもちろん、中央アジア随一の観光地といっていいだろう。

B 中世イスラーム文化の中心都市 ブハラ

Bukhara / Buxoro ▶P.22,80

サンスクリット語で「僧院」を意味するブハラは、古代から中世にかけてイスラーム世界の文化的中心地であった。現在も町の中心部は当時の様子そのままに残っており、ゆっくり町歩きをするだけでタイムスリップ気分が味わえる。

C ③ ★ヒヴァ Khiva / Xiva

ギジュドゥヴァン G'ijduvon

C 城壁に囲まれた中世の町 ヒヴァ

Khiva / Xiva ▶P.26,90

古代ペルシャ時代から栄えたオアシス都市ヒヴァ。「太陽の国」を意味するホレムズ王国の中心都市のひとつだ。おもに17～19世紀のイスラーム建築群が、高さ7～8mの城壁内イチャンカラに、当時の様子とほぼ変わらない状態で残っている。その様子から「博物館都市」として知られている。

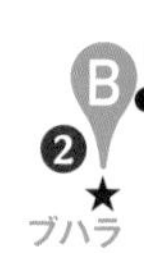

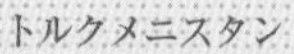

世界遺産

ウズベキスタンの世界遺産

1. **サマルカンド―文化交差路**
   Samarkand - Crossroad of Cultures
   （文化遺産：登録年2001年）
2. **ブハラ歴史地区**
   Historic Centre of Bukhara
   （文化遺産：登録年1993年）
3. **ヒヴァのイチャン・カラ**
   Itchan Kala
   （文化遺産：登録年1990年）
4. **シャフリサブス歴史地区**
   Historic Centre of Shakhrisyabz
   （文化遺産：登録年2000年）
5. **西天山** Western Tien-Shan
   ※カザフスタン、キルギスと共有登録
   （自然遺産：登録年2016年）

E ティムールのふるさと シャフリサーブス

Shahrisabz / Shakhrisyabz ▶P.72

14世紀に中央アジア一帯に巨大帝国を築いたティムールの生まれ故郷。当時の巨大宮殿跡が残る世界遺産の町で、サマルカンドからの日帰り観光が一般的。

F 肥沃な盆地に点在する工芸の町 フェルガナ盆地

▶P.40

Fergana Valley / Farg'ona Vodiysi

標高400～500mの肥沃な農業地帯で、アンズの原産地としても知られている。ここはまたウズベキスタンを代表する伝統工芸地帯。陶器の町リシタンや伝統的絹絣アトラスの工房が集まるマルギランなどはぜひ訪れたい。タシケントから列車や飛行機を使い1～2泊で訪れるのが一般的だ。

D 近代ウズベキスタンの発展を知る タシケント

Tashkent / Toshkent ▶P.30,98

人口約290万人を数えるウズベキスタンの首都。日本からの直行便やソウル経由のフライトが発着するゲートウェイ都市でもある。2000年以上前からオアシス都市として栄えたが、現在の町は1966年の大地震後に再建されたもの。いい意味でも悪い意味でも旧ソ連風な近代都市だ。

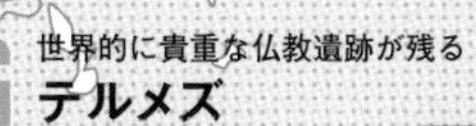

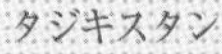

G 世界的に貴重な仏教遺跡が残る テルメズ

Termez / Termiz ▶P.36

ウズベキスタン最南部スルハンダリア州の州都。紀元前から交易都市として栄えた町で、クシャーナ朝全盛期には多くの僧院と仏塔があった。その当時の遺跡が残り、ガンダーラ美術の影響を受けた貴重な仏像などが数多く出土している。日本への仏教伝来の歴史を知るためにも訪れたい町だ。

ウズベキスタン観光モデルプラン

6 nights 8 days

ソウル経由便を利用するなら、復路便でわざと乗り継ぎ時間を長く取って、ソウルの半日観光をするのもおすすめだ。

冬季以外なら日本(東京)からウズベキスタン航空の直行便が利用できる。またアシアナ航空、大韓航空のソウル経由便なら通年で日本各地から出発可能。機中泊1泊を含む7泊8日で、主要都市を巡ることができる。ただし各都市からのエクスカーションなどを考えた場合は、2~3日余分に必要となる。ここではあくまでベースとなるパターンを紹介しよう。

Day 1 一路ウズベキスタンへ

午前 **日本発** ウズベキスタン航空直行便もしくはアシアナ航空、大韓航空のソウル経由便でタシケントへ。

夕方~夜 **タシケント到着**

Day 2 「青の都」サマルカンドへ

7:28 **サマルカンドへ出発** 高速列車アフラシャブ号でサマルカンドへ。

列車所要時間約2時間

9:36 **サマルカンド到着** ホテルに荷物を置いて市内観光開始。

11:00 **グル・アミール** P.18

主要観光地は歩いて回ることができる。ホテルが中心部から離れている場合は、まずタクシーでグル・アミールを目指そう!

12:30 **ランチ**

14:00 **レギスタン広場** P.10

サマルカンドの中心レギスタン広場。じっくり観光すると約2時間は必要だ。

16:30 **ホテルで休憩**

18:30 **レギスタン広場のライトアップ見学**

夜間のライトアップは必見。運がよければプロジェクションマッピング・ショーも見られる。

19:30 **ディナー**

Day 3 アフラシャブの丘周辺を観光

9:00 **シャーヒズィンダ廟群** P.16

サマルカンドブルーの神髄を感じられるのがシャーヒズィンダ廟群。レギスタン広場と並ぶサマルカンド観光のハイライトだ。

11:00 **ハズラティヒズル・モスク** P.61

19世紀に再建されたモスクで、ここのテラスからのサマルカンドの町の眺めは絶景だ。

11:45 **ビビハニム・モスク** P.19

巨大建造物を好んだティムールが残した、中央アジア最大級のモスク。見学にはそれほど時間は取られないが、その壮大さはしっかりと目に焼き付けておきたい。

12:30 **ショブバザール&ランチ** P.20

ビビハニム・モスク前からすぐにショブバザールに入ることができる。ランチは、ショブバザール内やその周辺、あるいはタシケント通りで取ろう。

15:00 **ウルグベク天文台跡** P.63

ショブバザール周辺からだとちょっと遠いのでタクシーを利用したい。

タクシー約10分

16:15 **アフラシャブ博物館** P.63

ウルグベク天文台から歩いて15分ほど。時間に余裕があったら、途中でダニエル廟も見ておきたい。

18:30 **グル・アミールのライトアップ**

レギスタン広場と並ぶライトアップの名所。お見逃しなく。

19:30 **ディナー**

Day 4 ブハラ1日観光スタート

9:44 **ブハラへ出発**

高速列車アフラシャブ号でブハラへ。

列車所要時間約2時間

11:17 **ブハラ到着**

ブハラの駅は隣町カガンにある。タクシーを利用して移動しよう。

タクシー約20分

12:00 **ラビハウズ近くでランチ**

ホテルに荷物を置いたらまずランチ。町の中心ラビハウズで取れば、そのあとの観光もしやすい。

13:00 **ブハラ歴史地区散策** ▶P.22

見どころは徒歩圏内に固まっているし、おみやげ屋さんもほとんど歴史地区内にある。観光&ショッピングをゆっくり楽しもう！

18:30 **カラーン・ミナレットのライトアップ見学**

ブハラのライトアップは日暮れから明け方まで一晩中続く。いくつかの史跡がライトアップされるのだが、特に見逃せないのはカラーン・ミナレットだ。

19:30 **ディナー**

Day 5 ブハラとその郊外を楽しむ

日中 **ギジュドゥヴァン半日観光** ▶P.84 **と ブハラ歴史地区散策** ▶P.22

午前中ブハラからタクシーをチャーターしてギジュドゥヴァンへ。ギジュドゥヴァン・クラフトを見学しよう。ウズベキスタン料理のランチも楽しめる。午後早めに戻り出発までゆっくりブハラ観光。おみやげ探しなどを楽しもう!

Day 6 まる1日ヒヴァを楽しむ

0:24 **ナイトトレインでヒヴァへ**

寝台列車なので、横になれる。

列車所要時間約6時間30分

6:58 **ヒヴァ着**

9:00 **イチャンカラ観光** ▶P.26

ヒヴァの見どころは基本イチャンカラ内。イチャンカラ内にはレストランやチャイハナなどがあるので、観光しながら空き時間にランチもここで済ませよう。

19:00 **ディナー**

Day 7 首都タシケント観光スタート

7:00 **タシケントへ向けて空路移動**

ヒヴァには空港がないので、タクシーでウルゲンチ空港まで移動し、飛行機に乗る。

タクシーで約50分

9:30 **ウルゲンチ空港発**

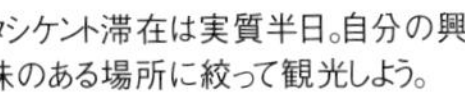

飛行機で約1時間30分

11:00 **タシケント着**

ホテルに荷物を置いて観光へ。

12:00 **ランチ**

地下鉄オイベック駅、コスモナウトラル駅周辺には美味しいレストランやカフェが多い。

13:00 **ウズベキスタン歴史博物館やナヴォイ・オペラ劇場 もしくは、チョルスーバザールか 日本人墓地、ハズラティ・イマーム広場** ▶P.100～▶P.105

タシケント滞在は実質半日。自分の興味のある場所に絞って観光しよう。

16:30 **オロイバザールやタシケント中心部でショッピング** ▶P.105、106～107

どちらもおみやげ探しには最適だ。

17:30 **ディナー**

22:00以降 **タシケント空港発**

Day 8 夕方 日本到着

Column

もう1日あったら……

サマルカンドからシャフリサーブス1日観光 ▶P.72

ティムールの生まれ故郷シャフリサーブスは世界遺産に登録されており、アクサライ宮殿など見逃したくない歴史的建造物もいろいろある。

ヒヴァからアヤズカラなどカラ巡り ▶P.92

アヤズカラにあるユルタキャンプを訪れ遊牧民の生活を少しだけ体験。その後、古代遺跡の城跡などを見て回る。

本書の使い方

本書は、TO DO LIST(厳選の観光情報)、テーマ別ガイド、エリアガイドによって構成されています。

おすすめコースと歩き方を紹介

ポイントをおさえながら回る散策ルートを、所要時間とともに紹介しています。

Column \Check!/

知っていると便利な情報

町歩きがいっそう楽しくなるコラムやチェックポイント、時間があれば訪れたい見どころや郊外の見どころなどを載せています。

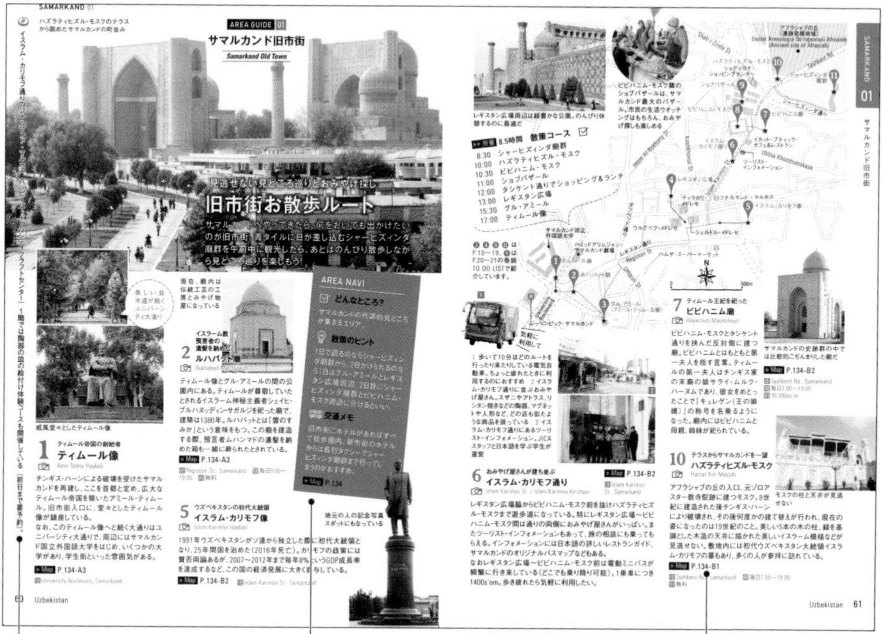

はみだし情報

旅に役立つ補足情報やアドバイス、ウズベキスタンに詳しくなる雑学、口コミネタなどを紹介しています。

エリアの特徴を紹介

各エリアの特徴、効率よく散策するためのヒント、エリア内の交通案内などを簡潔にまとめています。

▶詳細Map P.00-00
▶Map P.00-00 ▶Data P.00

さらに詳しい情報や、P.130〜141の巻末地図にリンクします。

アイコンの見方

- 観光スポット
- 博物館
- レストラン
- カフェ
- ショップ

データの見方

住 住所
本書では英語表記となっています。またSt.=Street / Rd.=Road / Ave.=Avenueと略称を用いています。

TEL 電話番号
+998は国番号ですが、現地では携帯電話などから電話する際に国番号からかけるのが一般的です。

開 開館時間、営業時間
見どころの開館時間、店舗の営業時間は季節により異なる場合があります。現地で確認することをおすすめします。

休 休館日、定休日
記載日以外に、祝祭日によっては休業する場合があります。

料 入場料、宿泊料など

URL URL

Mail e-mail

交 アクセス

Card クレジットカード
A アメリカン・エキスプレス
M Mastercard
V VISA
※2023年2月現在JCB、ダイナースはウズベキスタン国内で利用できません。

料 料金
原則so'm(スム)表記ですが、為替変動により大幅に料金が変わる可能性があるところやホテル料金はUS$で表記しています。

※本書掲載の物件表記(カタカナ、欧文)は、原則ウズベキスタン語の現地発音、アルファベット表記を用いています。ただし日本で一般的名称と思われるものは、そちらを採用している場合があります。このほか、現地でも表記方法が統一されていない物件も多いため、本書と現地情報誌等との表記が異なる場合もあります。

※本書は正確な情報の掲載に努めていますが、ご旅行の際は必ず現地で最新情報をご確認ください。また掲載情報等による損失等の責任を弊社は負いかねますのであらかじめご了承ください。

TODO ✔ LIST

8 THINGS TO DO IN UZBEKISTAN

ウズベキスタンでしたいこと&ウズベキスタンでしかできないこと

青の都サマルカンド、イスラーム文化の中心ブハラ、博物館都市ヒヴァ……
シルクロード交易で栄えた世界遺産都市で歴史に触れる旅がウズベキスタンの旅のハイライト。
さらに交易によって花開いた中央アジアの伝統文化も楽しむ。
そんなウズベキスタンで外せない旅のテーマを紹介。

TODO LIST 01 Samarkand

「青の都」サマルカンドを体感する！

紀元前10世紀頃からオアシス都市として発展し、
シルクロードの十字路の町として大きな役割を果たしてきたサマルカンド。
13世紀、チンギス・ハーンによって一度は徹底的に町は破壊されたが、
14世紀に入り、中央アジアで広大な帝国を造り上げたアミール・ティムールにより、
ティムール帝国の首都として新たに発展。
今、町にはティムール帝国時代に造られた巨大歴史建造物が数多く残っている。
ティムールが呼び寄せた技術者たちにより、
中国陶磁器とペルシャの顔料が融合して生まれた「サマルカンドブルー」。
その青色のタイルが、当時の建造物を覆っている。
「青の都」――サマルカンド。さあ、その神髄に触れる旅に出かけよう！

サマルカンドの建造物に青が多用されている理由は、ティムールが青を好んだためといわれている。

旅のスタートは
レギスタン広場から

Registan

サマルカンド、いや、シルクロード観光を代表する景観がレギスタン広場。この場所を訪れたくて、ウズベキスタンへやってくるという人は少なくない。3つの巨大なイスラーム神学校（メドレセ）が建ち並び、青く輝くドーム、壁面を埋める緻密な青のモザイクタイル、そして真っ青な青空という光景が、旅人をこの地へと誘っている。

サマルカンドの町はチンギス・ハーンに破壊される以前は町の北側アフラシャブの丘にあった。ティムールが君主に就くと、サマルカンドの町を新たに丘の下に建造。砂だらけだった（レギスタンとはペルシャ語で砂地という意味）場所は、新市街地として店が建ち並び、ティムール朝第4代君主ウルグベクにより、最初のイスラーム神学校（メドレセ）が建造され、現在のレギスタン広場の装いの第一歩がしるされた。

どのメドレセも、内部は大きな中庭を囲んで2階建て、フジュラと呼ばれた小さな学生寮、教室が並んだ造り。現在、1階のフジュラのほとんどはおみやげ店などになっている。

▶Map P.134-AB2
住 Cnr. Registan Rd. & Tashkent St., Samarkand
開 4〜10月：毎日8:00〜19:00／11〜3月：毎日9:00〜17:00
料 50,000so'm／オーディオガイド50,000so'm

ウルグベク・メドレセの北側のミナレットはほんの少し傾いている。ミナレットは空を支えるために建てられたとされるが、その重さに耐えきれないのだとか……。

1 ウルグベク・メドレセができたことで、レギスタン広場の第一歩が始まった　2 メドレセ内には大きな中庭があり、それを囲むように2階建てのフジュラの小部屋が並んでいる

1 ウルグベク・メドレセ
Ulug'bek Madrasah

君主であり天文学者でもあったウルグベクによって、1420年、約3年の歳月をかけてレギスタン広場に最初に造られたのがここ。35mの高さをもつ正面入口アーチの周りは、ウルグベクの趣向が反映され、青い星をモチーフにしたモザイク画で埋められている。

SPOT 1 北側のミナレットに上ろう

ウルグベク・メドレセの北側（ティラカリ・メドレセ側）の塔（ミナレット）には有料で上ることができる。狭いらせん階段を上ると、人ひとりがやっと立って顔を外に出すことができるスペースがある。レギスタン広場を眼下に、そして他のメドレセをいつもと違う角度で、さらに遠くにビビハニム・モスクなどを一望できる。

料30,000so'mをミナレット下のショップ係員に渡して入口のカギを開けてもらう。2階の教室跡なども見学できる。

1･2 ミナレットからの眺め。目の前にはシェルドル・メドレセが、北に目をやると町並みの向こうに巨大なビビハニム・モスクも望める
3 北側ミナレット下のこの小さな木の扉から上っていく。料金の支払いは目の前のおみやげ店の店員に

SPOT 2 ウルグベクの天文知識のすごさを知る

ウルグベク・メドレセの一角には、天文学者として世界的に名を知られたウルグベクの功績をたたえるミニ博物館がある

1 博物館脇のおみやげ屋の2階には当時のフジュラの様子が再現されている
2 ウルグベクの天文学者としての功績をたたえる博物館がメドレセ内にある。ウルグベクが中世を代表する世界中の天文学者とともに描かれた大きな絵が飾られている

ウルグベク・メドレセには立ち寄りたいお店がいろいろ

メドレセ内にはいろいろなおみやげ屋が入っている。特にウルグベク・メドレセ内の店舗は、専門色の濃い店が多い。

アラビア文字カリグラフィー店

ウズベキスタンの有名書道家のひとりオマル氏の店。ローマ字で書いてほしい言葉を紙に書くと、その場で羊皮紙に見事なアラビア文字にしたためてくれる。

料羊皮紙の大きさによりUS$10～15

1 オマル氏の筆さばきにはただただ見とれてしまうほど
2 記念に書いてもらった内容は「歩き方Plat」

レギスタン・タイル工房

日本語で看板があるタイル屋さん。2階では実際にタイル作りも行われており、希望すれば見学させてくれる。

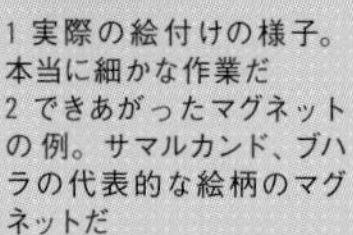

1 2階では実際にタイルに絵付けをしたり、組み合わせ作業をしているところが見られる
2 アラビックな模様のタイルはおみやげにも最適

1 実際の絵付けの様子。本当に細かな作業だ
2 できあがったマグネットの例。サマルカンド、ブハラの代表的な絵柄のマグネットだ

細密画マグネットショップ

細密画の第一人者オゾド氏が手書きで木版にイスラーム模様を描いてマグネットとして販売している。これだけ細かな絵のマグネットはウズベキスタンでもなかなか手に入らない。

カフェメニューもいろいろ

コーヒーショップ

お茶文化圏のウズベキスタンで、美味なコーヒーが飲める店として知られるカフェ。ウルグベクの天文学関連の展示スペース手前の小さな入口。見逃さないで。

高品質陶器ショップ

ウズベキスタン各地から高品質な陶器を仕入れ、販売している。オーナーのディルショッドさんは、かつて陶芸家を目指しウズベキスタン各地の有名工房で修業。その過程で「自分は作るよりよい陶器を見極める力が強い」と確信。ウルグベク・メドレセ内でお店を構えるようになった。各地の陶器の特徴なども教えてくれる。

1 リシタンやギジュドゥバン、サマルカンドなどの最高級陶器がいっぱい
2 陶器の説明も任せて、と話すディルショッドさん

レギスタン広場の観光には約2時間必要。入場時間ギリギリに入れば、ライトアップ時にも敷地内にいられる。内部のライトアップも見たい人はこの方法を利用しよう！

黄金で装飾された礼拝堂。そのまばゆさに声を失うほど。天井が平面であることが信じられないほど、精巧な遠近法が用いられている

2 ティラカリ・メドレセ
Tilla-Kori Madrasah

シェルドル・メドレセ(下記)完成後、すぐに建造が始められた（1660年建造）。この完成により、レギスタン広場は今の形になった。当時、中央アジア最大といわれたビビハニム・モスクが破壊されていたため、サマルカンドのメインモスクとしての地位もあった。

礼拝堂の脇は小さな博物館になっている

SPOT 黄金の礼拝堂に圧倒される

ティラカリとは「金箔を施された」という意味。その名のとおりミフラーブをもつ礼拝所は、眩いばかりの金箔で覆い尽くされている。建設当時は5kgの金箔が使われていたとされ、修復時にも3kgの金箔が使われた。この礼拝所の天井は、下から見上げるとドーム状に感じられるが、実際の最上部は平面で、遠近法を用いて描かれている。

3 シェルドル・メドレセ
Sherdor Madrasah

ウルグベク・メドレセの正面に対をなすようにして建つ。17世紀、シャイバニ朝の君主ヤラングトシュ・バハドールによって建造された(1636年)。シェルドルとはタジク語で「ライオン」を意味し、正面アーチにはトラにしか見えない「ライオン」がシカを追う様子が描かれている（200so'm硬貨の模様）。偶像崇拝禁止のイスラーム教の教義に反するこの絵は、王の権力の強さを誇示するためのものだと伝えられている。さらに別の意味もあり、シカは学問、ライオンは学問を追究する学生、ライオンを背中から照らす人間の顔をもつ太陽は、それらを統治する王を表すともいわれる。

1 南側ドームのモザイクの美しさはレギスタン広場のメドレセ随一
2 門のムカルナスも見逃せない

ディル・スザニブティック Dil Suzani Boutique \Check!/

メドレセ内にあるディル・スザニブティックは、品質のいいスザニを数多く扱う店。ゾロアスター教が広く中央アジアで信じられていた時代から現代にいたるまでのスザニの模様の変遷について、詳しく説明もしてもらえる。スザニに興味がある人はぜひ訪ねてみよう。

夜もレギスタン広場はおもしろい

地元の人も見学にやってくるライトアップショー

音楽に合わせたライトアップショー＆プロジェクションマッピング・ショー

日暮れとともにライトアップされるレギスタン広場。季節によるが、概ね日がとっぷり暮れた頃から始まるのが音楽に合わせたライトアップショーだ。ウズベキスタンならではの音楽に合わせ、カラフルな色で3つのメドレセを照らし出す(約1時間)。その後は通常のライトアップに戻る。通常のライトアップもシンプルな照明だが、幻想的で評判がいい。
また2019年まで好評を得ていたプロジェクションマッピング・ショーが、2023年内に内容も新たに再開される予定(週1～2回程度)。プロジェクションマッピング・ショーは、シルクロードの中継地点として栄えたサマルカンドとウズベキスタンの歴史を題材にしたものになる予定だ。

開 音楽に合わせたライトアップショーは19:00～20:00頃から約1時間(開始時間は季節により異なる)

シンプルなライトアップもきれいだ

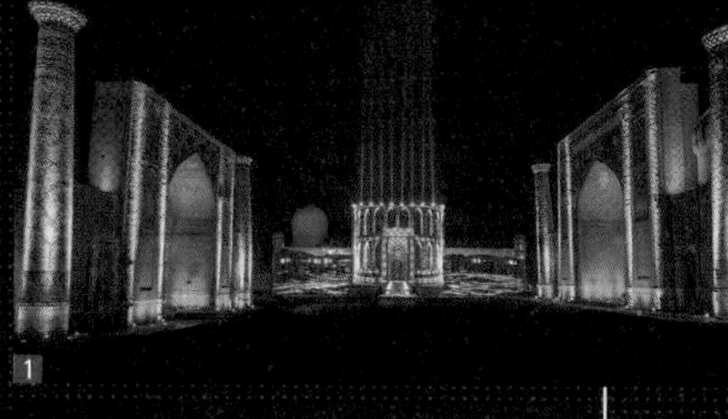

1

2

3

1 2019年まで行われていたプロジェクションマッピング・ショーの様子 2 ライトアップ時に特に美しいのはシェルドル・メドレセ 3 シェルドル・メドレセの正面アーチ下にあるムカルナスもライトアップされることで美しさが際立つ

青タイルの美しさに圧倒される

シャーヒズィンダ廟群

Shah-i-Zinda Ensemble

サマルカンドブルーの美しさに酔いしれたいなら、絶対に外せないのがシャーヒズィンダ廟群。ティムールゆかりの人々が眠る霊廟群で、その装飾の美しさ、多様さで、サマルカンドはもちろん、ウズベキスタンを代表する名所となっている。

Map P.134-B1・2
住Shahizinda Rd., Samarkand 開毎日7:00～19:00
料40,000so'm

「生ける王」の伝説が残る場所

7世紀、布教のためにサマルカンドへやってきた預言者ムハンマドの従兄弟クサム・イブン・アッバース。彼はこの地で礼拝を行っていたとき、異教徒に襲われ首をはねられてしまう。しかし彼は動じることなく礼拝を終え、自分の首を抱えると深い井戸へと入っていった。彼はここで永遠の命を手に入れ、イスラーム世界が危機に陥ったときに救いに現れるのだといわれている。この伝説によって名づけられたシャーヒズィンダとは「生ける王」を意味している。

シャーヒズィンダ廟群の青のタイルがよりきれいに見えるのは午前中。死者の通りの一部は午後になると逆光になってしまう。

死者の通りの入口に建つトゥグルテキン廟(右)とアミールゾダ廟(左)

青に魅せられながら歩く死者の通り

シャーヒズィンダ廟群は9〜15世紀に建てられた霊廟の集合地で、クサム・イブン・アッバースとティムールゆかりの人々が眠る場所だ。アフラシャブの丘の南麓にある。

1 ダルヴォザハナ
Darvazakhana
1434〜1435年

ティムール朝第4代君主であり天文学者でもあったウルグベクの命により建造。星形のモザイク模様がウルグベクらしい。

2 天国への階段

この階段の段数を数えながら上り、帰りに下ったときも同じであれば天国へ行けるという言い伝えがある。

3 カズィザデ・ルミ廟
Qazizadeh Rumi Mausoleum
1420年代

ふたつのドームをもつ廟。ウルグベクの天文学の師カズィザデ・ルミの廟といわれる。

4 トゥグルテキン廟 1375年
Tughlu Tekin Mausoleum

ティムールの部下の将軍フセインの母親の名前から名づけられた廟。

5 アミールゾダ廟 1386年
Amirzoda Mausoleum

ティムールの部下の将軍の息子の廟。

6 シリンベク・アカ廟
Shirin Bika Aga
1385年

ティムールの妹の廟。

八角形の廟と並んで建つシリンベク・アカ廟

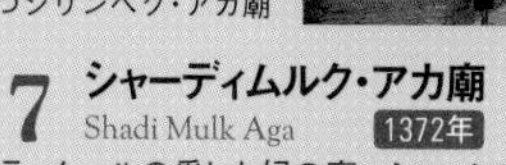

7 シャーディムルク・アカ廟
Shadi Mulk Aga 1372年

ティムールの愛した妃の廟。シャーヒズィンダ廟群随一の美しさを誇る。

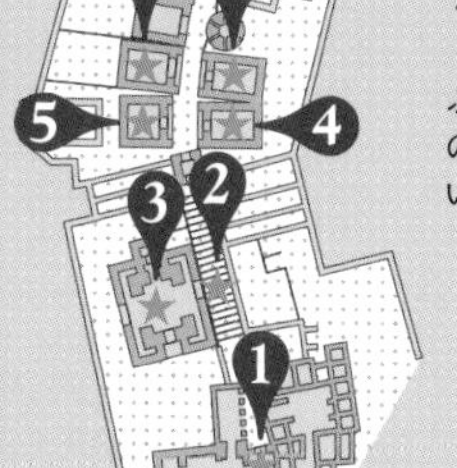

入口のムカルナスはもちろん、内部の豪華さも見逃せない

8 アミール・ブルンドゥク廟 1390年代もしくは1420年代
Amir Buruduk Mausoleum

ティムールの部下の将軍の廟(未完成)。

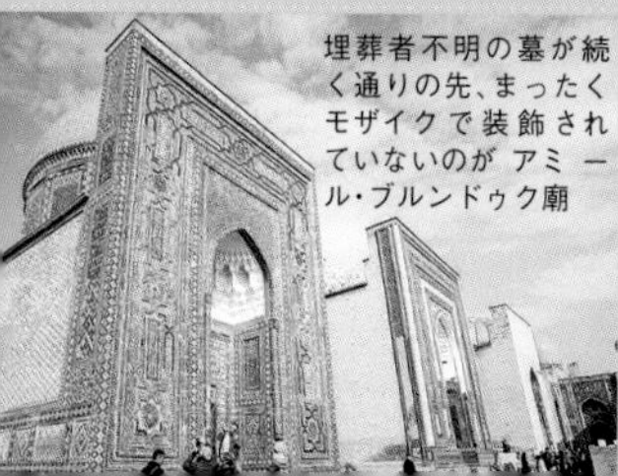

埋葬者不明の墓が続く通りの先、まったくモザイクで装飾されていないのが アミール・ブルンドゥク廟

9 クサム・イブン・アッバース廟
Qutham Ibn Abbas Mausoleum
11〜15世紀

廟とモスクがコンプレックスになった建物。入口の扉はかつて金・銀・象牙で装飾されており、ここを3回通るとメッカに詣でたのと同じと信じられていた。また廟内の装飾も美しい。

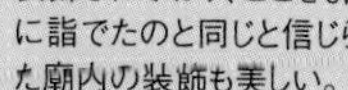

1 扉は、そのご利益から「天国の扉」と呼ばれていた　2 絢爛豪華な廟内部

10 トゥマン・アカ廟 1404年
Tuman-Aka Mausoleum

ティムールのお気に入りの妃の廟。

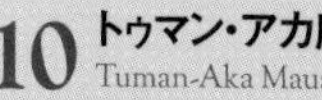

11 フジャ・アフマッド廟 1350年
Khodja-Akhmad Mausoleum

廟群の様式を決定したとされる最奥にある廟。

最奥にフジャ・アフマッド廟、その手前左側にトゥマン・アカ廟がある

グル・アミールのすぐ近くの公園内に建つルハバット廟も見ておきたい。預言者ムハンマドの遺髪を収めた箱が葬られたという言い伝えがある。

夜のライトアップもお見逃しなく

ティムールが眠る壮大なイスラーム建築

グル・アミール(アミール・ティムール廟)

Go'ri Amir (Amir Temur Maqbarrasi)

サマルカンドに残るイスラーム建築群の中でもひときわ優美な姿を見せるのがグル・アミール。タジク語で「支配者の墓」を意味し、巨大なティムール帝国を築いたアミール・ティムールが埋葬されている。見るからに壮麗なこのイスラーム建築は、その後のイスラーム世界の他の建造物に大きな影響を与えたといわれており、後にインドに造られたフマーユーン廟やタージ・マハルもその影響下にあったとされている。

▶Map P.134-A3

住Shahizinda Rd., Samarkand 開毎日7:00～19:00 料40,000so'm

1 美しいムカルナスに息をのむ入口イーワーン

廟への入口となるアーチ状のゲート(イーワーン)の真下へやってくると、そこに施された精緻なムカルナス様式にまず驚かされる。さまざまな青の装飾が施された持ち送り構造の立体装飾は、当時の最高の熟練工ムハンマド・ビン・マフムード・エスファハーニーの手によるもの。またムカルナスの周囲を覆うタイルの幾何学模様の美しさもサマルカンド有数だ。

美しい装飾が施されたイーワーンのムカルナス

2 巨大な青のドームの下は黄金霊廟

墓の場所を示す墓碑が並ぶ

イーワーンを抜けると正面に高さ38mの美しいドームをもつ霊廟が現れる。もともとこの廟は、ティムールが最愛の孫であり、王位継承者であったムハンマド・スルタンの戦死をしのび造らせたものだ。しかしその1年後、ティムール自身も中国遠征の途中で急死。ティムール自身は生まれ故郷シャフリサーブスへの埋葬を望んでいたとされているが、サマルカンドからシャフリサーブスへの山道は当時雪で閉ざされていたため、ここに埋葬されることとなった。

霊廟そのものは黄金3kgを用いて装飾された絢爛豪華なもの(1996年修復)。しかも黄金を塗る下地には当時世界にその名が知られた「サマルカンドペーパー」が使われている。ティムールの墓石は黒緑色のネフライトで造られ中央に置かれている。ほかにもティムールの師ミルサイード・ベリケ、孫ムハンマド・スルタン、孫でありティムール朝第4代君主ウルグベク、息子シャー・ルフ(ウルグベクの父)とミランシャー、ひ孫3人が眠っている。なおこの墓標は墓の位置を示すだけのもので、実際の墓は地下3mの墓室にある(見学は不可)。

中央アジア最大、
ティムールの権力を示す

ビビハニム・モスク

Bibixonim Masjidi

1404年、ティムールの命を受けイスラーム世界最大といわれるモスクが誕生した。それがビビハニム・モスク。帝国中から集められた熟練の職人200人、さらに500人以上の労働者、インドから運ばれた95頭のゾウが使われ、わずか5年の歳月で完成している。ビビハニムとは、ティムール最愛の王妃の名前に由来している。

▶Map P.134-B2

住Tashkent St., Samarkand 開毎日8:00～19:00 料40,000so'm

1 廃墟となったモスク

完成後、このモスクでは、礼拝する信者の上にれんがが落ちる事故が頻発する。恐れた信者たちは、礼拝に出向かなくなった。巨大建造物を完成させるには、あまりにも工事を急がせ過ぎたことがその崩落事故の原因といわれており、訪れる人が徐々に少なくなったモスクは、後に廃墟となってしまったのだ。現在の姿は1974年からの修復によるものだ。

2 悲劇の言い伝え

建築当時の話だ。ビビハニム妃は、ティムールがインドから凱旋帰国する前に、なんとか巨大モスクを完成させようとした。しかし建設は難工事。急かす王妃に、当代随一の美男であった建築家が「もしキスをさせてくれるのであれば、なんとしても完成させてみせます」と伝える。妃は、キスは諦めてほしい、でも建築は間に合わせてほしい、と建築家に伝える。しかしその願いは聞き入れられず、とうとう建築家に頬を差し出し、キスを許したのだった。そしてモスクは予定どおり完成した。ところが王妃の頬には消えることのないキスの跡が残る。インドから凱旋したティムールは、目の前に現れた壮大なモスクに驚き、王妃に礼を告げようとする。しかし、頬にあったキスの跡を見たティムールは激怒。建築家を死刑にし、王妃を巨大モスクのミナレットから突き落としたといわれている（王妃は一生黒いベールで顔を覆い、その容姿を人に見られることがなくなった、という別の言い伝えもある）。

中庭中央に据えられている世界最大の書見台ラウヒ

ビビハニム・モスク内はサッカーグラウンドがすっぽり入ってしまうほどの巨大さ

3 巨大モスクで願い事をかなえる

悲劇の言い伝えがある一方、明るい話もある。巨大モスクの中庭の中央には大理石でできた巨大な書見台ラウヒがある。これは4代目君主ウルグベクが贈った物でウスマン・クラーン（現存する世界最古のコーラン ▶P.103）を置いたものだとされている。このラウヒの周りを願い事を唱えながら3周すると、その願いがかなうという言い伝えがある。

TO DO LIST

02 サマルカンドの台所 ショブバザール徹底解剖

Siyob Bozori

旅の楽しみのひとつは、市場巡り。
ショブバザールはサマルカンド最大の市場で、
一説によると2000年以上の歴史を誇るとか……。
いつも大勢の人でにぎわう、まさに市民の台所。
そんなバザールの活気に触れながら、
おみやげ探しも楽しんじゃおう！

ヒヴァ
タシケント
フェルガナ
ブハラ
サマルカンド
テルメズ

朝5時から開くショブバザールだが、ほとんどの店が商品を並べ終えるのは夏でも7時頃で、冬なら8時過ぎにならないと開かないお店もあるほど。

名物のナンだよ

ビビハニム・モスク前の入口から入ってすぐのところにあるナン売り場。ウズベキスタン随一の味と評判なだけに、自慢そうにサマルカンド・ナンを見せてくれた

ビビハニム・モスク前の入口

ショブバザール Siyob Bozori
▶Map P.134-B2
住Bibikhonim St., Samarkand 開火〜日5:00〜17:00頃 休月

市場の下段部分は野菜や果物を販売するストールがいっぱい。地元の人で大にぎわいするエリアだ。季節ごとに並ぶ果物は変わるが、なぜか1年中、スイカ、メロン、バナナなどは並んでいる

スパイス売り場は上段部と下段部の両方にある。名物はなんといってもサマルカンド産サフラン。イラン産に比べて色はオレンジで香りも強い。ほかにもスターアニスやクローブ、クミンなどなど、さまざまなスパイスがいっぱい。おみやげ用にさまざまなスパイスをひとまとめにパックしたものも売られている

サフラン、おみやげにどう?

ショブバザールでいちばん大きな食堂がチャイハナ。入口にはタンドール窯があって、サムサ ▶P.51 を焼いているところが見られる。店内も広いので休憩するのに最適

上段部西側にある食堂は朝6:00過ぎからオープン。名物はブリシー（ひき肉の入った揚げパン）。市場の人でにぎわっている

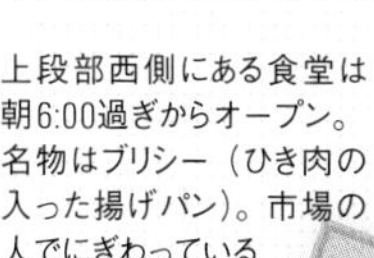

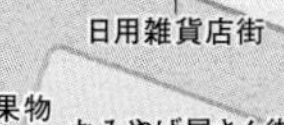

駐車場からの入口
天気のいい日はこのあたりに食べ物屋台がいっぱい
靴売り場
日用雑貨店街
夏はスイカ、メロン売り場
食堂
ナン売り場
ケーキ、お菓子売り場
鉢植え売り場
日用雑貨店街
日用雑貨店街
野菜、果物売り場
おみやげ屋さん街
香辛料売り場
天気のいい日はこのあたりにも果物屋さんがいっぱい
イスラム・カリモフ通り（ビビハニム・モスク～シャーヒズィンダ廟）からの入口
1階部分 肉売り場
食堂
香辛料売り場
帽子売り場
チャイハナ
2階部分 卵、ヨーグルト、チーズ売り場
お米、豆類売り場
ドライフルーツ、ナッツ類売り場
下段部分
上段部分
1階部分 ハチミツ、ハチミツ石けん、雑貨売り場
お惣菜売り場
紙袋売り場
ナン売り場
おみやげ屋さん街
ハルヴァ、ナボット、お菓子売り場
ビビハニム・モスク裏側（ビビハニム通り）からの入口
ビビハニム・モスク前（イスラム・カリモフ通り）からの入口

自慢の惣菜だよ

地元の人でにぎわうのがお米や豆類、穀物などを売るエリア

お惣菜売り場。日本の漬物や韓国のキムチによく似たお惣菜がいっぱい

ウズベキスタンスイーツの代表格ハルヴァ。植物性油脂と砂糖をたっぷり使った甘いお菓子。まるで粘土を積み上げげたような感じで売っているが、切り分けて試食もさせてくれる。いろんな味があり、これもウズベキスタンみやげとして人気

ドライフルーツやナッツの売り場は、地元の人はもちろん、観光客にも大人気。イチジクやアンズ、干しブドウ、ドライメロンなどのドライフルーツ詰め合わせがおみやげに喜ばれそう。ナッツ類はアーモンド、ピスタチオ、クルミ、カシューナッツ、ピーナッツなどのほか、砂糖やゴマをまぶしたものも人気

ブハラには近年まで200以上の池（ハウズ）があり、運河も張り巡らされていたという。その頃は水場に鳥の餌が豊富でコウノトリがたくさんいたそうだ。

TO DO LIST

03

Bukhara

オアシスの都 ブハラで歴史散策

2500年以上の歴史をもつ古都ブハラ。
かつて中央アジアの文化の中心地として栄え、
その後チンギス・ハーンによる町の破壊はあったものの、
16世紀に再び復活。イスラーム宗教色の濃い
文化都市としての姿を、今に伝えている。
史跡の残る旧市街は当時の面影をよく残しており、
まるでタイムスリップしたような気分が味わえる。
時を越えた散策へ、さあ、出かけよう！

1 旧市街の入口の池ラビハウズと池に面して建つクカリダシュ・メドレセ　2 ナディール・ディヴァンベギ・メドレセ内にはおみやげ屋が並ぶ　3 ナディール・ディヴァンベギ・メドレセの門に描かれた鳳凰、シカ、人面太陽

1 ラビハウズ周辺 Lyabi Hauz / Labi Hovus

旧市街の中心ラビハウズ。ハウズとは「池」を意味しており、ここには46m×36mの池がある。池の東西両側にふたつのメドレセ(イスラーム神学校)跡がある。

ナディール・ディヴァンベギ・メドレセ
Nadir Devon Begi Madrasah

1622年建造のメドレセ。正面の門には2羽の鳳凰がシカをつかんで人面をもつ太陽に向かって飛ぶ姿が描かれている。偶像崇拝を禁ずるイスラームの教義に反する珍しいタイル画だ。当時王国の大臣であったナディール・ディヴァンベギがキャラバンサライとして建造を始めたのだが、王（ハン）が「すばらしいメドレセだ！」と称賛したため、急遽メドレセに変更したという逸話が残っている。中庭を囲む小部屋フジュラは現在おみやげ屋となっている。また4〜10月には中庭で民俗舞踊ショーも開かれる。
このメドレセの前の公園にはロバに乗った道化のようなフィッジャ・ナスレッディンの像がある。この男は実はイスラーム神学者で、ユーモアに富んだ授業を行ったことで今も人々に愛されている。池を挟んだ反対側にあるのはクカリダシュ・メドレセ（1568年建造）で、博物館となっている。

▶Map P.136-B2

住 毎日9:00〜22:00 料 民俗舞踊ショー時のみ入場料が必要

チョルミナル
Chor-Minor

ラビハウズから東へ徒歩10分ほど離れた旧市街の住宅街の中にある。チョル＝4、ミナル＝ミナレットで、4本のミナレットをもつ建物だ(1807年建造)。4本の塔のてっぺんにはかつてコウノトリが巣を作っていたらしいが、今は右手奥のミナレット頂上に巣とコウノトリの人形が置かれている。

▶Map P.135-D2

住 毎日8:00〜22:00

4 迷路のような道をたどって観に行くチョルミナル　5 記念写真スポットとして人気のフィッジャ・ナスレッディンの像 ▶Map P.136-B2

カラーン・ミナレットやラビハウズの周りのライトアップは、日没から翌日の日の出までひと晩中行われている。

2 タキ&カラーン・モスク周辺
Toqi & Kalon Masjidi

ラビハウズから北西へ少し歩くと、タキと呼ばれる昔のバザール跡と遊歩道になったおみやげ屋街がある。この一角からカラーン・モスクにかけてが最もブハラらしいエリアだ。

1 ウズベキスタンらしい工芸品を扱うおみやげ屋がいっぱい建ち並ぶタキ周辺　2 タイル模様に植物や星が描かれているウルグベク・メドレセ　3 入口のムカルナスの美しさに圧倒されるアブドゥルアジス・ハン・メドレセ

ウルグベク・メドレセとアブドゥルアジス・ハン・メドレセ
Ulug'bek Madrasah & Abdulaziz Xon Madrasah

ウルグベク・メドレセは1418年にティムール朝4代君主ウルグベクにより建造された、中央アジアに現存する最古のメドレセ。扉にはウルグベクの名言「知識欲こそムスリムになくてはならぬもの」という言葉が彫られている。アブドゥルアジス・ハン・メドレセはウルグベク・メドレセの向かいに建つ。入口のイスラーム装飾の美しさはブハラ随一。極彩色のムカルナスは必見だ。

Map P.136-A1

住毎日8:00〜22:00

カラーン・ミナレット&カラーン・モスク
Kalon Minorai & Kalon Masjidi

カラーンとはタジク語で「大きい」を意味している。1127年カラハン朝の王によって高さ46mのこの大きなミナレットが建てられた。塔を14層の帯状に分け、それぞれにれんがの異なる積み方で模様を作り出している。塔の上部の1層のみ青タイルが使われており、ここは灯火用窓の下に当たる。ブハラの町を破壊したチンギス・ハーンだが、この塔の前で帽子を落とし、それをひろい上げるときに「この塔は私に頭を下げさせた立派な塔だ」と言い、破壊を免れたという伝説が残る。
塔のすぐ横には1514年建造のカラーン・モスクがある。その名のとおり巨大で、288の丸屋根をもつ回廊と巨大な中庭では最大1万人の信徒が祈りを捧げることができる。現在もラマダンの時期など特別なときにはモスクとして使用されている。

カラーン・モスクと広場を挟んで向かいにあるのがミル・アラブ・メドレセで、ふたつの巨大なドームが印象的。現在もイスラーム神学校として使われており、内部の見学はできない。

Map P.136-A1

カラーン・モスク 開毎日8:30〜20:00（冬季〜17:00） 料65,000so'm／写真30,000so'm

4 入口の向こうに巨大な中庭が広がるカラーン・モスク　5 夜のライトアップが美しいカラーン・ミナレット　6 重厚な城壁をもつアルク城　7 ブハラタワーから望むアルク城とブハラ旧市街

アルク城 Ark

古代ブハラ発祥の地に建つ城。最初に城が建造されたのは2500年以上前ともいわれている。13世紀にチンギス・ハーンに一度は完全に破壊され、その後、外敵との攻防を繰り返すたびに破壊と再建が繰り返された。現在の城は18世紀に再建されたもので、歴代ブハラ・ハンの居城として使用された。約4haの広さをもつアルク城内には木造建築の天井が美しいジャミーモスク、謁見の間の広場、ハンの居室、音楽隊駐在所、拷問室、博物館などがある。

▶Map P.135-C2

開毎日9:00〜19:00(博物館は木〜火) 料40,000so'm／写真30,000so'm

サーマーニーズ公園周辺
Samonids Recreation Park

アルク城の向かいにあるボロハウズ・モスクからその裏手のサーマーニーズ公園内までにも見逃したくない史跡が多い。

ボロハウズ・モスク Bolo Hauz Masjidi

18世紀以降の歴代ブハラ・ハン(王)専用のモスク。20本のクルミの木に彫刻を施した入口の柱、極彩色の天井装飾など、あでやかなモスクだ。現在もモスクとして使用されている内部の装飾も見事。

▶Map P.135-C2

開毎日9:00〜19:00 料寄付

ブハラタワー(シュクホフ展望タワー)
Bukhara Tower (Sukhov Observation Tower)

1920年代のソ連のエンジニア、ブラディミール・シュクホフ設計の給水塔があった場所に建てられた展望タワー＆レストラン。屋上が展望エリアとなっており、その下に展望レストランがある。アルク城やボロハウズ・モスク、さらにブハラ旧市街を一望できる。

▶Map P.135-C2

住1/1 M.Karimov St., Bukhara 開毎日8:00〜22:00 料展望台40,000so'm(レストラン利用者は無料)

1 池の前に立つボロハウズ・モスク　2 神聖な雰囲気のボロハウズ・モスク内　3 世界中の考古学者が注目するイスマイール・サーマーニー廟　4 何度も建て増しして現在の姿になったチャシマ・アイユブ

イスマイール・サーマーニー廟
Ismoil Samoniy Maqbarasi

中央アジアに現存する最古のイスラーム建築で、9世紀の終わりにサーマーン朝のイスマイール・サーマーニーが父の廟として建造し、その後、イスマイール・サーマーニー、そして彼の孫もこの廟に祀られた。モンゴル来襲時には土に埋もれていたために破壊を逃れ、1925年、ソ連の考古学者により発掘された。煉瓦の積み方だけでさまざまな模様を作り出している壁面は美しく、当時の建築技術の高さを知ることができる。

▶Map P.135-C2

住毎日7:30〜18:00 料20,000so'm／写真30,000so'm

チャシマ・アイユブ Chashma-Ayub Mausoleum

「ヨブの泉」という意味をもつ史跡。旧約聖書に登場する義の模範者ヨブが、ここで杖を叩いて泉を湧き出させたという伝説に由来している。建物内(14〜16世紀に建造)は水をテーマとする博物館で、今も泉が湧き出ている。

▶Map P.135-C2

開毎日9:00〜19:00
料20,000so'm／写真30,000so'm

チャシマ・アイユブの屋根の上にもコウノトリの巣の人形が……

ちょっと足を延ばして…

スィトライ・マヒ・ホサ宮殿
Sitorai Mohi Xosa

ブハラの町の北にあるブハラ・ハン国最後の王アリム・ハンの夏の宮殿。ロシアの建築家と地元の建築家の共同作業で建てられ、外観はロシア風、内観はロシア風と東洋風のミックス。飾られている調度品も洋の東西から集められた逸品揃いだ(日本の陶器もある)。宮殿のシャンデリアを点灯するために中央アジアで最初の発電機が据えられた。庭園もゆっくり見てみたい。

▶Map P.135-C1

住木〜火9:00〜17:00(水のみ〜15:00)
料40,000so'm／写真30,000so'm

1 外観はロシア風建築だ　2 白の間と呼ばれるハンの謁見室

12〜2月の冬季はイチャンカラ内のチャイハナなどは休業することが多い。食事どころが限られてくるので注意が必要だ。

TO DO ☑ LIST

04 屋外博物館都市 イチャンカラでタイムスリップ

Khiva

キジルクム砂漠とカラクム砂漠の間にあるオアシス都市ヒヴァ。
19世紀に町は全長6kmにも及ぶデシャンカラと呼ばれる外壁で囲まれていた。
ハン(王)の宮殿やモスクなどがあったその中心部はさらに
高さ8〜10mの城壁に囲まれた内城であり、イチャンカラと呼ばれている。
イチャンカラは現在も、ほぼ当時のままの姿で残っており、
博物館都市として世界遺産に登録されている。

1 メインゲートとなる西門オタ・ダルヴォザ
2 イチャンカラの城壁。東西約500m、南北約800mの内城を囲む全長2250mの壁だ

イチャンカラ共通入場券

西門前およびその他の各門内にイチャンカラ内の史跡の内部見学ができる共通入場券売り場がある。

料120,000so'm 開3〜11月:8:00〜19:00／12〜2月:9:00〜18:00

カルタミノル

西門を入ってすぐ目に飛び込んでくるヒヴァのシンボルが、青のモザイクで覆われたミナレット、カルタミノルだ。ムハンマド・アミン・ハンの命で1852年に着工されたが、1855年にハンが亡くなり、工事は中断。未完成のミナレットとして知られている。基礎部の直径は14.2m、現在の高さは26mで、ハンの要望は109mの高さであったそうだ。日中観る姿も美しいが、夜間ライトアップされるとさらに青タイルが美しく際立つ。

▶Map P.138-A2

イチャンカラ内にはおみやげ屋がいっぱい。特にカシミアやパシュミナ、キャメルウールを使ったストールはお買い得。

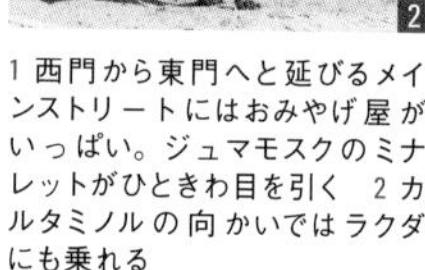

1 西門から東門へと延びるメインストリートにはおみやげ屋がいっぱい。ジュマモスクのミナレットがひときわ目を引く　2 カルタミノルの向かいではラクダにも乗れる

オリエントスター・ヒヴァ
Orient Star Khiva

西門を入ってすぐカルタミノルの脇に建っている元ムハンマド・アミン・ハン・メドレセ（神学校）で、現在は当時の雰囲気を味わえるホテルとしてオープン。1852年の建造で、かつては内部にイスラームの最高裁判所事務所もあった。フジュラ（現在は客室）を囲む中庭は自由に見学できる。

Map P.138-A2

オリエントスターホテルはかつてムハンマド・アミン・ハン・メドレセだった

ジュマモスク　Juma Masjidi

メインストリートで絶対外せない見どころで、高さ42mのミナレットが目印だ。このモスクが最初に造られたのは10世紀頃といわれており、その後、何度も修復を重ねて18世紀末に現在の姿となった。内部には55×46mの広さの礼拝所があり、そこに約3m間隔で213本の木の柱が並ぶ。柱には美しい彫刻が施されており、最も古い柱4本は10～11世紀のものだ。

Map P.138-B2

イスラーム・ホジャ・メドレセ
Islom Xo'ja Madrasah

ジュマモスク脇の道を南に入った所にある。ヒヴァ最後のハンであるイスラーム・ホジャによって1910年に建てられた。このメドレセ脇に建つミナレットは基底部の直径9.5m、高さ45mの大ミナレット。118段のらせん階段が内部に造られており、登ることができる。頂上からはイチャンカラ内を一望できるのだが、その様子はまさに中世。この町が博物館都市であることをいちばん実感できるところだ。

Map P.138-B3　料ミナレットは別料金6,000so'm

ジュマモスク内に整然と並ぶ213本の柱。精緻な彫刻が施されている

1 イスラーム・ホジャ・メドレセのミナレットの頂上からの眺め 2 イスラーム・ホジャ・メドレセのミナレットはヒヴァ随一の高さを誇る 3 大勢の参拝者でにぎわうパフラヴァン・マフムド廟 4 パフラヴァン・マフムド廟内のマフムドの墓 5 かつてのハンの宮殿であったクフナアルク 6 クフナアルクの見張り台は夕日観賞スポットとして人気がある 7 タシュハウリ宮殿のハーレム。豪華な青タイルの装飾と美しい天井が各妻の部屋の前を飾る 8 ハーレム内の寝室

パフラヴァン・マフムド廟

Pakhlavon Mahmud Maqbarasi

イスラーム・ホジャ・メドレセから小道を北に向かった場所にある。毛皮職人であり詩人・哲学者、そして武道の名手であったパフラヴァン・マフムドが眠っている。聖人としてあがめられており、廟内には聖人の側に葬られると来世でご利益があるとされることから14～20世紀のハン一族の墓もある。

▶Map P.138-A3

絨毯・スザニ工房

Khiva Silk Workshop (Tapijtenwinkel)

パフラヴァン・マフムド廟からメインストリートへ戻る途中にある小さな工房。絨毯を手作業で織る様子やスザニの刺繍をしている様子を見ることができる。

▶Map P.138-A2

絨毯・スザニ工房では実際に絨毯を織っている様子が見られる

クフナアルク

Ko'hna Ark

1838年にアラクリ・ハンの命によって建てられた（現在の建物は19世紀初めに修復されたもの）。名称は「古い宮殿」という意味で、タシュハウリ宮殿と区別するためにこのように名づけられている。執務のための公邸や、モスク、ハーレム、兵器庫などがあるほか、中庭には客人が来たときにユルタ（テント）が建てられるよう土台も残っている。なおクフナアルク内西側には見張り台があり、上に上ることができる。ここは夕日を眺めるベストスポットとして大人気だ。

▶Map P.138-A2

料 見張り台は別料金6,000so'm

タシュハウリ宮殿

Tosh Hovli Saroyi

東門近くにある宮殿で1830年代に建造。ヒヴァで最も豪華な装飾や内装を誇る。ふたつのゾーンに分かれており入口が異なる。南側は儀式が行われた場所で、高い柱のテラス天井が印象的。北側は中庭を囲むように造られた2階建てハーレム。大小163の部屋があるほか、4人の正妻のための豪華な装飾が施された寝室が残っている。

▶Map P.138-B2

イチャンカラから歩いて5分……

ヌルラボイ宮殿

Nurullaboy Saroyi

20世紀初めに商人ヌルラボイの寄進で建てられた宮殿。陶器のペチカ（ストーブ）やクリスタルのシャンデリア、金箔で装飾された寝室など、どの部屋も見逃せない。いちばん奥の博物館には歴代のハンのロウ人形や宝飾品が展示されているのでお見逃しなく。

▶Map P.138-A1

1 ヌルラボイ宮殿は20世紀に造られた美しい宮殿だ 2 ハンの寝室の豪華さには圧倒される 3 ハンのロウ人形の威風堂々とした姿に当時の栄華を偲ぶ

タシケントの地下鉄は、タッチ決済可能なVISA、MASTERカードで改札を通ることができる（1回1400so'm）。詳しくはP.99参照。

TO DO LIST

05 タシケントの美しい地下鉄駅巡り

Tashkent

首都タシケント中心部の地下鉄駅は、どこもさまざまな趣向が凝らされており、見ているだけで楽しい。
1977年に中央アジア最初の地下鉄として開業し、1991年のソ連崩壊以前に中心部の路線が完成した。各駅の建設・内装デザインには、当時のウズベキスタンを代表する建築家や芸術家が携わった。そのため駅ごとにテーマが設けられ、芸術作品ともいえる駅ができあがったのだ。ここでは、そのうちのいくつか、代表的な駅を紹介しよう。

5編の詩をモチーフにしたタイル彫刻がある。これはナヴォイが詩で著したアラブの古典的な恋愛物語『ライラとマジュヌーン』

アリシェール・ナヴォイ駅 Alisher Navoi

ウズベキスタン線

ウズベキスタンを代表する15世紀の詩人ナヴォイの名を冠する駅。イスラームの伝統的なドームを組み合わせた天井をもち、壁にはナヴォイの代表的な詩をモチーフにしたタイル彫刻が施されている。

1 ホームに面した壁には綿花をモチーフにした美しいタイル壁画が飾られている　2 パフタコール・スタジアムは日本の国立競技場のようなイメージ。聖火ランナーをモチーフにしたタイル壁画が印象的だ

パフタコール駅 Pakhtakor

チランザル線

サッカー日本代表がウズベキスタン代表との激戦を繰り広げたこともあるパフタコール・スタジアムの最寄り駅。ホームに面した壁にはウズベキスタンらしく綿花を、そしてホームへ続く階段にはウズベキスタンのスポーツの聖地らしく聖火を持って走る人の姿をモチーフにしたタイル壁画がある。

コスモナウトラル駅 Kosmonavtlar

ウズベキスタン線

ウズベキスタンのティムール朝時代の天文観測から、ソ連時代の宇宙開発まで、「宇宙」をテーマにしたレリーフを壁面に飾る駅。駅構内の色も群青、青をベースにしている。レリーフを一つひとつ、じっくり見ることでソ連時代に宇宙開発がどれほど重要だったかをうかがい知ることができる。なお駅の入口前広場には駅構内のレリーフにも描かれている、天文観察に力を入れたティムール朝の王ウルグベク、ソ連時代の物理学者・ロケット研究者で「宇宙飛行の父」といわれるツィオルコフスキー、世界最初の有人宇宙飛行に成功したガガーリンの記念碑がある。

1 色使いからして宇宙を感じさせる駅だ　2 天文学者でもあった王ウルグベク　3 有人飛行の可能性を唱えたツィオルコフスキー　4「地球は青かった」という言葉を残したガガーリン　5 1963年にボストーク6号に単独乗り込み世界初の女性飛行士となったテレシコワ　6 初のウズベキスタン出身宇宙飛行士で1978年から5回の宇宙飛行を体験したジャニベコフ

アミール·ティムール·ヒヨボニ駅 Amir Temur Hiyoboni

チランザル線

ウズベキスタン最初の地下鉄駅のひとつで、開業当時のターミナル駅。ソ連崩壊前の1991年まではオクトーバー・インキロミビ(10月革命)駅という名称で、その後マルカジ・ヒヨボニ(独立広場)駅という名称を経て1993年に現駅名となった。ウズベキスタン中部ヌラタ産の大理石を使った柱と、精緻な彫刻が施された星形照明が印象的だ。

ソ連崩壊前は壁に革命家のレリーフがあったが、ウズベキスタン独立後は取り外されている

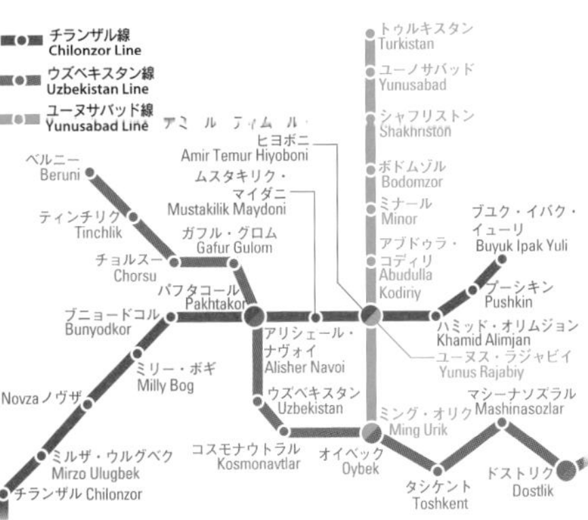

スザニは、ペルシャ語で「針」を意味するスーザンが語源。

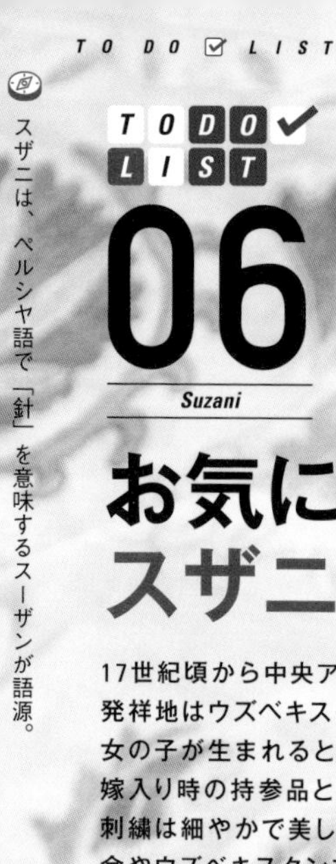

TODO LIST

06

Suzani

お気に入りのスザニを手に入れよう!

17世紀頃から中央アジアの遊牧民が作ってきた刺繍布スザニ。
発祥地はウズベキスタンとされており、
女の子が生まれると一族の女性総出で縫い始め、
嫁入り時の持参品として持たせるものとされている。
刺繍は細やかで美しく、
今やウズベキスタンを代表する工芸品となっている。

細かな手仕事で美しいスザニを作りあげる

地方によって異なるスザニの柄を覚える

スザニは、各地方によって伝統的にモチーフとされる模様がある。それを覚えておけば、「ああ、これはどの地方のものなんだ」とひとめでわかる。またウズベキスタン周遊中、「地元のスザニを買いたい」と思ったときも役に立つ。

タシケント
フェルガナ
ヒヴァ
ヌラタ
ブハラ
サマルカンド
ウルグット

ブハラ柄 Bukhara Design

ザクロを中心としてデザインするのがブハラ柄。子宝に恵まれることを望む意味で、大きな果実の中に小さな実と種が詰まったザクロを用いている。なおザクロ模様のスザニはウズベキスタン各地でも見られる。またアーモンドと唐辛子には魔除けの意味もある。

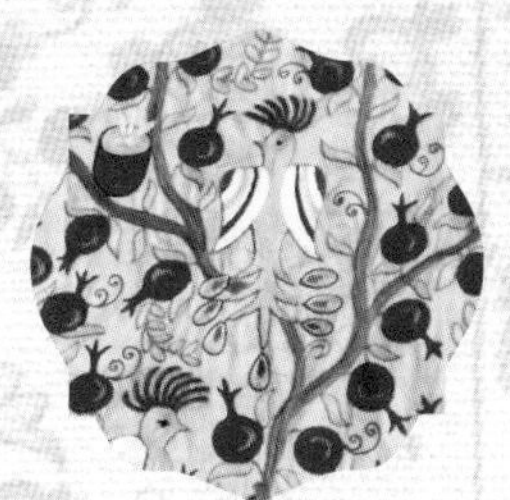

ヌラタ柄 Nurota Design

ウズベキスタン中部の町ヌラタは観光客にはあまり馴染みのない町だが、スザニの柄は特徴的で、クジャクが描かれている。

サマルカンド柄 Samarkand Design

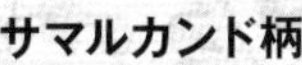

太陽もしくはメダリオンと呼ばれる円をモチーフにしたデザインを配するのが特徴的。チューリップなどの花模様もよく使われている。

ヒヴァ柄 Khiva Design

オリエンタルな雰囲気の植物柄が特徴的なのがヒヴァ。

ウルグット柄 Urgut Design

サマルカンド近郊の高原の町ウルグット。来客をもてなす意味で、ティーポットをモチーフにしたデザインが特徴的だ。

タシケント柄 Tashkent Design

月と星をモチーフにした「宇宙」を表現したデザインが特徴的。大きな赤丸もよく用いられる。

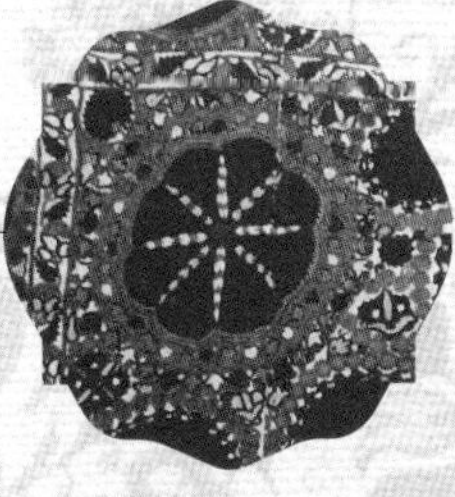

フェルガナ柄 Fergana Design

肥沃な土壌のフェルガナ盆地では、ブドウがモチーフとなったデザインのスザニが作られている。

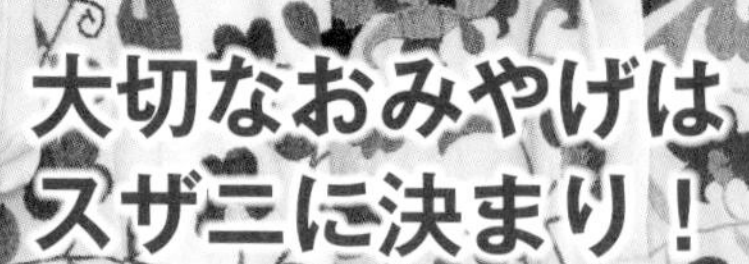

大切なおみやげはスザニに決まり！

サマルカンド、ブハラ、ヒヴァのおみやげ屋さんはもちろんのこと、アート工房や博物館、美術館併設ショップなどでも販売されているスザニ。小物に加工されているものもたくさんあって、ぜひ持ち帰りたい。

アンティークのスザニを購入するときは注意。50年以上前の美術的価値の高いスザニの国外持ち出しは禁止されている。

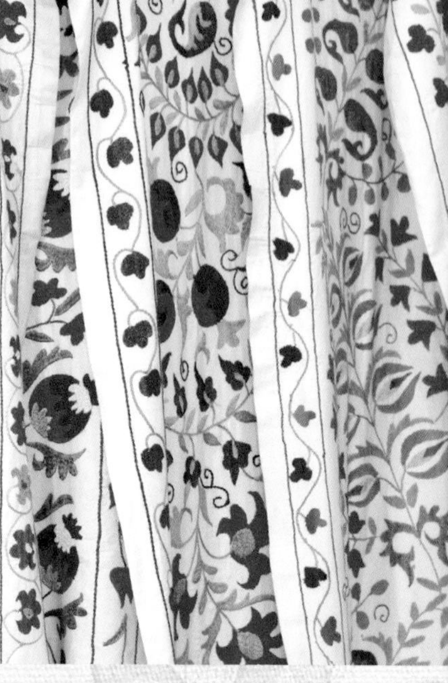

アート工房やスザニマーケットで高品質なスザニを

タシケントのウズベキスタン工芸博物館 ▶P.101内にあるショップでは、最高級品質のスザニが販売されている。また、サマルカンド近郊ウルグット ▶P.67 のバザール内には、ウズベキスタン中から集められたスザニを販売する通称スザニバザールもある。

ウルグットのスザニバザール内の店に並ぶスザニ。高価なアンティークも扱っている

タシケント工芸博物館のショップで販売されている壁飾り用スザニ

おみやげ屋さんで手に入れるスザニ小物

壁掛け用スザニを持ち帰るのは大変だけれど、日常使える小物なら自分用、お友達用のおみやげとしても最適。いろいろな商品があるが、ここでは代表的なものをいくつか紹介。お気に入りの柄を探してみて!

手刺繍かどうかをチェック

\Check!/

スザニは現在、昔ながらの手刺繍で作られるものと、機械刺繍されるものがある。当然、手刺繍のほうが高価。刺繍の裏側を見て、刺繍始めや刺繍終わりに糸の結び目があるなら手刺繍。購入前には一応チェックしよう。

スザニ小物の定番がクッションカバーやピローケース。ほとんどのおみやげ屋さんで手に入る。コットン地にシルク刺繍、シルク地にシルク刺繍などいろいろある。US$5～90

ポーチやポシェットにもかわいいものが多い。材質や刺繍の細かさによりUS$5～50

スザニを使ったバッグもいろいろ。シルク刺繍のバッグは高価でUS$80～150 。コットンのトートバッグならUS$5～15

コットン地のランチョンマットならUS$3～15

スザニ刺繍体験

Suzani Master Class

ブハラにあるスザニギャラリー＆ワークショップ ▶P.82 では、2時間程度でスザニの刺繍体験が楽しめる(前日まで予約)。またブハラ近郊のギジュドゥヴァンにあるギジュドゥヴァン・クラフト ▶P.84 では、日帰り～数日滞在でスザニ刺繍体験や陶芸体験、家庭料理作り体験などが楽しめるマスタークラス・コースも開催している(2～3日前までの予約が望ましい)。ぜひ参加して、自分で作ったスザニを持ち帰ろう!

国境の町テルメズにはアフガン料理のレストランが何軒かある。アフガン風プロフはパン生地でプロフを蒸し焼きにして仕上げる独特な製法。ぜひ食べてみたい。

TODO LIST

07

Termez

ヒヴァ
タシケント
フェルガナ
ブハラ
サマルカンド
テルメズ★

テルメズで古代仏教遺跡を巡る

ウズベキスタン最南部の町テルメズ。
紀元前6世紀頃から町ができ、
アレクサンドロス大王の東方遠征時の頃から
交易都市として大きく発展を遂げる。
そして1~3世紀、中央アジアからインド北部にかけて隆盛を極めた
クシャーナ朝時代に、テルメズの町では仏教文化が花開いたのだ。
当時の遺跡が残るテルメズで、
仏教がインドから中央アジアを通り中国、日本へと伝来した
その痕跡に触れることができる。

1 中央基壇上のドーム内にオリジナルの仏塔が保存されている。保護ドームにはガラス窓が付いていて中を見ることもできる　2 ファヤズテパで見つかった釈迦如来像のレプリカ

1 ファヤズテパ

1世紀頃に建造されたとされる仏塔(ストゥーパ)と僧院。保護のため仏塔は丸いドームで覆われているが、内部にはドームと同じようにお椀を伏せたような形の仏塔がある。また仏塔のある基壇の周りには入り組んだ僧院跡がある。僧房や食堂などの配置から、かつての僧院がどのように機能していたのかうかがい知ることができる貴重な遺跡だ。なお僧院跡からは美術的にも世界最高レベルの貴重さをもつ釈迦如来像が出土している(タシケント国立博物館にオリジナル、テルメズの考古学博物館にレプリカが展示されている)。

開 毎日9:00~18:00
料 ファヤズテパ&カラテパ共通入場券：25,000so'm

テルメズへのアクセスと遺跡巡りの方法 \Check!/

テルメズへはタシケントからのフライト利用が一般的。ただし毎日フライトがあるわけではないのでスケジュールを組むときには、まずフライト情報をチェックしよう。このほか、タシケント～サマルカンド～テルメズにはナイトトレインが毎日運行しており、こちらの利用も便利だ。
テルメズ到着後の観光は、遺跡が町の周囲に点在しているためタクシーチャーターがおすすめ。1日US$50～70が目安だ。また現地ツアー会社がチャーターベースで遺跡を巡るツアーを催行している。おすすめは下記ガイドツアーだ。

●ヌライエバ・ライホン・ガイドツアーNuraliyeva Rayhon Guide Tour
TEL +998-91-580-8189 URL www.iguide.uz

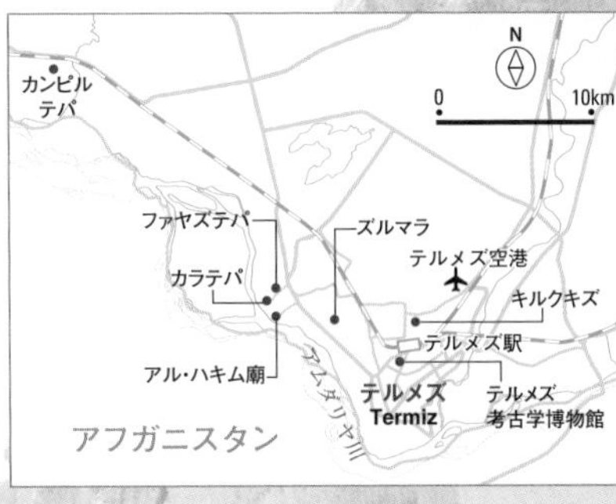

1 カラテパ北丘の手前にある巨大仏塔基壇跡　2 西丘、南丘の横穴式僧房跡　3 僧房をつなぐように掘られたトンネル通路もある　4 僧房に囲まれた広場には小さな仏塔跡が残っている

2 カラテパ
Karatepa

ファヤズテパ近郊にある。カラテパ（黒い丘という意味）は3つの緩やかな丘からなる約8ヘクタールの中央アジア最大級の仏教遺跡。2～3世紀頃の建造とされ、北丘には日干し煉瓦で造られた僧院と仏塔、西丘と南丘には砂岩の丘をくり抜いた15以上の横穴式僧房が並んでいる。その規模からかつては「王の僧院」と呼ばれていたという。また北丘の前には巨大仏塔基壇の発掘現場がある。この上を覆う保護用トタン屋根は、故・加藤九祚（下コラム参照）が私費を投じて設置したものだ。

テルメズの仏教遺跡群

1～3世紀といえば玄奘三蔵（602～664年）がインドへの旅をするはるか前のこと。クシャーナ朝治世下で黄金期を迎えたパキスタン北西部ガンダーラ王国の仏教スタイルは、テルメズにも大きな影響を及ぼしていた。
玄奘三蔵の見聞記『大唐西域記』では〈呾蜜〉という名称で記録され、「伽藍は十余ヵ所、僧徒は千余人いる」と記されていた。クシャーナ朝時代にはそれ以上に多くの伽藍、そして幾多の僧院があり、修行する僧も数え切れないほどだったと推測されている。しかし、クシャーナ朝後のイスラーム勢力の台頭で、7世紀前半には僧院の大部分は焼け落ちてしまった。
なお当時のテルメズは現在の町より西側のアムダリヤ川沿いに位置していて、その一帯を総称してオールドテルメズと呼んでいる。

テルメズ地域の仏教遺跡群は、国立民族学博物館名誉教授であった故・加藤九祚（1922～2016）がウズベキスタンの考古学者とともに、生涯を捧げて発掘を行ったところで、数多くの貴重な発見がなされた。また2014年からは立正大学の仏教学部・文学部が共同で学術調査隊を派遣しており、継続的に発掘作業を行っている。

玄奘三蔵像（東京国立博物館蔵／鎌倉時代／重要文化財）

ズルマラのすぐ近くに巨大なビニールハウスが立ち並んでいる。ウズベキスタン最大のビニールハウス群だ（栽培されているのは各種野菜）。

畑の中に突然現れる
巨大仏塔ズルマラ

3. ズルマラ
Zurmala

中央アジアに残る最大の仏塔。クシャーナ朝カニシカ王の時代（2世紀）に造られたと考えられており、現在露出している部分は高さ約13m。建設当時は白い石灰岩の装飾で覆われていたと考えられている。長い年月の間に盗掘穴が開けられたり、もともとの素材が日干し煉瓦のため傷みが激しいことなどから、傾き始めている。そのため現在は、修復作業が行われている。なおズルマラがある場所は畑のど真ん中で、あぜ道のような未舗装道路でアクセスすることになる。

テルメズ中心部で必見
テルメズ考古学博物館
Termiz Archeologiya Mizeyi

テルメズ近郊の遺跡から発掘された数多くの出土品を展示した博物館（一部はレプリカで、オリジナルはタシケントのウズベキスタン歴史博物館所蔵）。特に1階ホール部分は仏教遺跡関連の展示となっており、じっくり見学したい。1階奥には故・加藤九祚を偲ぶメモリアル展示室、紀元前・紀元後に使われていた硬貨などを展示する宝飾室があり見逃せない。2階は石器時代から現代へといたるウズベキスタンの歴史を石器や土器などの発掘品とともに紹介している。

URL stam.uz 住 At-Termiziy 29a, Termiz 開 毎日9:00〜18:00 料 25,000so'm、写真&ビデオ撮影料50,000so'm、館内ガイドツアー（英語）25,000so'm

テルメズ考古学博物館
1 ファヤズテパで発見された聖水くみ出し口のレリーフ　2 2〜3世紀頃の門の上部にあったと考えられるレリーフ　3 加藤九祚メモリアル室。中央にはファヤズテパの復元模型が飾られている　4 建物自体美しい博物館だ

見逃せないその他のテルメズ遺跡群

カンピルテパ
Kampirtepa (Aleksandriya Na Okse)

紀元前4世紀、アレクサンドロス大王が東方遠征を行い、この地に交易都市を築いた。それがカンピルテパ（「古代の町」の意味）。当時はアムダリヤ川河口がこの町の下にあり、港町として活気があったと推測されている。
さらに紀元前235年～前200年に町は拡張され、厚さ4mもの強固な城壁も完成。その後のアムダリヤ川の流れの変化により、2世紀頃に町は衰退した（現在の河岸は遺跡から約4kmも南となる）。町を囲む城壁の一部、そして町の区分けがはっきりとわかる遺跡だ。テルメズ中心部から30kmほど離れている。

1 古い町の区画がはっきりわかる遺跡だ　2 紀元前の城壁跡が今もしっかり残る

テルメズの北約3kmのナモウナ村にある

キルクキズ
Kirk Kiz

「40人の娘」という意味をもつ粘土と日干し煉瓦で造られた城郭都市跡。9～10世紀頃のものと考えられている。どのように利用されていたのかはっきりとしたことはわかっていないが、当時のサーマーン朝の支配者層の別邸や夏の宮殿という説が有力だ。ここには「40人の美しい女戦士」の伝説がある。城郭を取り囲んだ敵軍から40日間この場所を守った40人の女戦士の話だ。最後にリーダーが敵将に戦いを挑むのだが、その勇敢さに心打たれた敵将は軍の退却を命じたのだという（ほかにもいくつか伝説がある）。

アル・ハキム廟
Hakim al-Termezi Memorial Complex

9世紀に活躍したイスラーム神秘主義（スーフィ）12宗派のひとつ、ダービシュ教団の創始者アル・ハキムを祀る霊廟。14世紀後半ティムール朝の時代にもとの陵墓の脇に建てられた霊廟が、その後何度かの改築を経て現在のものとなった。敬虔なイスラーム教徒たちが、一心に祈りをささげる姿が印象的。なお廟に続く参道の周りは美しい庭園になっており、散策するのも楽しい。

1 アル・ハキムを祀る廟。天井ドームの装飾の美しさも見事だ　2 霊廟は何度も改築されている

TO DO LIST

08 工芸地域 フェルガナ盆地を訪ねる

Fergana Valley

ヒヴァ
タシケント
フェルガナ
ブハラ
サマルカンド

ウズベキスタン東部、タジキスタン、キルギスと国境を接するフェルガナ盆地は、ウズベキスタンの伝統工芸品製作の中心地である。シルクを使った絣のアトラス、リシタンブルーの名称で知られる陶器など、この一帯に大小の工房が数多く集まっている。タシケントから1～2泊のエクスカーショントリップで、フェルガナ盆地へ工芸の旅へと出かけよう!

蚕から絹糸を取り出す作業（ヤドゥガーリク・シルクファクトリー）

ウズベキスタン絣は一般的にアトラスと呼ばれているが、正式には100%シルクがアトラスATLAS、シルク50%+コットン50%がアドラスADLAS。

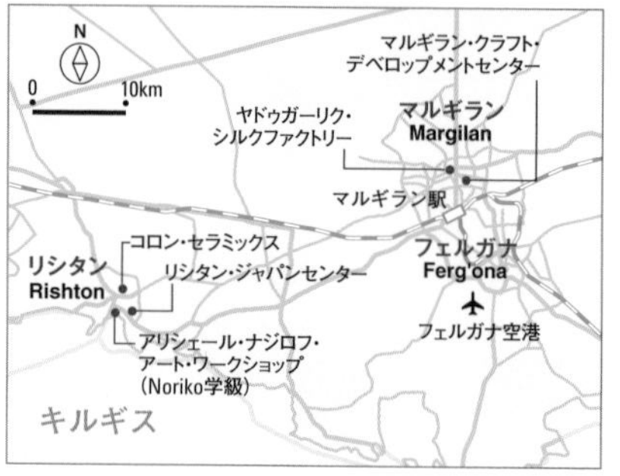

フェルガナ盆地のエクスカーション方法

タシケントから週4便フェルガナまでウズベキスタン航空がフライト（所要約50分）をもっている。また、タシケントからマルギランまで毎日ウズベキスタン号とナイトトレイン（所要約5時間）がある。フライトと列車をうまく組み合わせた日程作成がおすすめ。フェルガナ盆地ではフェルガナ、もしくはマルギランをベースにするのが便利。マルギラン／フェルガナからリシタンまではバス、シェアタクシーが出ており、所要約1時間（5,000so'm）。タクシーをチャーターする場合は1日US$30～40を目安に。

マルギラン ウズベク絣のアトラス・アドラスを求めて

おみやげ選びにもおすすめ

オーナーのアブドゥライェフ氏

ヤドゥガーリク・シルクファクトリー
Yodgorlik Silk Factory

蚕からの糸紬から自然染料による糸染め、機織りの様子まで、アトラスができる様子を順を追って見学できる。また絨毯を織る様子も見学可能。ファクトリーショップには高品質なアトラス、アドラスグッズがいっぱい。

Map P.40
住Imam Zakhriddin 138, Margilan TEL+998-90-302-2335 開工房:月～金8:30～12:00、13:30～17:00／ファクトリーショップ:毎日8:00～17:00 Card MV Mail yodgorlik-factory@mail.ru

マルギラン有数の大きな工房。工房の見学は予約してから行くのが望ましい

アトラスの作り方

1 蚕を煮て絹糸を取り出す。ひとつの蚕から3kmもの長さの糸ができる

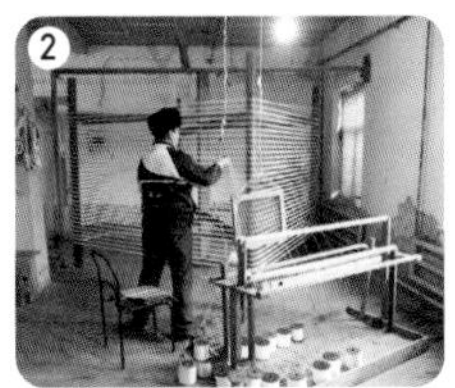
2 糸をつむぐ。使用する製品により取り出した糸を8～99本よって1本の糸にする

3 柄を製作

4 柄に合わせて染め上がる部分を結んでいく

5 糸染めに使う自然素材。アカシア、タマネギの皮、ザクロ、クルミなどを用いる

6 染め上げた絹糸を使って機織り。ペダルが2、4、8本の機織り機があり、それぞれ裏地の仕上がりが異なる

ラッセルジョン氏（左）とお弟子さん（右）

マルギラン・クラフト・デベロップメントセンター
Margilan Craft Development Centre

ウズベキスタンのシルク製品業界の大御所ラッセルジョン氏がオーガナイズする工房で、サイードアフマド・メドレセ内にある。ユネスコの無形文化遺産に登録されている。アトラス制作過程が見学できるほか、型押し布、真鍮（ブラス）細工などの工房も見学可能だ。アトラスは欧米有名デザイナーのオーダー布などを製作している。ショップもある。

Map P.40
住Said Ahmad Haji madras, Margilan TEL+998 90 408 38 00 開工房:月～金0.00 17:00／ショップ:毎日8:00～17:00 Card MV URL www.ikat.uz

1 アトラスを織る様子　2 細工の凝った真鍮製品も製作している　3 ショップにはアトラス、アドラスの反物がいっぱい。欧米有名デザイナーが発注した布と同じデザインの反物も置いてある

リシタン 陶芸の里へ

陶芸の町らしくリシタンの町の中心ロータリーには巨大花瓶がある

アリシェール・ナジロフ・アート・ワークショップ

The Art Workshop of Traditional Ceramic Master Alisher Nazirov

リシタンを代表する陶芸家アリシェール・ナジロフ氏の工房。氏は12歳から陶芸を始め、1994年には九谷焼の名工・浅蔵五十吉の下でも修業。現在は日本はもちろん、世界各国で展示会を開催するほど。工房ではお弟子さんの作業の様子が見学できるほか、工房内に展示してある陶芸作品の購入もできる。ナジロフ氏は日本語が堪能で、陶芸作りについていろいろな話を聞くこともできる。また工房の一角は無料で日本語を教える「Noriko学級」▶P.128の教室にもなっている。

▶Map P.40

住Ferg'ona v., Rishton St., Babur 50 TEL+998-73-452-3343／+998-94-659-5908 開月～金8:30～17:00（土日は要問い合わせ） Mail a.n.nazirov@gmail.com

1 日本でいえば中学生ぐらいの年齢から陶芸の修業を始める　2 工房の庭には販売用の陶器が展示してある　3 ナジロフ氏自身は比較的大きな皿や壺などを手がけることが多い　4 気さくに応対してくれるナジロフ氏

コロン・セラミックス KORON Kulolchilik Markazi

リシタン有数の大型陶器工房。ウズベキスタン政府の依頼を受けて陶器製作をするほどクオリティの高い製品を作っている。工房の見学のほか、2階にあるショールームで陶器販売も行っている。オーセンテックなリシタンデザインから、モダンなもの、さまざまな色使いのものまで商品のバリエーションが豊富。細かな陶片を合わせて作った陶器の鍋敷きは、ばらして持ち帰れるのでおみやげにもおすすめだ。

▶Map P.40

住Ferg'ona v., Rishton Sh., Temirov K., 7A uy TEL+998-90-274-9305／+998-91-673-4889 開月～金8:30～17:00（土日は要問い合わせ） Card MV URL www.koron.uz

1 ショールームで販売されている定番柄のリシタン陶器。絵付けの美しさは一般的なおみやげ屋で見かけるものとはまったく違っている　2 ていねいに絵付けをする様子には、ただ見入ってしまうほど　3 おみやげに喜ばれそうな組み立て式陶器の鍋敷き（左:裏面／右:表面）　4 入口にある陶器を使ったティムールが外国からの献上者をもてなす様子を描いた絵

フェルガナのおすすめホテルはアジア・フェルガナAsia Fergana。4つ星クラスのホテルでレストラン、プール、マッサージ、無料Wi-Fiなどを完備している。

UZBEKISTAN

SHOPPING & GOURMET

Local Products, Bazzar, Supermarket
Uzbekistan National Foods, Non, Plov, Drinks

ウズベキスタンで見つけたおみやげ&食べたい料理

伝統工芸品はもちろん、スーパーやバザールで買えるウズベキスタンならではのおみやげを紹介!
代表的なウズベキスタン料理、食べてみたい料理も一挙大公開！

工芸品はブハラやヒヴァがサマルカンドより値段も安く種類も豊富。またタシケントには最高品質の工芸品やモダンにアレンジした工芸品を扱う店がある。

ウズベキスタンへ行ったら これを手に入れたい！

ヒヴァの ホテル 内ショップで売られていたキャメルウールのストール

US$35

ストールやスカーフ

シルク、ウール、カシミア、パシュミナ、キャメルウールを使った美しいストールやスカーフ。特にヒヴァではたくさんの店で扱っており、値段も手頃で色柄も豊富。

コウノトリのハサミ

ブハラ名物になっているのがコウノトリのハサミ。クラフト・オブ・ブハラなどの工房ならその場で名前も入れてもらえる。

▶Data P.83

US$ 15〜

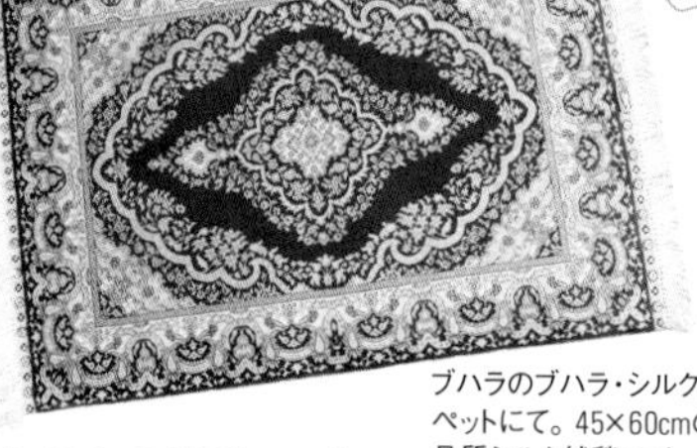

US$ 2600

ブハラのブハラ・シルクカーペットにて。45×60cmの高品質シルク絨毯マット

▶Data P.83

シルクの絨毯マット

養蚕が盛んなウズベキスタン。サマルカンド、ブハラ、ヒヴァ、マルギラン（フェルガナ盆地）などには手織り絨毯工場があって、ペルシャ絨毯と並ぶ高品質絨毯が卸価格で入手可能。大きな物は数年かけて織り上げるだけあって数万ドルするものも。絨毯マット・サイズであれば数百～数千ドルで入手可能。

US$2〜

ウズベクおじさんグッズ

ウズベキスタン中で販売されているのがなんとも愛らしいウズベクおじさんグッズ。マグネットや人形などさまざまな種類がある。

刺繍入りシャツ

スザニ ▶P.32〜35 が名産品であることでもわかるとおり、美しい刺繍が入った布はウズベキスタンならでは。加工したシャツなどの洋服も要チェック。

US$7

ヒヴァのアルクリ・ハン・キャラバンサライ内にて

木彫りの書見台

1枚の木から削り出して作る工芸品。スマホを置くサイズの手頃なものが人気。ブハラの名木彫り師シャフカット氏の店で。

▶Data P.83

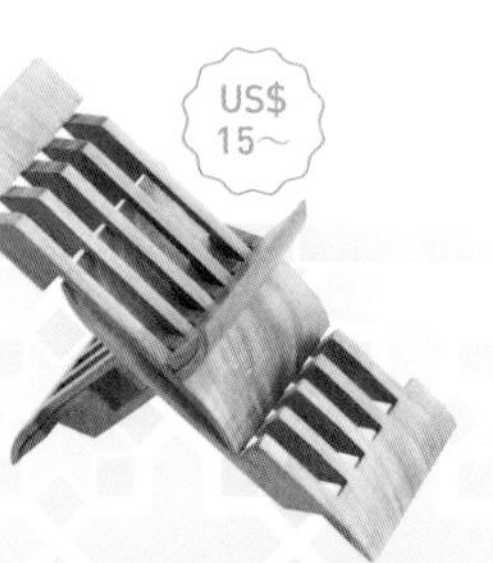

US$ 15〜

(上) アトラスを使ったシュシュやバレッタ。値段も手頃で人気
(左) 100%シルクのアトラスガウン。タシケントのヒューマンハウスにはさまざまな柄が用意されている

Data P.106

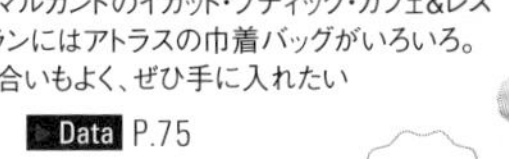

サマルカンドのイカット・ブティック・カフェ&レストランにはアトラスの巾着バッグがいろいろ。風合いもよく、ぜひ手に入れたい

Data P.75

アトラスグッズ

ウズベキスタンの絣アトラスを使ったさまざまなグッズもおみやげの定番だ。

アトラスのテディベアやラクダなどの人形は、もともとは「女性の地位向上と現金収入増」を目的にJICAと東京農工大学の支援により行われた事業から誕生したデザイン。タシケントのヒューマンハウス、ヒヴァの露店をはじめ各地で購入可能

モザイクタイル

イスラーム建築で用いられている青く美しいモザイクタイル。サマルカンドのウルグベク・メドレセ内のレギスタンタイル工房では、一つひとつ手作りされた美しいタイルが数多く販売されている。

Data P.13

リシタンやギジュドゥヴァンの陶器

リシタンブルーの別名をもつ美しい青色が特徴で綿花模様が多いリシタン陶器はウズベキスタンを代表する工芸品。フェルガナ盆地のリシタンには名工の工房もある P.42。また緑の色使いが特徴的なギジュドゥヴァン陶器も人気が高い P.84。タシケントのヒューマンハウスではリシタンの高品質陶器はもちろん、アトラス柄をモダンにデザインした陶器も扱っている P.106。

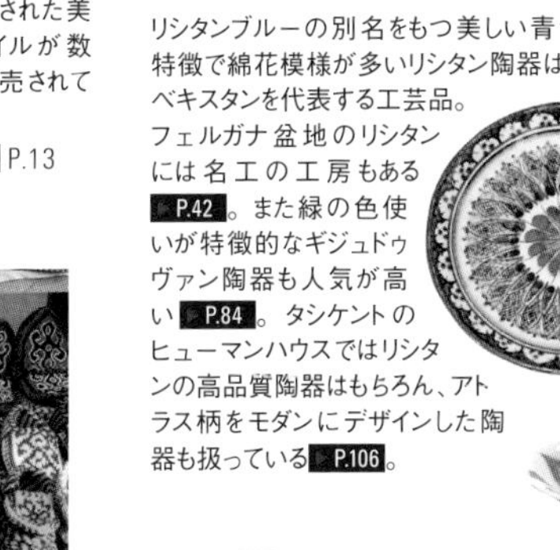

キャメルウールの室内履き

ヒヴァの名産品。デザインもかわいく、暖かくて、自分用にもおみやげ用にもピッタリ。ヒヴァの露店で数多く販売されている。

トルコ石とシルバーのアクセサリー

中央アジアでは、トルコ石が非常に好まれる。そのためトルコ石とシルバーを組み合わせたさまざまなアクセサリーが販売されている。

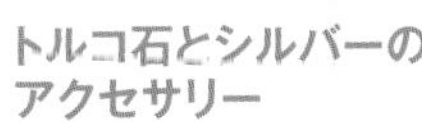

ナンの型押しスタンプ（ティケッチ）

ナン（中央アジアのパン）に空気穴をあけて模様をつけるスタンプのようなもの。日本ではお菓子やパン作りに使えそう。品揃えはヒヴァがいちばん多い。

バザールでおみやげ探し

BOZORI

ハルヴァ美味しいよ

各地のバザールにはよく「デフコン」という名前がついている。デフコンとは農業や農家などの意味。農家の人が取れたての野菜や果物を販売することからこの名がついている。

1 ハルヴァ Holva(Xolva)

ウズベキスタンはもちろん、ロシア、中央アジア、さらにトルコ、モロッコまで、地元の人のスイーツとして、また冠婚葬祭時に供されるお菓子として愛されているのがハルヴァ。作家の米原万里が著書『旅行者の朝食』の中で、少女時代に食べた絶品のハルヴァを懐かしんでいたことで、その名前を知っている人がいるかも。ハルヴァは国によって多少作り方が異なるが、基本は植物性油脂またはバターと小麦粉、ハチミツや砂糖、さらにゴマ、ナッツ類などを混ぜて作る。ウズベキスタンのバザールには必ずハルヴァ売り場があって、自家製ハルヴァを粘土のように積んで販売している。小さく切り分けて、食べやすくしたおみやげ用ハルヴァもある。

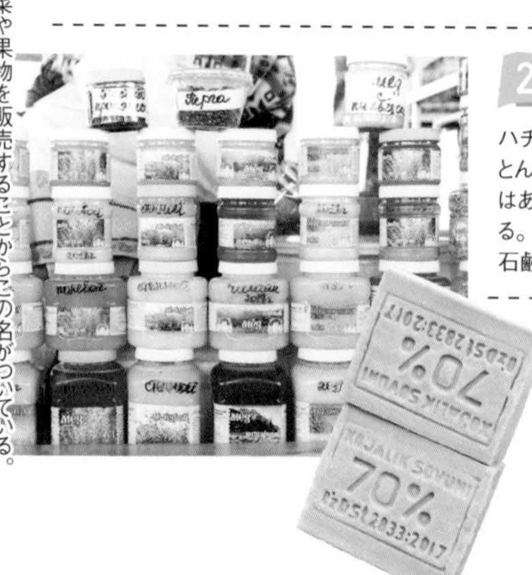

2 ハチミツ Asal

ハチミツもウズベキスタンの名産品。ほとんどは百花ミツだが、なかには日本ではあまり手に入らない綿花のミツなどもある。またハチミツを主成分として作った石鹸もよくバザールで売られている。

3 ナヴォット Navvot

砂糖を固めたもの。使い方は、使う分を切り取り、紅茶などに入れてゆっくり溶かしながら飲む。日本で異国情緒を感じながらティータイムを過ごしたいときにいい。

最初の言い値

名産のドライアプリコットにクルミとレーズンが入った、ちょっと高級品

4 ドライフルーツ&ナッツ各種

バザールのおみやげ品として一番人気なのが、間違いなくドライフルーツ&ナッツ。レーズンひとつとってもさまざまな種類があり、いろいろ試食させてもらうのも楽しい。またアプリコット（アンズ）は、もともとインド～中央アジアが原産で、本当に美味。黄色いイチジクの実も人気がある。ドライフルーツはオーガニックなのもうれしい。ナッツ類では中央アジアが原産地のひとつであるアーモンドのほか、クルミやピーナッツ、ピスタチオなどがポピュラー。ナッツに砂糖をまぶして甘くしたものも現地ではよくお茶請けに食べられている。詰め合わせのほか、少量でのグラム売りもしてくれる。

活気あふれるドライフルーツ&ナッツ売り場（タシケントのチョルスーバザール）

サフランは2種類売られているが、オレンジ色のサマルカンド産が高級（サマルカンドのショブバザール）

最初の言い値

5 スパイス各種

肉料理に香辛料を多く使うこともあって、バザールにはさまざまな種類のスパイスが売られている。日本ではちょっと値の張るサフランも手頃な値段。またウズベキスタン料理によく使われるディル、コリアンダー、ミント、ドライガーリック、各種ペッパー、さらにミックススパイスなど、日本に持ち帰りたくなるスパイスがいっぱい。おみやげ用の詰め合わせセットもある。またお茶にハーブやスパイスを加えたものも売られている。

おもなバザール

●ショブバザール（サマルカンド） Data P.20
●コルホズンリノク・デフコンバザール（ブハラ） Map P.135-C2
●チョルスーバザール（タシケント） Data P.104
●オロイバザール（タシケント） Data P.105
●ミラバッドバザール（タシケント） Data P.105

スーパーで売られている商品の多くは、ロシアなどからの輸入品。ウズベキスタン製のものを探すのは意外に難しい。

22,000 so'm

5,600 so'm

ウズベキスタン人のソウルフード、プロフ。タシケント風プロフ（牛肉・羊肉混合）は缶詰になっている。ちなみにタシケント国際空港の売店で買うと、なんと2倍以上の4ユーロ！　食べるときは湯煎もしくはレンジで温める。ただし現地のレストランで食べる以上に脂っこい。また自分でプロフを作りたい人向けにはお手軽なプロフの素（調味料大手LTZ社）もある。

4,500 so'm
8,000 so'm

スーパーには少量ずつ小袋に包装されたスパイスもいろいろある。特にスパイスエキスパートのものはちょっと高級品。おみやげにはこちらのほうが喜ばれるかも？

おみやげを＼まとめ買い／するなら スーパーへ行こう！

バザールでおみやげを買うのもいいけれど、包装は期待できない。そこでスーパー。ちょっと値段は高くなるけれど、ウズベキスタンならではの品物が、きれいにパッケージされているのがいい。またバザールでは見つからないような物もいろいろある。なおスーパーへ行くならタシケントがベスト。他都市のスーパーとは品揃えが全然違う！

19,000 so'm

21,000 so'm

ウズベキスタンはアンズの原産国のひとつ。ドライフルーツ以外にもジャムに加工しているものがある。またイチジクもアラビア半島～中央アジアが原産地で、やはりジャムが新鮮でおいしい。ちょっと重いけれど旅の記念にいい。糖度はけっこう高めだ。

スパイスエキスパートのシャシリクの素

27,000 so'm

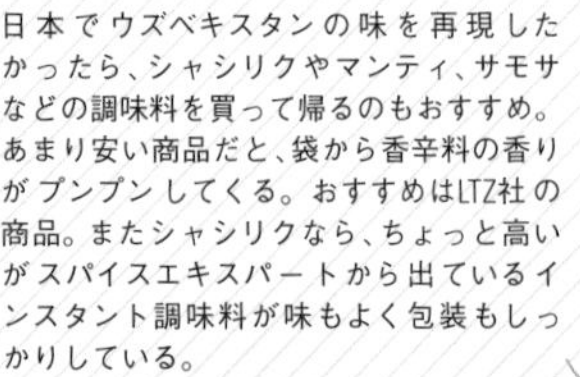

日本でウズベキスタンの味を再現したかったら、シャシリクやマンティ、サモサなどの調味料を買って帰るのもおすすめ。あまり安い商品だと、袋から香辛料の香りがプンプンしてくる。おすすめはLTZ社の商品。またシャシリクなら、ちょっと高いがスパイスエキスパートから出ているインスタント調味料が味もよく包装もしっかりしている。

2,100 so'm

1,400 so'm

1,400 so'm

LTZ社の調味料。左からラグマン、サモサ、チュチュヴァラ

6,500 so'm

お茶文化圏のウズベキスタンだけあって、スーパーにはさまざまなお茶がいっぱい。お茶（グリーンティー＝コクチャイ）には番号が書かれているものもある。これは緑茶に血圧を下げる効果が期待されることに着目した商品。「95」は通常の血圧の人向けで、「110」は高血圧の人向けだ（値段は同じ）。ただ現地の若い人は、その意味を知らない人も多く、気にせずに飲んでいる。

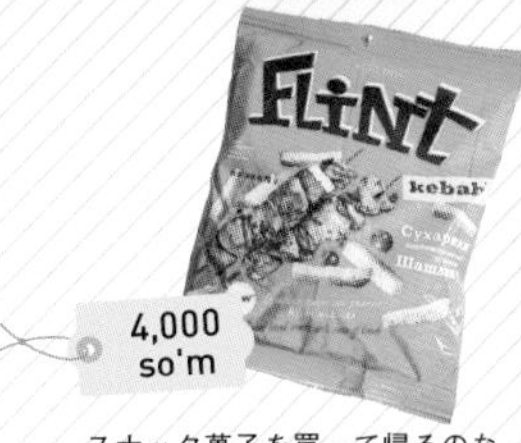

4,000 so'm

スナック菓子を買って帰るのなら、迷わずフロントFlintのシャシリク味。ひと口食べるごとにシャシリクの風味が口いっぱいに広がる。

9,000 so'm

9,000 so'm

11,000 so'm

ウズベキスタンを代表するお菓子メーカーのクラファーズ Crafers（アミロフAmilovから名称変更でパッケージ名にはアミロフと残っているものもある）。チョコレートのクオリティは非常に高く、クラファーズのチョコなら何を買っても、まず外れなし。ダークチョコ、ミルクチョコ、紙箱入りでちょっと高級なミルクチョコなど、さまざまなバリエーションがある。パッケージの裏の説明が、ウズベク語、ロシア語、タジク語など数種類の言語で書かれているのもおもしろい。

5,500 so'm

クラファーズのクッキーやビスケットもおみやげにおすすめ。このクッキーは小麦胚芽入りで甘さ控えめ。素朴な味で何枚でも食べられそう……。

バザールではむき出しで売られていることが多いウズベキスタンの伝統スイーツ、ハルヴァ。バザール同様、さまざまな味のものがあり、しかもきれいな箱入り。ただ最近はスーパーの入荷が少なめで、見つけたら即買いしたい！

11,000 so'm

タシケントのおすすめスーパーマーケット

コルジンカ・スーパーマーケット Korzinka Supermarket (Korzinka.uz)

ウズベキスタン最大のスーパーマーケット・チェーン。高級ホテル街近くのオロイバザール店、シェデヴァル店（ナヴォイ大通り）、コスモナウトラル駅近くのタークメンスキー店などが利用しやすい。

TEL+998-78-140-1414　URL korzinka.uz/en

●オロイバザール店　Map P.140-B1

住 40 Amir Temur St., Alay bazar, Tashkent　開 毎日8:00～19:00

●シェデヴァル店　Map P.140-B1

住 11 B Navoi Ave., Tashkent　開 毎日 8:00～24:00

●タークメンスキー店　Map P.140-A2

住 1A Y.H.Hodjib St., Tashkent　開 24時間営業

マクロ・スーパーマーケット Makro Supermarket

コルジンカに次ぐ大手スーパー。タシケント駅と空港の間にある店舗が利用しやすい。

Map P.139-D3　住 83A Nukus St., Tashkent　TEL+998-71-205-1205　開 毎日 8:00～24:00　URL makromarket.uz

カルフール・スーパーマーケット Carrefour Supermarket

フランスのカルフールもタシケントに進出している。特にサマルカンドダルヴォザの大型スーパーは利用しやすい。

Map P.141-C2　住 5A Samarkand Darvoza St., Tashkent　TEL+998-71-203-3031　開 毎日 10:00～23:00　URL www.carrefouruzbekistan.com

ローカルレストランは、メニューがキリル表記のみというところもまだ多い。高級レストランや旅行者の多いレストランはアルファベット表記のメニューもある。

シルクロードの十字路であったウズベキスタン。それだけに中国、ヨーロッパ、中東、ロシアなどの料理が融合し、バラエティに富んだ食事が生まれた。食材は内陸国という事情もあり、野菜と肉が主流。野菜はほぼすべてがオーガニックで新鮮。肉は羊と牛肉が多く、香辛料をたっぷり使って臭みを和らげているのが特徴だ。
なお食事のときは何種類かのサラダとウズベキスタンのパンであるナン ▶P.52、それにメイン一品というパターンでオーダーするのが一般的。

絶対味わいたい！

ウズベキスタングルメ

高級レストランで美しく盛りつけされたシャシリク

1 バザールに行けば目の前で焼いているところが見られる 2 いろいろなお肉のシャシリクがある

シャシリク Shashlik / Шашлык

肉の串刺し料理で、日本では中東料理シシカバブとして知られているもの。シャシリクはロシア語だが、旧ソ連圏ではこの言葉が一般的になった。羊、牛のぶつ切りやミンチ肉などを炭火で焼き上げる。ウズベキスタン料理のレストランの定番メニューで、バザール内食堂街などでもその場で焼いていることが多い。

肉の種類	
牛肉：	Mol go'shti / Мол гўшти
羊肉：	Qo'y go'shti / Қўй гўшти
鶏肉：	Tovuq go'shti / Товуқ гўшти
豚肉：	Cho'chqa go'shti / Чўчқа гўшти

ラグマン Lag'man / Лагман

うどん入りスープ。トマトベースで野菜もたっぷり。ほかに具をうどんの上にのせたスープなしのラグマンもある。

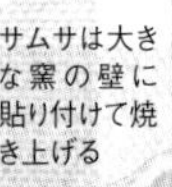

プロフ

Plov / Палов

ウズベキスタンのソウルフードで、日本でいうピラフ。地域によって具材や盛りつけ方などが異なっている▶P.54。

サムサの焼き方見においで

サムサは大きな窯の壁に貼り付けて焼き上げる

マンティ

Manti / Манти (Манты)

ウズベキスタン風茹で餃子。一つひとつは結構大きい。ヨーグルトと一緒に食べるのが一般的。季節によってはカボチャ入りとなることもある。

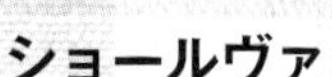

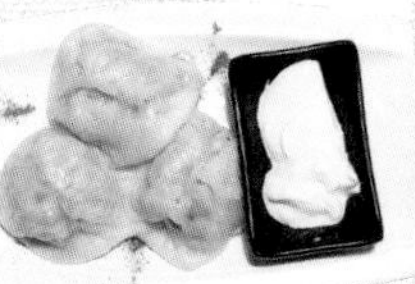

サムサ Somsa / Сомса

タンドールと呼ばれる窯で焼くパイ。中には肉やタマネギが入っている。季節によってはホウレンソウやカボチャが入ったサムサも食べられる。

ショールヴァ

Sho'rva / Шўрва

羊肉とジャガイモ、トマト、ニンジンの入ったあっさり塩味のスープ。

マスタヴァ

Mastava / Мастава

ご飯が入ったトマトベースのスープ。少しヨーグルトを入れて食べるのが一般的。

グンマ Gu'mma / Гумма

ミンチ肉やご飯が中に入った揚げパン。おやつに人気だ。

ドルマ

Dolma / Долма

ひき肉とご飯をブドウの葉で巻いて煮込んだ料理。ヨーグルトソースで食べる。

シュヴィト・オシュ

Shivit oshi / Швит ош

ディルやコリアンダーなどの香草を練り込んだヌードル。ウズベキスタン西部ヒヴァがあるホレムズ地方の伝統料理。

チュチュヴァラ

Chuchvara / Чучвара

マンティの小型版。ヨーグルトにつけて食べる場合と、水餃子のようにして食べる場合がある。

アッチク・チュチュク

Achchiq-chuchuq / Аччик-чучук

トマトとキュウリ、タマネギのサラダ。ウズベキスタンではサラダをよく食べるが、このサラダが最もポピュラー。

マンパル Mampar / Мампар

ショートパスタ入りスープ。野菜もたっぷり入っていてヘルシー。

中央アジア地域のパンは日本語で「ナン」と表記されることが多いので、本書でも同様の表記とした。ただしウズベキスタンでの発音はどちらかというと「ノン」に近い。

ウズベキスタンの食卓に欠かせない 地域別ナン比べ

ウズベキスタンの食事に欠かせないのがナン。タンドール窯で焼いた丸いパンのことで、町ごとに厚さ、味もいろいろ。どの町の人も「ナンはここがいちばんだよ」と自慢するほど、郷土愛にあふれた主食だ。どんなナンがあるか、主要地域のナンを紹介しよう！

1 サマルカンドのナン

ウズベキスタンのナンの代表格がサマルカンドのナン。厚みがあり、中はもっちりぎっしり。少し甘味もあって、特に焼きたては美味。ウズベキスタン人もサマルカンドを訪れると、おみやげに買って帰るほど。実は伝説が残っている。かつてブハラの王がサマルカンドを訪れたときに、ナンのおいしさに感動。ブハラに戻ってから料理人にサマルカンドと同じ製法でナンを焼くように命じた。しかし同じ味にならない。料理人はサマルカンドから材料を持ち込み、再び挑戦するが、王を満足させることはできなかった。つまりサマルカンドのナンは、サマルカンドの水、空気があってこそ、初めてすばらしい味になるのだ、といわれている。

ナンの模様はティケッチと呼ばれるこの道具で焼く前に付ける。おみやげとしても人気がある▶P.45

2 ウルグットのナン

サマルカンド近郊、スザニのバザールでよく知られるウルグット。車でわずか45分ほどしか離れていないが、ナンはまったく違う。小麦の香ばしさはあるが、表面の焼き上がりや、もっちり感がサマルカンドとは異なっている。

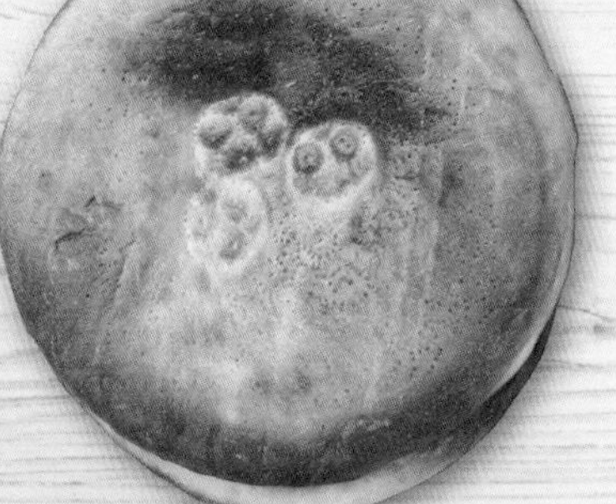

3 シャフリサーブスのナン

ティムールの生まれ故郷シャフリサーブス。ここのナンは厚さがあまりなく、もっちり感も少なめ。

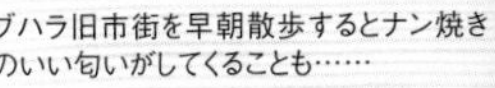
ブハラ旧市街を早朝散歩するとナン焼きのいい匂いがしてくることも……

④ ブハラのナン

ブハラの王はサマルカンドのようなナンを欲したといわれている。現在ブハラで食べられるナンは、サマルカンドに似たもっちり感のあるものと、表面がパイ生地のようなサクサク感がある、少し薄めのものがある。

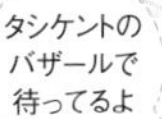

⑤ タシケントのナン

サマルカンドに次いで有名なのがタシケントのナン。少しクープ（切り込み）が入った周りは、厚みもたっぷりあって、黒ゴマがたくさんちりばめられて香りもいい。中はふっくらとしている。

ヒヴァの
ナンは
食べやすいよ

⑥ ヒヴァのナン

ほかとはまったく違うのがヒヴァのナン。平べったく、生地自体はイタリアのピザのよう。ちぎって食べやすいようになっている。

ヒヴァのミルサボジ・ティーハウスでナンを焼くおばさん。春～秋はナン作り体験も行っている

⑦ テルメズのナン

アフガニスタン国境に近いテルメズのナンは、周りに厚みはあるが真ん中はかなり薄い。もっちりした食感だ。

⑧ フェルガナ盆地のナン

フェルガナ盆地のナンもやや薄め。表面はサクサク食感の生地になっている。

2017年にタシケントで総重量7.3トンというプロフが作られギネスブックに登録されている。

中央アジアのソウルフード
プロフを食べよう！

ウズベキスタンを代表する料理がプロフ。ピラフの原型といわれる料理で、アジアが発祥とされている。中央アジア、特にウズベキスタンでは地方ごとに多少の特色があり、今も、多くの人に愛される料理だ。

タシケントの観光名所にもなっている中央アジア・プロフセンター ▶P.110

Plov/Палов

プロフの歴史

紀元前300年代のアレクサンドロス大王の東方遠征時、ソグディアナの都市（現サマルカンド）を征服した大王の歓待の宴の記述に、すでに名物料理としてその名が記されているほどだ。つまり当時からこの地方を代表する料理だったわけだ。

バザール内の食堂ではたいていプロフを作っている

プロフの作り方

プロフはカザンと呼ばれる巨大鍋をかまどにかけて豪快に作る。結婚式や誕生日などにも欠かせない料理で、基本的には男性がプロフ作りを担当するのだという。

たっぷりの油を張ったカザンに塩、胡椒で下味を付けた羊や牛の骨付き肉を入れじっくりオイル煮し、その上に野菜（黄色いニンジン、タマネギ、ひよこ豆など）、さらに各種スパイスをまんべんなく振りかけ、お米をのせて、フタをしてじっくり蒸らせばできあがり。

レストランなどでは午前中から作り始め、なくなった時点で終了。そのためランチにプロフを食べるのが一般的だ。

サマルカンド風プロフ

ご飯と具材の盛りつけ方に特徴がある。ご飯と具材は混ぜ合わせずに、ご飯の上に肉や野菜、ウズラの卵や馬肉ソーセージなどをのせる。肉は牛肉をメインに使うことが多い。

ブハラ風プロフ

赤いニンジンを黄色いニンジンよりたくさん使い、レーズンなどドライフルーツを一緒に入れることが多い。肉は羊肉のみが一般的。

ヒヴァ風プロフ

ニンジンなどの野菜はご飯と混ぜ合わせ、肉を上に盛りつける。肉は羊肉を使用することが多い。

タシケント風プロフ

すべての具材を混ぜ合わせて皿に盛りつけ、その上にさらに肉をたっぷりと盛りつける。羊肉をメインにし、味に深みをもたせるために牛肉も混ぜ合わせることが多い。

中央アジア・プロフセンターの全部のせプロフ。ウズラの卵や馬肉ソーセージはオプションだ

ウズベキスタンの飲み物

お茶（チャイ） Choy / Чой

食事のときは、何はともあれお茶。日本の緑茶に近いグリーンティー（コックチャイko'k choy）か紅茶に当たるブラックティー（コラチャイqora choy）かのいずれか。通常はグリーンティー。
お茶には作法があり、
❶ホストがまず自分の茶碗にお茶を注ぎ、それをポットに戻す。これを3回繰り返す。
❷次に、それぞれの茶碗にお茶を注ぐ。ただし、お茶はカップの半分以下。たっぷり注ぐのは、相手に対する敬意を欠くことになるので注意。

ウズベキスタン産ワインを置いているレストランもある。ただしワイン自体それほどポピュラーではないため、赤、白ともスイートかドライのどちらかが選べるだけという場合が多い。

タルフーン Tarkhun / Тархун

ウズベキスタンで食事どきによく飲まれるソフトドリンクで、タラゴンという薬草を使ったソーダ水。ミントレモンソーダのような味がする。発祥はジョージアで、その後、旧ソ連圏に広まった飲料。ウオッカなど強いお酒を飲むときのチェイサー代わりに飲む人も多い。

ウオッカ Aroq / Водка

イスラーム教徒が約90％を占めるウズベキスタンだが、飲酒には比較的寛容。たいていのレストランではアルコールが飲める。特にロシアの影響が強いこともあってウオッカがよく飲まれている。地方によってさまざまなウオッカがあるので飲み比べてみるのもおもしろい。ただしアルコール度数が強いので飲み過ぎにはくれぐれも注意！

ビール（ピヴォ） Pivo / Пиво

夏はとても暑いウズベキスタン。ビールもよく飲まれている。地方によっていろいろな種類のビールがあるが、いちばんポピュラーなのはデンマークのカールスバーグ社との技術協力で作られるサルバスト。アルコール度数の違いにより、赤瓶（オリジナル4.2%）、緑瓶（スペシャル5.0%）、青瓶（エクストラ5.6%）、茶瓶（ドラフト5.2%）、萌葱色瓶（ライト3.4%）がある。このほかデンマークのツボルグ社と業務提携したその名もツボルグ、タシケント産ライトビールのリジュスコイエ、サマルカンドにビアハウスがあるボチカなどがよく出回っている。

UZBEKISTAN
AREA GUIDE

Samarkand, Bukhara, Khiva, Tashkent

ウズベキスタン・エリアガイド

中央アジアのウズベキスタンは、シルクロードの交易路にあり、いくつもの砂漠のオアシス都市が出現した。なかでもサマルカンド、ブハラ、ヒヴァにはイスラーム文化がこの地で花開いた時代の建造物が数多く残り、世界中からの旅人を魅了している。

Samarkand 早わかりナビ TOWN NAVI
サマルカンド
Samarkand (Samarqand)

ウズベキスタン観光を代表する景観が見られるレギスタン広場

ウズベキスタン観光の中心都市サマルカンド。人口約60万人を数えるウズベキスタン第2の都市で、紀元前10世紀頃からオアシス都市として発展してきた。13世紀にチンギス・ハーンにより一度、町はほぼ破壊されてしまうが、14世紀にアミール・ティムールによりティムール帝国の首都として再建。今、町にはティムールがこよなく愛した青色のタイルを使った建築群が数多く残り、1年を通して広がる青空の下「サマルカンドブルー」の町として世界中から多くの観光客を集めている。

● 観光案内所（ツーリスト・インフォメーション）
▶Map P.134-B2
日本語や観光などを学ぶ学生たちが運営。サマルカンド発着ツアーや交流型ミニツアー、列車チケット手配なども可能。
住 2/1 Islom Karimov St., Samarkand
TEL +998-91-555-3515（英語可） 開 毎日9:00～17:00（12～2月は10:00～12:00） 休 祝日
URL www.samarkand-tourist-info.com
Mail tourist-centre@mail.ru（日本語可）

1 青いドームと内部の黄金の霊廟がすばらしいグル・アミール 2 ティムール関連の人々が眠るサマルカンドブルーを代表する見どころ、シャーヒズィンダ廟群

1 絶対外せない観光地が集まる サマルカンド旧市街
▶P.10～21、60～61

15～17世紀のティムール帝国の首都の面影を色濃く残すエリア。観光の中心レギスタン広場、ティムールが眠るグル・アミール、中央アジア最大級のモスクのビビハニム・モスク、そして美しく緻密な青タイルに覆われた霊廟が並ぶシャーヒズィンダ廟群など、サマルカンドに来たら絶対見たい見どころがこのエリアにある。ホテルもここから歩ける範囲に取ると、観光しやすい。

ACCESS

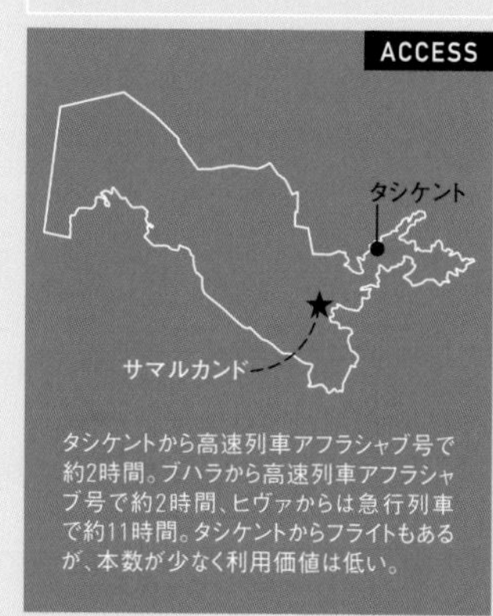

タシケントから高速列車アフラシャブ号で約2時間。ブハラから高速列車アフラシャブ号で約2時間、ヒヴァからは急行列車で約11時間。タシケントからフライトもあるが、本数が少なく利用価値は低い。

2 サマルカンド発祥の地 アフラシャブの丘周辺
▶P.62～63

13世紀にチンギス・ハーンに町が破壊される以前に、サマルカンドの中心部があったエリア。紀元前4世紀、東方遠征時に当時の町並みを見たアレクサンドロス大王は「話に聞いていた以上に美しい」と町を絶賛したほどだった。現在その大部分は発掘場所となっている。丘の周辺には美しいフレスコ画などの発掘品を展示するアフラシャブ博物館、聖人ダニエルを祀るダニエル廟、ティムール帝国第4代君主ウルグベクの天文学者としての功績がわかるウルグベク天文台などの見どころがある。

1 アフラシャブ博物館に展示されている古代のフレスコ画 2 ウルグベクが恒星観測を行ったとされるウルグベク天文台の巨大六分儀跡

1 サマルカンド新市街ムスタキリク通りMustaqillik Stは歩行者天国になっており露店が並ぶこともある　2 ワインはもちろんコニャックも試飲できるホブレンコ・サマルカンド・ワイン工場

サマルカンドの駅

▶Map P.132-A1

サマルカンドの鉄道駅は、新市街の外れにあり、観光の中心となるレギスタン広場からは約7km。タクシーで6,000〜10,000so'm。駅からNo.73のバスがホテル・レギスタンプラザ、ティムール像前を抜けレギスタン広場前を通る。ほかにもNo.3がホテル・レギスタンプラザ、ティムール像前を通る。またショブバザールやビビハニム・モスクへは駅前から出ているトラムNo.2が便利だ。

3 サマルカンド新市街

サマルカンド市民の中心部

▶P.70〜71

たくさんの商店、大型スーパーマーケットや地元の人に人気のレストラン、カフェ、さらに3〜4つ星クラスのホテルが集まるのが新市街。観光的にはホブレンコ・サマルカンド・ワイン工場&博物館やエルメロス劇場くらいしか見どころはない。それでもランチやディナーなどで利用したいレストランが多いので、滞在中出かけることは多いだろう。

市民の足として活躍するバス

まだ路線は少ないが、乗り物好きには人気のトラム

サマルカンドの市内交通

サマルカンドで観光客がいちばん利用しやすいのがタクシー。黄色い色に塗られた小さなタクシーが一応オフィシャルだが、それ以外にも白タクが普通に走っていて、市民の利用も多い。配車アプリのヤンデックス・ゴーYandex GoやタクシーオーケーTaxi OK利用が、料金交渉の手間なども必要ない▶P.124。旧市街内での乗車なら4,500〜10,000so'm程度だ。

さらに安くという場合はバスになる。路線も多く、自分の乗るルートさえわかっていれば格安（1回乗車1,400so'm）。また2路線のみだがトラムも走っており、サマルカンド駅〜ショブバザール間移動には利用価値も高い（1回乗車1,400so'm）。バス、トラムとも設置機械が稼働していれば（利用できないことも多い）、タッチ決済可能なMasterカードも利用できる。

4 シルクロード・サマルカンド・ツーリストセンター

サマルカンドの町外れにできた最新エリア

▶P.68〜69

町の中心部の東約5kmの場所に2022年9月にオープンした高級ホテル、コンベンションセンター、ウズベキスタンの代表的観光地の町並みを再現したエターナルシティからなるエリア。今後もさまざまな施設が造られる予定。またこのエリアの北側には、商業施設や高級住宅地などからなる町の建設も予定されている。

ウルグベク天文台の復元もあるエターナルシティ

ウーリッツァ・アウィツェンニ通り
アフラシャブの丘（遺跡発掘地域）
ダニエル廟
ウルグベク天文台跡
Tashkent Rd
アフラシャブ博物館
Rudakiy St
Dakhbed Yuli St
Shah-i-Zinda St
シャーヒズィンダ通り
ダフベッド通り
ハズラティヒズル・モスク
シャーヒズィンダ廟群
ショブバザール
Ulitsa Usta Umara Dzhurakulova
ビビハニム・モスク
ビビハニム廟
約4km東
エルメロス劇場（古代コスチューム・ショー）
Mirzo Ulugbek St
レギスタン広場
Registan St
レギスタン通り
ホブレンコ・サマルカンド・ワイン工場&博物館
グル・アミール（アミール・ティムール廟）
サドリディン・アイニー通り
Sadriddin Ayniy St
パンジャケント通り
Panzhakent Rd
カトリック教会
聖アレクセイ・ロシア正教会
N
0
1km

ハズラティヒズル・モスクのテラスから眺めたサマルカンドの町並み

イスラム・カリモフ通りのフナルマンド・マルカス（ハッピーバード・ハンディクラフトセンター）1階では陶器の皿の絵付け体験コースも開催している（前日まで要予約）。

AREA GUIDE 01

サマルカンド旧市街

Samarkand Old Town

見逃せない見どころ巡りとおみやげ探し

旧市街お散歩ルート

サマルカンドへやってきたら、何をおいても出かけたいのが旧市街。青タイルに日が差し込むシャーヒズィンダ廟群を午前中に観光したら、あとはのんびり散歩しながら見どころ巡りを楽しもう！

美しい並木道が続くユニバーシティ大通り

威風堂々としたティムール像

1 ティムール帝国の創始者 ティムール像

Amir Temur Haykali

チンギス・ハーンによる破壊を受けたサマルカンドを再建し、ここを首都と定め、広大なティムール帝国を築いたアミール・ティムール。旧市街入口に、堂々としたティムール像が鎮座している。
なお、このティムール像へと続く大通りはユニバーシティ大通りで、周辺にはサマルカンド国立外国語大学をはじめ、いくつかの大学があり、学生街といった雰囲気がある。

▶Map P.134-A3

住University Boulevard, Samarkand

現在、廟内は伝統工芸の工房とみやげ物屋になっている

2 イスラーム教預言者の遺髪を納めた ルハバット廟

Rukhabad Mausoleum

ティムール像とグル・アミールの間の公園内にある。ティムールが尊敬していたとされるイスラーム神秘主義者シェイヒ・ブルハヌッディン・サガルジを祀った廟で、建築は1380年。ルハバットとは「霊のすみか」という意味をもつ。この廟を建造する際、預言者ムハンマドの遺髪を納めた箱も一緒に葬られたとされている。

▶Map P.134-A3

住Registon St., Samarkand 開毎日9:00～18:00 料無料

AREA NAVI

どんなところ？

サマルカンドの代表的見どころが集まるエリア。

散策のヒント

1日で回るのならシャーヒズィンダ廟群から。2日かけられるのなら1日はグル・アミールとレギスタン広場周辺、2日目にシャーヒズィンダ廟群とビビハニム・モスク周辺に分けるといい。

交通メモ

旧市街にホテルがあればすべて徒歩圏内。新市街のホテルからは最初タクシーでシャーヒズィンダ廟群まで行ってしまうのがおすすめ。

▶Map P.134

5 ウズベキスタンの初代大統領 イスラム・カリモフ像

Islom Karimov Haykali

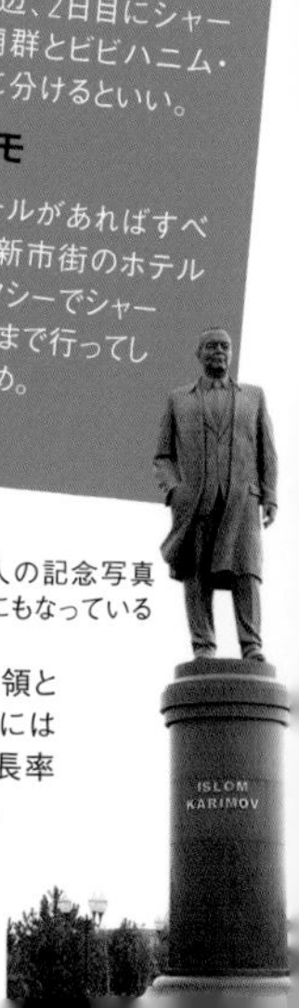

地元の人の記念写真スポットにもなっている

1991年ウズベキスタンがソ連から独立した際に初代大統領となり、25年間国を治めた（2016年死亡）。カリモフの政策には賛否両論あるが、2007～2012年まで毎年8%というGDP成長率を達成するなど、この国の経済発展に大きく寄与している。

▶Map P.134-B2 住Islam Karimov St., Samarkand

レギスタン広場周辺は緑豊かな公園。のんびり休憩するのに最適だ

ビビハニム・モスク隣のショブバザールは、サマルカンド最大のバザール。市民の生活ウオッチングはもちろん、おみやげ探しも楽しめる

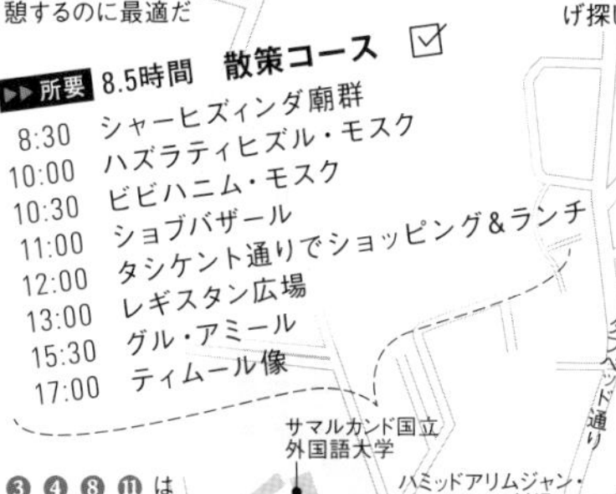

所要 8.5時間　散策コース

8:30　シャーヒズィンダ廟群
10:00　ハズラティヒズル・モスク
10:30　ビビハニム・モスク
11:00　ショブバザール
12:00　タシケント通りでショッピング&ランチ
13:00　レギスタン広場
15:30　グル・アミール
17:00　ティムール像

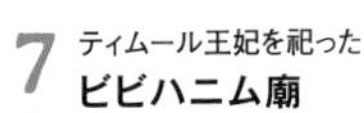

❸❹❽⓫はP.10～19、❾はP.20～21の巻頭TO DO LISTで紹介しています。

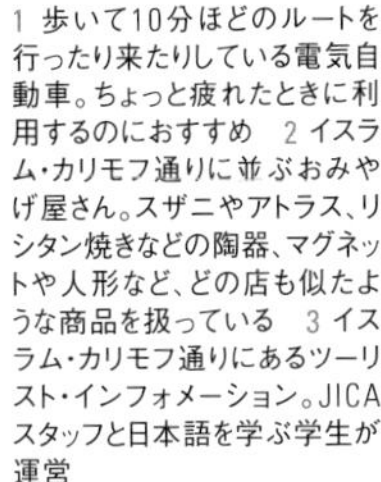

気軽に利用して

1 歩いて10分ほどのルートを行ったり来たりしている電気自動車。ちょっと疲れたときに利用するのにおすすめ　2 イスラム・カリモフ通りに並ぶおみやげ屋さん。スザニやアトラス、リシタン焼きなどの陶器、マグネットや人形など、どの店も似たような商品を扱っている　3 イスラム・カリモフ通りにあるツーリスト・インフォメーション。JICAスタッフと日本語を学ぶ学生が運営

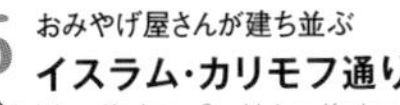

6 おみやげ屋さんが建ち並ぶ イスラム・カリモフ通り

Islam Karimov St. / Islam Karimov Ko'chasi

▶Map P.134-B2

住 Islam Karimov St., Samarkand

レギスタン広場脇からビビハニム・モスク前を抜けハズラティヒズル・モスクまで遊歩道になっている。特にレギスタン広場～ビビハニム・モスク間は通りの両側におみやげ屋さんがいっぱい。またツーリスト・インフォメーションもあって、旅の相談にも乗ってもらえる。インフォメーションには日本語の詳しいレストランガイド、サマルカンドのオリジナルバスマップなどもある。
なおレギスタン広場～ビビハニム・モスク前は電動ミニバスが頻繁に行き来している(どこでも乗り降り可能)。1乗車につき1,400so'm。歩き疲れたら気軽に利用したい。

7 ティムール王妃を祀った ビビハニム廟

Bibixonim Mausoleum

ビビハニム・モスクとタシケント通りを挟んだ反対側に建つ廟。ビビハニムとはもともと第一夫人を指す言葉。ティムールの第一夫人はチンギス家の末裔の娘サライ・ムルク・ハーヌムであり、彼女をめとったことで「キュレゲン(王の娘婿)」の称号を名乗るようになった。廟内にはビビハニムと母親、姉妹が祀られている。

サマルカンドの史跡群の中では比較的こぢんまりした廟だ

▶Map P.134-B2

住 Tashkent Rd., Samarkand
開 毎日7:00～19:00
料 30,000so'm

10 テラスからサマルカンドを一望 ハズラティヒズル・モスク

Hazrat Xizr Masjidi

モスクの柱と天井が見逃せない

アフラシャブの丘の入口、元ゾロアスター教寺院跡に建つモスク。8世紀に建造された後チンギス・ハーンにより破壊され、その後何度かの建て替えが行われ、現在の姿になったのは19世紀のこと。美しい5本の木の柱、緑を基調とした木造の天井に描かれた美しいイスラーム模様などが見逃せない。敷地内には初代ウズベキスタン大統領イスラム・カリモフの墓もあり、多くの人が参拝に訪れている。

▶Map P.134-B1

住 Tashkent Rd., Samarkand　開 毎日7:00～19:00
料 無料

ウルグベク天文台の六分儀の半径は40・4mで、かつては地上3階部分まであった。当時世界最大だったといわれている。

AREA GUIDE 02

アフラシャブの丘

Afrosiyob

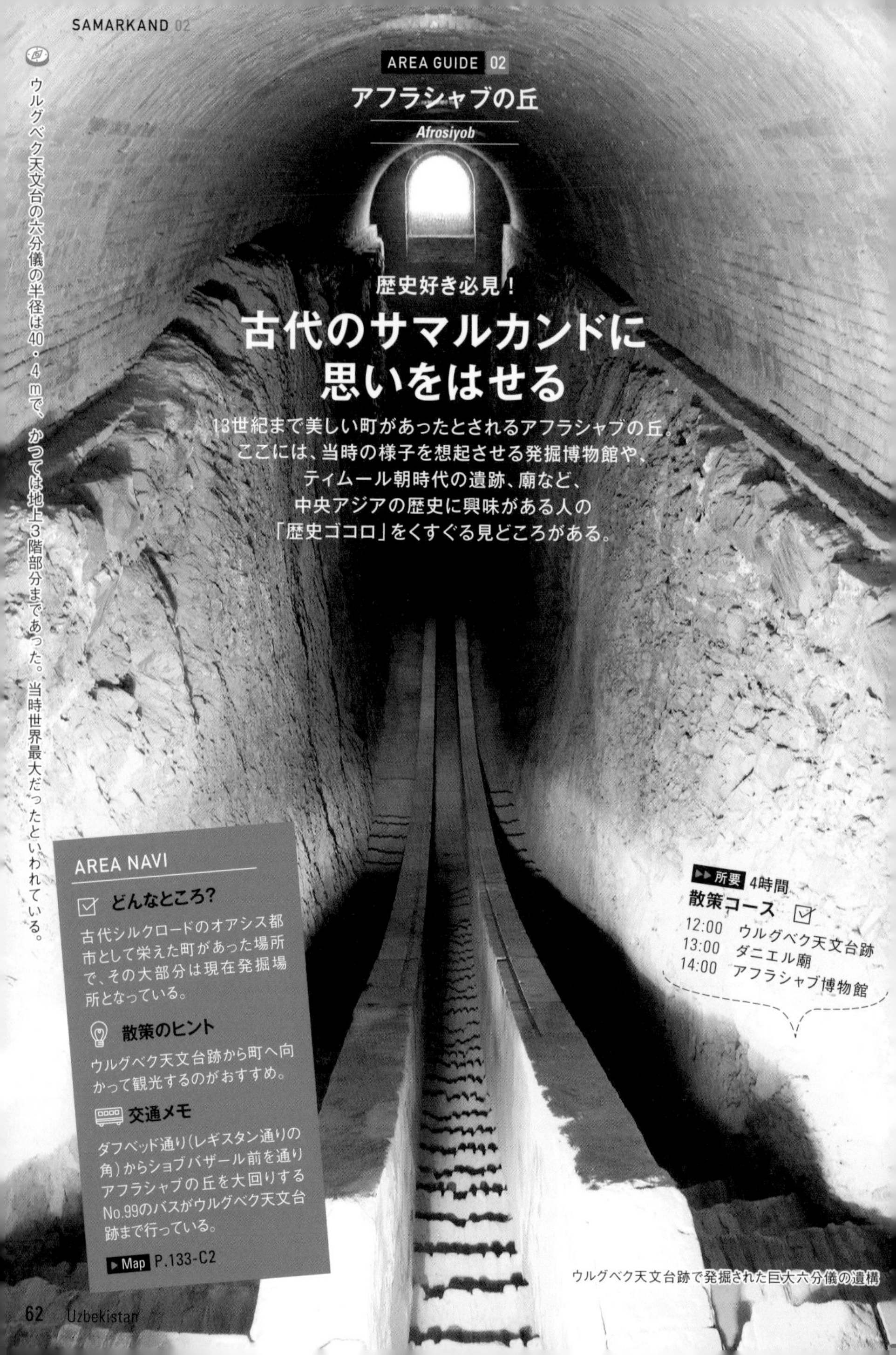

歴史好き必見！

古代のサマルカンドに思いをはせる

13世紀まで美しい町があったとされるアフラシャブの丘。ここには、当時の様子を想起させる発掘博物館や、ティムール朝時代の遺跡、廟など、中央アジアの歴史に興味がある人の「歴史ゴコロ」をくすぐる見どころがある。

AREA NAVI

どんなところ?

古代シルクロードのオアシス都市として栄えた町があった場所で、その大部分は現在発掘場所となっている。

散策のヒント

ウルグベク天文台跡から町へ向かって観光するのがおすすめ。

交通メモ

ダフベッド通り（レギスタン通りの角）からショブバザール前を通りアフラシャブの丘を大回りするNo.99のバスがウルグベク天文台跡まで行っている。

▶Map P.133-C2

▶▶所要 4時間

散策コース

12:00 ウルグベク天文台跡
13:00 ダニエル廟
14:00 アフラシャブ博物館

ウルグベク天文台跡で発掘された巨大六分儀の遺構

1 中世に驚くほど正確な天文観測が行われた ウルグベク天文台跡

Ulug'bek Observatoriyasi

アフラシャブの丘の北東約1kmの場所にある15世紀の天文台跡。1908年、それまで土に埋もれていたこの遺跡をロシアの考古学者が発掘した。遺跡はウルグベクによって造られたもので、円い天文台跡と巨大六分儀の地下部分のみ残っている。ここでの恒星観測をもとにウルグベクは1年を365日6時間10分8秒と推測した（現在は365日6時間9分6秒）。望遠鏡もなかった時代に、これほど正確な観測を行ったことは驚きでしかない。ウルグベクの学者としての功績を伝える博物館も併設している。

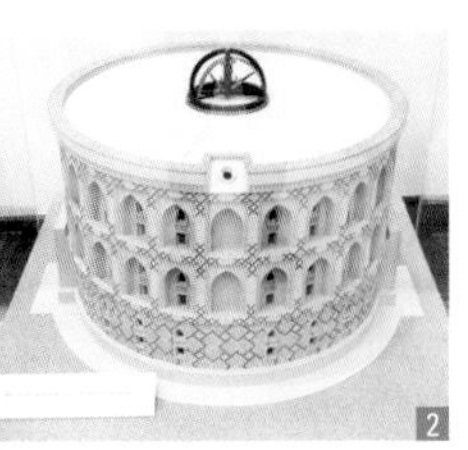

1 天文台跡入口にはウルグベクの像がある。記念撮影スポットとして人気がある 2 博物館内にはかつての天文台が復元された模型がある 3 地下にある巨大六分儀跡とメドレセ風の博物館

▶Map P.133-C2

住 Tashkent Rd., Samrkand 電 2342887
開 毎日9:00～18:00（11～3月9:00～17:00）
料 40,000so'm

1 丘の上がダニエル廟。下の祠が聖水の湧き出す場所だ 2 長さ18mの巨大棺にびっくり

2 巨大棺に聖人が眠る ダニエル廟

Xo'ja Doniyor Maqbarasi

アフラシャブの丘の麓、小川のほとりにある霊廟。紀元前4～前3世紀の聖人ダニエルを祀っている。ダニエルの遺骨は一度は国外に持ち出されていたが、ティムールが14世紀に持ち帰り、この場所に安置したとされる。伝説では100年ごとに遺骨が成長するとされており、墓の長さは18mにも及ぶ。霊廟の下、小川の脇には聖水が湧き出しており、飲むとご利益があると信じられている。

▶Map P.133-C2

住 Tashkent Rd., Samrkand 電 2342887
開 毎日8:00～18:00（11～3月9:00～17:00）
料 25,000so'm

3 かつてのサマルカンドの姿を知る アフラシャブ博物館

Aflosiyob Muzeyi

アフラシャブの丘にある博物館で、13世紀にチンギス・ハーンによってサマルカンドの町が破壊される以前の、さまざまな出土品を展示している。博物館に入ったらまずは、かつてのアフラシャブの丘と館内展示についてのビデオショーを見学しよう（英語音声）。博物館内で見逃せないのは入口正面の部屋に展示してある7世紀のフレスコ画。アフラシャブの丘の古代ソグド人領主の宮殿跡から出土したもので、チャガン（タシケント）からの婚礼の行進、朝鮮人や中国人が交易にやってきている様子などが正確なレイアウトで展示されている。なお博物館裏手は13世紀以前にサマルカンドの町があった場所。現在ユネスコの管轄下で発掘調査が行われている。

1 古代ソグド人のフレスコ画の一部。鮮やかな色彩に驚かされる 2 アフラシャブの丘から発掘された皿や壺などから当時の高度な生活レベルを知ることができる 3 アフラシャブ博物館の入口

▶Map P.133-C2

住 Tashkent Rd., Samrkand 電 +998-66-235-5336 開 毎日9:00～18:00（11～3月9:00～17:00） 料 40,000so'm

サマルカンドの工芸の神髄に触れる

コニギル・ツーリストビレッジ

パミール高原に源をもつ大河ザラフシャン川の支流が通るサマルカンド近郊のコニギル村。古くから紙すきや陶芸などが行われていたこの村に、2021年に整備されたのがコニギリ・ツーリストビレッジだ。水量豊かな小川沿いに水車を使ったさまざまな施設が点在。散歩ルートが整備されているので、のんびり見て回ろう！

メロス紙すき工房で作られたおみやげ品は、サマルカンド中心部のおみやげ屋が並ぶイスラム・カリモフ通りとブハラ通りの角近くにあるアンテナショップでも購入可能だ。

AREA NAVI

どんなところ？

水車利用の伝統工芸制作が見られる場所。

散策のヒント

小川沿いに施設が点在しており、全部見て回るのに2時間ほど。ウズベキスタン料理の食事もできるのでランチの前後に訪れるのがおすすめ。

交通メモ

住宅地の中にあり、わかりにくいのでタクシー利用が便利。レギスタン広場から約15分、20,000～25,000so'm。

▶Map P.133-D2

桑の木の皮を煮て柔らかくする

柔らかくなった皮の内側から紙の材料となる繊維をはがす

水車の力で繊維をついて、バラバラにする

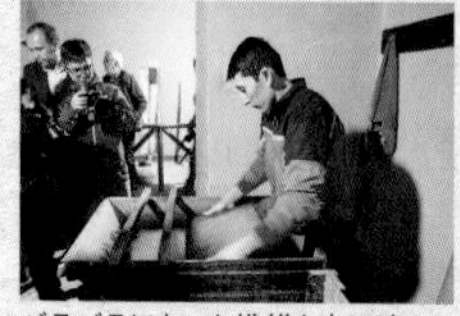

バラバラになった繊維を水に溶かして、すいて紙を作る

1 メロス紙すき工房

世界に名が知られたサマルカンドペーパー

Meros Handmade Paper Centre

コニギル・ツーリストビレッジの中核施設で入口を入ってすぐの場所にある。
751年のタラス河畔の戦いで捕虜になった中国人紙すき職人によりサマルカンドに紙の製法が伝わった。最盛期には400余りの紙すき工房が誕生し、中央アジア&中近東最大の紙の生産地となった。8～9世紀にサマルカンドからエジプトやヨーロッパへと紙の製法が伝えられたほどだ。

1 独特の風合いがあるサマルカンドペーパーのバッグ　2 仕上げは石や貝を使って、何度も何度も紙を磨く。こうすることで光沢やツルツルした手触りが生まれる　3 サマルカンドペーパー（左）は色が薄いベージュで、白紙に比べて字が読みやすく目が疲れにくい

サマルカンドペーパーは、養蚕に使われる桑の木（コウゾの仲間）を原料にしたことから、仕上がりは独特の光沢をもちツルツルしていてシルクペーパーと呼ばれるほど。少しベージュ系の色をした紙で、字を読んでも目が疲れにくい。
コーランを記したり細密画などを描くのに最適とされ、また長い年月色あせないという特徴ももつ。ティムールが眠るグル・アミール内の黄金の霊廟も、金箔を貼る前の壁紙としてサマルカンドペーパーが使われているほどだ。
一度は廃れた紙の製造だが、1998年にJICAなどの支援を受けて、もともと紙すきが行われていたコニギル村で伝統的な製法で復活。工房では紙の作り方を順を追って見学できるほか、紙すき体験もできる。なお併設のショップでは、サマルカンドペーパーを使ったジャケットやバッグ、財布、カードケースなども販売されている。

住Koni Ghil Village, 140319, Samarkand　TEL+998-66-231-4210 / +998-90-224-3496　Mail Sammeros_68@yahoo.com　開毎日8:00～18:00 ※冬季は営業時間が異なるので要問い合わせ　料見学:US$1／紙すき体験（お茶、お菓子付き）、US$4

陶芸のワークショップもある。ろくろは電動ではなく足で回すスタイルだ

コニギル村ならではのプロフは上品な味で美味

2-3 水の力が生み出す生活必需品 油搾り小屋と粉挽き小屋

Yog'juvoz Tegirmoni(Oil Extrction Mill) & Un Tegirmoni(Flour Mill)

コニギル村ではかつて水車を利用し、さまざまな油、ナン作りに欠かせない粉などを作っていた。その行程を今も見られるよう再現したのがこのふたつの小屋だ。油搾り小屋では綿実油やひまわり油、亜麻仁油、ごま油などを実際に搾り出している様子が見られる。粉挽き小屋では麦を挽いた粉をふるう作業が見られる。ただし作業をする人がいないこともあるので、そんなときは少し時間をおいてから再訪してみよう。

1 小川の急流を利用した油搾り小屋　2 実際に油をどうやって搾るのかを実演で見せてくれる　3 挽いた粉をふるう作業までの工程がよくわかる粉挽き小屋

4 名工が生み出す陶器と美味しいプロフのランチ ボボムロドフ工房

The Pottery Workshop of Bobomurodov

ティムール王朝時代には、腕のいい職人が国中から集められ、サマルカンドは陶芸においても中央アジアの中心地のひとつだった。しかしソ連時代に個人の工房での陶芸作りが禁止されサマルカンド焼きは衰退。それでも伝統的技法を受け継いでいた職人がわずかながら存在し、彼らが今、サマルカンド焼きを復活させている。その名工のひとりがボボムロドフ・イルホム氏で、彼と彼の息子メフロジ氏の工房がコニギル・ツーリストビレッジのいちばん奥にある。コニギルとは現地の言葉で「粘土の源」を意味し、もともとザラフシャン川のミネフルを多く含む土を使った陶芸が行われていた場所なのだ。ここでは陶芸作業の様子を見学したり、できあがった名品を購入したりできる。またコニギル村で採れる野菜、肉、そしてこの場所で搾った油を使った、まさにここでしか味わえないコニギルプロフもランチタイムに食べることができる。

住Koni Ghil Village, 140129, Samarkand
TEL+998-97-283-0088　開毎日8:30～20:00
※冬季は営業時間が異なるので要問い合わせ
料見学無料／コニギルプロフ1人US$8

アフロシャブをデザインした自慢の皿を見せてくれた2代目のボボムロドフ・メフロジ氏

掘り出し物から最高級品まで

サマルカンドで絨毯&スザニを手に入れる

冬にウルグットへ出かける場合は、気温がサマルカンドよりもかなり低いので、しっかりした防寒具で出かけよう!

間近で見る絨毯製作工程の細かさにはただ驚かされる

アミール帝国の中心地であり、シルクロードの交易の中心地であったサマルカンド。中央アジア各地から一級の芸術家が集まり、ペルシャや中国などの影響を受けた文化も花開いた。この地に根ざし、脈々と受け継がれてきた工芸品には価値の高いものが多い。

世界的に評価の高いシルク絨毯の製作工程を見学

サマルカンド-ブハラ・シルクカーペット

Samarkand - Bukhara Silk Carpet

▶Map P.133-C2

ウズベキスタンはもちろん、中央アジア有数の規模を誇るシルクカーペット工場。1992年にハジ・ムハマンド・イワズ・バドゥギシ氏が、中央アジアに伝わる絨毯作りの手法を残すために工場をオープン。現在は約400名の女性が働いており、蚕から機械で絹糸をつむぎだし、そこからはデザイン、染色、機織りまで、手作業で絨毯を製作している。1枚の絨毯を織るのに要する日数は数ヵ月から数年。その品質は非常に高く、ペルシャ絨毯をもしのぐといわれている。

工場では一般見学を受け付けており、英語ガイドによるていねいな説明も受けられる。驚かされるのは自然素材から作られる染料。インディゴの深い藍色、アスパラガスの花からは黄色やオレンジ色、ザクロからピンク色や赤色、サフランからも独特の赤色、キンポウゲ科デルフィニウムとインディゴを混ぜ合わせて緑色、泥から茶色など、さまざまな植物や泥から鮮やかな色彩を作り出している。

工場内にはショールームもある。ここでは織り上がったいろいろなサイズの絨毯も販売。決して安いものではないが、とても価値の高いものだ。

住 12A Hujom St., Samrkand
TEL +998-66-235-2273
URL silkcarpets.uz 開 見学:月～土 8:00～13:00,14:00～17:00(ショールームは毎日8:00～17:00) Card V
交 シャーヒズィンダ廟群から徒歩約7分。ショブバザール前からNo.25のバスがすぐ近くを通る。

1 経糸を織り機に通す作業は数人の女性が協力して行う
2 工場2階にたくさんの絨毯織り機が並んでおり、女性たちがおしゃべりしたり、音楽を聴いたりしながら作業をしている
3 ショールームには高品質のシルクカーペットがいっぱい

店の中ではスザニ刺繍をしているところも見られる

店内には壁掛けやテーブルクロスにできるようなスザニがいっぱい

何でも売られているバザールなので、いつも地元の人で大にぎわい

ウズベキスタンはもちろん中央アジア各地のスザニが集まる

ウルグットバザール

Urgut Bozori

▶Map P.131-C3

スザニに興味があったら絶対訪ねたいのがウルグットバザール。古くからのウズベキスタンや中央アジアの伝統に則って刺繍された、スザニを扱う店が軒を連ねている。
サマルカンドの南東約40kmの高原の町ウルグットにある巨大市場で、入口付近は地元の人のためのバザールといった雰囲気。野菜や果物、ナンなどの食料品から洋服や日用品まで何でも揃っている。このバザールのいちばん奥まで進むと、お目当てのスザニバザールとなる。世界中のスザニ愛好家によく知られた場所で、何しろバザール内に足を踏み入れると、スザニを売るおばさんたちが「スザニ!　スザニ!」と手に持ったスザニを広げて次から次へと近寄ってくるほどだ。ウズベキスタン各地はもちろん、タジキスタンやカザフスタンなど中央アジア各地から集められたスザニを売る店がいっぱい。店が開いているのは水・土・日曜の早朝から午後早めで特に土曜がいちばんにぎやか。
売られているスザニはアンティークから新しいものまでいろいろ。値段は破格で、サマルカンドに比べて約半額が目安。時には100年以上前の貴重なアンティークスザニが売られている場合もあるが、旅行者は50年以上たっているアンティーク品の海外持ち出しが禁止されているので注意が必要だ。なお冬季はスザニを売る店の一部が閉まってしまうが、そのぶん、ゆっくり品定めができる。また冬季のほうが値段交渉もしやすい。

住 Urgut Bazzar, Urgut　開 水土日6:00頃～14:00頃　交 サマルカンド中心部からタクシーをチャーターすると往復US$15～20。ダフベット通りとレギスタン通りの交差点付近からシェアタクシーを利用すれば片道10,000～15,000so'mほど。所要約50分。サマルカンドへの帰りはバザール前にたくさんいるタクシードライバーとの交渉となる。

シルクロード・サマルカンド・ツーリストセンターは大きな運河をもっており、春～秋にはボートクルーズが催行される予定だ。

歴史的建造物を模した工芸テーマパーク

シルクロード・サマルカンド・エターナルシティ

シルクロード・サマルカンド・エターナルシティ

Silk Road Samarkand Eternal City ▶Map P.133-D3

まだオープンして間もないため、すべての施設が営業しているわけではない。今後工芸施設、レストラン施設をさらに充実させる予定となっている（最終的に50の施設が入る予定）。また12月前半～1月前半にはウルグベク天文台再現展示前の広場にクリスマスマーケットの屋台も出る。

2022年9月に中心部の東約5kmの所に誕生したシルクロード・サマルカンド・ツーリストセンター。運河沿いの広大な敷地にいくつかの施設が点在している。なかでも観光客に注目なのがエターナルシティだ。17ha（東京ドーム約3.7個分）の広さをもち、ウズベキスタン各地の伝統建築を模した建物が並んでいてとても華やか。建物はレストランやカフェ、さまざまな伝統工芸ワークショップとして利用されている。

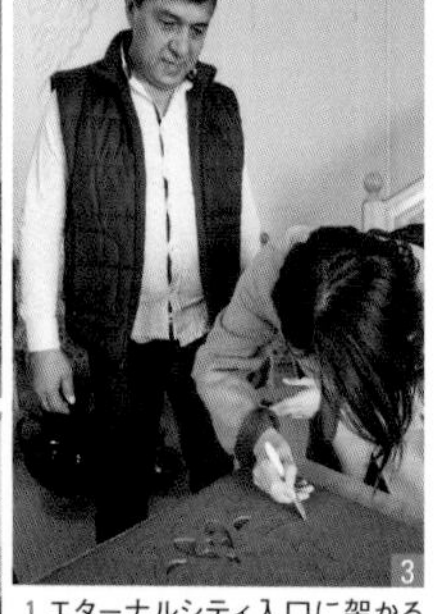

1 エターナルシティ入口に架かる橋　2 彫金作業の様子。無料体験もある　3 タイル作りのワークショップに参加。自分でかたどったタイルを焼いてもらう場合は有料

気軽に参加できる

伝統工芸体験

Traditional Handcraft Workshop

エターナルシティは運河内のふたつの島からなっており、ひとつはメインとなるシルクロードの町のイメージのテーマパーク、もうひとつは巨大六分儀をもつウルグベク天文台を半分だけ復元した建物が中央にある巨大広場だ。広場のほうはイベントやショーなどで利用されることが多い。

メインの島へは運河に架かる橋を渡って入っていく。美しい門を抜けると中央を貫くセントラルストリートの周りにブハラ、ヒヴァ、フェルガナ地方の代表的な建物を小型にしたような建物が並ぶ。ウズベキスタン周遊後に訪れると、「ここはあの建物ね」とわかるだろう。建物内のいくつかではさまざまな伝統工芸が見られる。サマルカンドならではの紙すきやタイル作り、陶芸はもちろん、彫金やスザニ刺繍、絨毯織りまでバラエティに富んでいる。また島の中央にあるタンドール・ベーカリーでは、サモサやナンをタンドール窯で焼く様子も見学できる。ウズベキスタン国内で、1ヵ所でこれだけさまざまな伝統工芸に触れられる場所はほかにはない。

ほとんどの工芸施設では、無料体験のワークショップも開催している。じっくり時間をかけて作品を仕上げるというより、気軽にいろいろ参加して、ウズベキスタンの伝統工芸のすばらしさに触れるという感じだ。また実際に体験してみることで、熟練工の技術の高さに感嘆するはず。

N
0 50m
ウルグベク天文台
再現展示
サマルカンドペーパー
ワークショップ
タイル製作ワークショップ
スザニ製作
ワークショップ
絨毯作りワークショップ
(ユルタ内)
アフラシャブレストラン
The Afrosiyob Restaurant
タンドール・ベーカリー
Tandoor Bakery
ブユク・サマルカンド
The Buyuk Samarkand
彫金ワークショップ

ショーが開催されることもある(予定では頻繁に開催されることになっている)。取材時にはナヴォイからやってきたグループのショーが見られた

私たちと
一緒に踊ろう!

運がよければ鑑賞できる

伝統音楽と舞踊ショー

Traditional Music & Dance Show

エターナルシティ内の通りや広場では、伝統音楽演奏や踊りのパフォーマンスが開催されることがある。ただし2023年2月現在、特に決まったショースケジュールはなく、あくまで運がよければ見られる、といったところだ。またウルグベク天文台再現展示施設をステージとした大がかりなパフォーマンスショーが年に数回開催されている。

ウルグベク天文台復元施設。大規模ショーが開催されるときはここが会場

住Rowing Canal, Konigil Massif, Samarkand
TEL+998-55-705-5555 URL www.silkroad-samarkand.com/resort/eternal-city/ 開毎日8:00~20:00 交公共交通機関はないので、タクシー利用となる。レギスタン広場周辺から約25分、30,000~35,000so'm。

Column

時間があったら行ってみたい

イマーム・アリ・ブハラ廟

Imom Al-Buxoriy Maqbarasi

敷地内奥中央にあるイマーム・アリ・ブハラの霊廟

サマルカンドから北へ約25kmの場所にある、イマーム・アリ・ブハラを祀る廟。イマーム・アリ・ブハラは9世紀にブハラで生まれたイスラーム神学者で、預言者ムハンマドの言行録〈ハディース〉の研究に没頭。後に『ハディース集アル・ジャミス・サヒーフ』を編纂した。

16世紀に彼の墓があったこの場所に廟が建てられ、その隣にモスクも建造。聖地として多くのイスラーム教徒を受け入れられるよう、1998年、廟を新築し、10haにも及ぶ周囲を整備した。サマルカンド中心部に残る巨大な歴史的建造物に比べると、どこもかしこも新しい。敷地内にはイマーム・アリ・ブハラの霊廟、モスク、コーラン博物館がある。特にコーラン博物館は、貴重な古いコーランや世界各国のイスラーム教徒の王族や富裕層から寄贈された豪華に装飾されたコーランまで、さまざまなコーランが展示されていて一見の価値がある。ラマダン時期などには多くの参拝客であふれかえるほどだという。

住Payerik, Šamarkand 開2023年3月現在、改修のためイスラーム教徒以外の入場不可。2023年内に再オープン予定 交サマルカンド中心部からチャータータクシーで往復約US$10。所要約20分。

1 モスク内で静かに祈りを捧げる人々 2 霊廟内は美しいタイルで装飾されている。白い墓碑がイマーム・アリ・ブハラの墓 3 コーラン博物館にはさまざまなタイプのコーランが展示されている

歴史的建造物以外にも楽しみいろいろ

サマルカンド新市街でぜひ行きたいスポット

150年以上の歴史をもつサマルカンドの老舗ワイナリーだ

サマルカンド観光の中心は世界遺産に登録されているティムール朝時代の歴史的建造物を見ること。でも、それ以外にもユニークな見どころがある。新市街にある、そんな見どころを紹介しよう!

ワイン工場の隣に同系列のレストランがある（サマルカンド・レストラン）。食事と一緒にホブレンコのワインが楽しめる。

サマルカンドを代表するワインメーカー

ホブレンコ・サマルカンドワイン工場&博物館

Samarkandskiy Vinniy Zavod Imeni M.A.Khovrenko

サマルカンド周辺は良質のブドウの産地として知られている。夏は乾燥して暖かく、冬は寒くて湿気もあるサマルカンドは、糖度の高いブドウができる好立地だ。ブドウの多くは食用やドライフルーツで市場に出回るのだが、一部はワイン専用としてのブドウも作られている。

サマルカンドのワイン生産は19世紀初期にロシア人によって始められた。ホブレンコ・サマルカンド・ワイン工場は、それから間もない1868年創業。ジョージアやフランスなどで評価の高いブドウを育て、さまざまなタイプのワインを生産している。国内消費が多いこともあり、ウズベキスタン人が好むやや甘めのワインが多いのが特徴だ。

このワイン工場の見学は、1日に数回、ガイド付きで行われる。ミントグリーンのロシア風建物の中はクラシックな雰囲気で、最初にワインの古い製造道具が展示してある博物館を見学。ワイン造りの工程に関して詳しい説明が行われる。

その後お楽しみのワインの試飲。7種類のワインと3種類のコニャックがグラスに注がれテーブルに用意される。チーズ、クラッカーなどのおつまみもある。テイスティングといっても各グラスにはけっこうな量が注がれている。1種類ずつ説明を聞きながら試飲するのだが、全部飲み干すと間違いなく酔ってしまうので注意しよう。もちろん試飲後はワインを購入することもできる。ワインは1本32,000～60,000so'm、コニャックは1本100,000so'm。

▶Map P.132-A3

住 58 Mahmud Kashgari St., Samarkand
TEL +998-66-233-0707　URL www.xovrenko.uz
開 毎日9:00～18:00（要予約）
料 博物館見学とワイン試飲150,000so'm

1 スタッフの説明は英語だが、とてもわかりやすい。質問にもていねいに答えてくれる　2 歴史を感じさせる外観　3 博物館自体は小さいが、サマルカンドでのワイン造りの歴史を知ることができる　4 この10本が試飲できるワイン&コニャック。日本では高価なアイスワインなども含まれている　5 テーブルにセットされる試飲グラス、1杯の量がかなり多い。特にコニャックはアルコール度数が高いので注意しよう!

サマルカンドの繁栄を歴史的衣装で知る

エルメロス劇場

El Merosi
- Samarkand theatre of historical costume

サマルカンドの各時代における歴史的衣装を、ダンスパフォーマンスで知ることができる。春～秋のシーズン中は1日数回パフォーマンスがあり、早めに史跡見学が終わったときやディナー前後に鑑賞できるのもいい（2023年2月現在コロナ禍による観光客減少でパフォーマンス開催は不定期）。
まだ動物の毛皮で身を包んでいた太古の時代から始まり、紀元前8世紀ペルシャの影響を強く受けていた時代、紀元前6世紀アフラシャブの丘でサマルカンドが発展を始めた時代、4～6世紀シルクロードの十字路、オアシス都市として繁栄を極めた時代、そして14～15世紀のティムール朝の時代と、当時の王侯貴族の衣装、あるいは貢ぎ物を持ってやってくる各国の使節団の衣装など、次から次へと華やかなパフォーマンスが演じられる。

1 アラビアンナイトの世界から出てきたようなきらびやかな衣装での踊りが印象的だ　2 古代、狩猟を行っていた頃のパフォーマンス　3 ちょっとしたラブロマンスを感じさせる場面もある　4～6 シルクロードの交易路として栄えたサマルカンドだけあり、中国やペルシャの衣装でのパフォーマンスも多い

記念写真をどうぞ

パフォーマーと一緒に記念写真も撮れる

▶Map P.132-A3

住 27 A.Navoi St., Samarkand　TEL +998-90-606-9817 / +998-97-288-1188　URL elmerosi.uz/index.php/en
開 2023年2月現在パフォーマンスの開催は不定期、開催日は要問い合わせ。　料 US$14（要予約/日によりグループのみ受付の場合がある）

AREA GUIDE 07

世界遺産 シャフリサーブス

Shahrisabz

ティムールの生まれ故郷

世界遺産シャフリサーブスへの1日エクスカーション

サマルカンドから南へ約80km。標高2000mを越える峠を抜けた先にあるのが、ティムール生誕の地シャフリサーブス。巨大建築遺跡が残る世界遺産の町へ、サマルカンドから日帰りで出かけてみよう！

ティムールが建てた最大級の建造物といわれるアクサライ宮殿の跡

シャフリサーブスの史跡公園内にあるコバ・レストランはメドレセ風の建物、店内の雰囲気もいい。ランチにおすすめだ。

ACCESS

サマルカンドからチャータータクシーを利用するのが便利。1日往復で約US$35〜40。ホテルで手配してもらうことができる。このほかサマルカンドのレギスタン広場近くからシェアタクシーも利用可能。1人約40,000so'm（所要約1時間30分）。ただし冬季は道路が凍結する場合もあるのでおすすめできない。なお高速列車アフラシャブ号もサマルカンド〜シャフリサーブスを約2時間で走っているが、昼の1日1便だけなので日帰りには使えない。

▶Map P.131-C3

1 高原市場も開かれる サマルカンドのモニュメント

シャフリサーブスへ向かう2000m越えの峠の途中、ほぼ山道を登り切った場所にある。モニュメントの前ではフルーツや野菜などを売る小さな市場も開かれている。ここからシャフリサーブスまでは約30km。

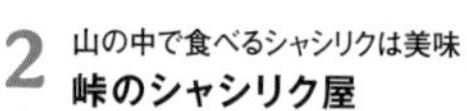

高原の野菜や果物がいっぱい

2 山の中で食べるシャシリクは美味 峠のシャシリク屋

サマルカンドのモニュメントの先には、つづら折りの山道沿いにたくさんのシャシリク屋さんが並ぶ。岩場の景色のいい場所にテーブルと椅子1〜2脚だけという店だが、自然の中のかまどで焼かれるシャシリクは香ばしくて、羊肉も軟らかく本当に美味。チャータータクシーなら運転手お気に入りの店を知っているはずなので、案内してもらうといい。なお峠を下ったあたり（ルスキショルク村の入口付近）には、チャイハナ風のシャシリク屋もある。

1 こんな感じの小さな店がいくつもある
2 岩場にかまどを作って羊肉を焼くおばさん

巨大な門から史跡公園へ

3 史跡公園を囲む城壁と門 入口ゲート

シャフリサーブスの観光名所は、すべてきれいに整備された史跡公園内にある。その周囲は壮麗な城壁が囲み、正面入口ゲートは巨大な門となっている。

③入口ゲート
駐車場
N
0 200m
④アクサライ宮殿跡
⑤ティムール像
ティムール博物館
電気自動車走行路
おみやげ屋&ギャラリー街
Ⓡコバ・レストラン Koba Restaurant
チョルスー・コンプレックス
⑥アクサライ・ギャラリー
ツーリスト・インフォメーション
ドルッサオダット建築群
⑧ドルッティロヴァット建築群
⑦
入口ゲート
駐車場

4 遺跡の巨大さに圧倒される アクサライ宮殿跡

Ak Saray Palace / Oq Saroy Majimuasi

青タイルに覆われた宮殿門跡

史跡公園最大の見どころがアクサライ宮殿跡。1380年に着工され、1405年2月のティムール死後まで建築が行われていた。ティムールの命で造られた最大の建造物といわれている。しかし16世紀に、ブハラのアブドゥル・ハンに破壊され、現在残っているのは正面の門だけ。それでも高さ38mはある青タイルで装飾された宮殿跡は大迫力。壊される前は50mもの高さをもち、そこから噴水が施された南北約200mにも及ぶ広大な中庭、そして現在ティムール像があったあたりに門と同じぐらい巨大な宮殿があったとされる。なおアクサライとは「白い宮殿」という意味だが、実際にはティムールが好む青と金のタイルで壁一面が装飾されていた。白色は高貴であるとされた当時の風習により、この名前がつけられたといわれている。

5 史跡公園を囲む城壁と門 ティムール像

Amir Temur Haykali

かつての宮殿跡に鎮座するのがティムールの像。結婚式などの記念撮影スポットとして大人気の場所だ。

アクサライ宮殿跡の門を背景にティムールが立つ

6 アクサライ宮殿を30分の1で復元 アクサライ・ギャラリー

Ak Saray Gallery

おみやげ屋が並ぶいちばん外れにあるギャラリー。オーナーのアジズ・アフメドフ氏は、ライフワークとしてアクサライ宮殿を30分の1スケールで復元。一つひとつのパーツを手作りし、緻密な作業を続けている。当時の様子を知りたかったら、ぜひこのギャラリーを訪ねてみよう。なおアジズ氏はアクサライ宮殿跡で絵を売っていることも多い。

精密な復元模型には圧倒される

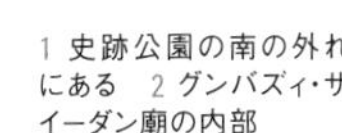
1 史跡公園の南の外れにある　2 グンバズィ・サイーダン廟の内部

7 ティムールが埋葬されるはずだった ドルッサオダット建築群

Dorus-Saodat Majimuasi　料6,000so'm

1 ティムールが納められるはずだった棺　2 モスクと遺跡が同じ敷地内にある

ティムールの墓はサマルカンドのグル・アミールにあるが、本来彼が望んだのはこの場所に埋葬されることだった。ハズラティ・イマーム・モスクの脇の崩れかけたジャハンギール廟の南側一角の半地下に、ティムールのための棺が残っている。なおジャハンギール廟自体はティムールが息子のために建てたものだ。

8 青いドームが印象的な ドルッティロヴァット建築群

Dorut Tilovat (Kok Gumbaz Masjidi) Kompleksi

「瞑想の家」と呼ばれる建築群。ウルグベクによって1435～1437年に建てられた青タイルが美しいコク・グンバスモスクと、その向かいに並ぶふたつの廟からなる。モスクは内部が美しい絵で装飾されている。いちばん奥の廟はウルグベクが自分の子孫のために建てたグンバズィ・サイーダン廟で、内部には4つの墓石が並んでいる。隣がティムールが建てたシャムスディン・クラル廟。ティムールの父とその師が眠っている。

料5,000so'm

サマルカンド市内は一方通行が多く、地図上で近くてもタクシーを使うと遠回りになることがある。

ローカルフードからカフェまで……
今日はどこで食べようかな？

サマルカンドのおすすめレストラン

サマルカンドは、ウズベキスタン随一の観光地だけあって、世界中からの旅行者が楽しめるようレストランも充実している。近年は新市街におしゃれレストラン＆カフェが増えてきている。

サマルカンドで一番人気の大型レストラン

サマルカンド･レストラン

Samarkand Restaurant

大勢で集まって食事をするのが好きなウズベキスタン人で、いつも大にぎわいなのがここ。特にホールのようになったエリアでは、食事をしながら歌や踊りが繰り広げられ、毎晩パーティのような雰囲気。落ち着いた雰囲気で食事をしたかったら屋外席や2階席をリクエストしよう。メニューはウズベキスタン伝統料理やトルコ、ロシア料理、ステーキなど。各種シャシリクやサマルカンド風プロフが人気だ。いつも混んでいるので予約が望ましい。

▶Map P.132-A3

住54Mahmuda Koshgari , Samarkand
TEL+998-90-743-0405 開毎日9:00～23:00 料シャシリク各種24,000～61,000so'm、サマルカンド風プロフ1人分17,500so'm、マンティ1個7,600so'm Card VM
URL www.facebook.com/samarqandrest.uz

1 ゆっくり食事をしたい人に人気の屋外席 2 シャシリクを数種類オーダーするときれいに盛りつけてくれる 3 ホール席はいつもパーティ状態

オシャレな雰囲気で料理を味わう

プラタン

Platan

同名ブティックホテル併設のレストランで、地元の人には高級レストランとして知られている。メニューが写真付きなのが旅行者にはうれしい。ローカルフードから西欧料理までメニューも充実。予約が望ましい。

▶Map P.132-A3

住 2 Pushkin St., Samarkand 140100
TEL+998-66-233-8049
開火～木9:00～23:00、金～月11:00～23:00
料プロフ（ランチタイムのみ）43,000so'm～、サーモンと野菜の盛り合わせ135,000so'm、ビーフヒレステーキ75,000so'm
Card VM URL platan.uz/restaurant

1 マスタバ18,000so'm、チュチュバラ25,000so'mなどは手頃な値段
2 遅くまで営業しているので、夜景観光後の夕食にもおすすめ

優雅に食事を楽しむなら

ハン･アトラス

Xon Atlas

サマルカンドを代表する高級レストラン。入って左側は団体客利用もあり少し騒がしいこともある。右側はプライベートダイニング風で落ち着ける。メニューは写真付きで、ローカルフードから西欧料理まである。どの料理も美味で、盛りつけもきれいだ。

ビーフステーキは肉も軟らかくて美味（43,500so'm）

▶Map P.132-A3

住 92 Makhmud Kashgary St., Samarkand 140164 TEL+998-66-233-1831 開毎日11:00～23:00 料ビーフケバブ12,000so'm～、ラムチョップ44,500so'm、マスタバ10,000so'm Card 不可 URL www.facebook.com/XanAtlasrestaurant/

1 天井に飾られたアトラス、壁に掛けられたスザニなど調度品もすてき 2 お肉に飽きたときにうれしいサーモンステーキ95,000so'm

日本人オーナーのカフェ&レストラン

イカット・ブティック・カフェ&レストラン

Ikat Boutiques Cafe & Restaurant

ビビハニム・モスクの斜め向かいにあり、カフェ利用はもちろん、食事を取りたいときにもおすすめ。メニューはウズベキスタンのポピュラーフード。日本人の奥様とウズベキスタン人ご主人が経営。日本語が通じるのもうれしい。店の一角では、オーナー自らアイデアを出した日本人好みなアトラス商品やウズベキスタン陶器なども販売。食事とおみやげ探しが一緒にできる。

1 在ウズベキスタン日本人の間で評判のラグマン　2 セレクトされたすてきなおみやげ品もいっぱい

▶Map P.134-B2

住 21 Islom Karimov St, Samarkand TEL +998-99-507-6631 開 毎日9:00～21:00 料 プロフ25,000so'm～、ラグマン25,000so'm、サモサ8,000so'm Card MV URL srp-uz.com/ikatboutiquescafe/

シャシリク好きなら絶対外せない

シャシリクウズ

Shashlik.uz

ローカル気分でシャシリクが味わえる人気レストラン。サマルカンド市内に数店舗あるが、特にアフラシャブの丘にあるアフラシャブ店は、屋外席がチャイハナ風でおすすめ。串刺しになった肉や野菜が並ぶショーケースで、好きなものをオーダーして焼いてもらうスタイル。さまざまな肉の部位があって、選ぶのに迷ってしまいそう。もちろんサラダメニューも豊富。

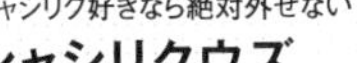

▶Map P.134-B1

アフラシャブ店：住 Akademik Vohid Abdullayev St., Samarkand TEL +998-95-509-9999 開 毎日9:00～23:00 料 シャシリク（肉）各種15,000～25,000so'm、サラダ各種22,000～45,000so'm Card 不可

観光途中にも立ち寄りやすいアフラシャブ店

新市街の人気韓国料理店

ドゥ・チノール

Du Chinor

ウズベキスタンには朝鮮系の人が多いこともあって、サマルカンドでは美味しい韓国料理が味わえる。なかでもドゥ・チノールは地元でも評判の店。プルコギや各種チゲ、ユッケ、キンパなどメニューも充実している。ウズベキスタン料理にちょっと疲れたときにおすすめだ。

▶Map P.132-B3

住 48 Shohruh Mirzo St., Samarkand 140100 TEL +998-97-925-0009 開 毎日9:00～23:00 料 プルコギ89,000so'm、キムチチゲ105,000～82,000so'm、ユッケジャン10,000so'm Card MV URL duchinorkorean-restaurant.business.site/

1 観光名所が集まるエリアからもそれほど遠くない場所にある　2 人気のキムチチゲは肉を牛、豚から選べる　3 定番のプルコギ

ローカルな雰囲気で食事を楽しむなら

ラビゴール

Labi G'or

レギスタン広場のすぐ近くにあり、観光至便なレストラン。地元の人も多く、ローカル気分を味わいながらウズベキスタン料理を食べたいときにおすすめ。

▶Map P.134-A3

住 Registan St., Samarkand 140164 TEL +998-90-603-7200 開 月・土7:30～24:00、日6:00～24:00 料 プロフ（ランチのみ）30,000so'm、ラグマン15,000so'm Card 不可

1 ランチにおすすめのラグマン
2 2階建てのチャイハナスタイル

イスラム・カリモフ通りには春〜秋にトルコアイス屋の屋台がいくつか出る。トルコ本国同様、お客にアイスを渡しそうで渡さないというパフォーマンスも、もちろんやってくれる。

伝統的なチャイハナスタイルの

オリエンタルスイーツ・キャラバンサライ

Oriental Sweets Caravan Sarai

レギスタン広場近くのイスラム・カリモフ通りにある17世紀の隊商宿の建物をそのまま使ったカフェ。コーヒーやお茶のメニューが充実しているほか、ウズベキスタンスイーツ、ケーキ、さらにマンティやラグマンなどの料理も食べられる。散策途中にひと休みするのにおすすめだ。

▶Map P.134-B2

住 43 Islom Karimov St., Samarkand
TEL +998-91-552-4936 開 毎日9:00〜23:00 料 エスプレッソ12,000so'm、カプチーノ15,000so'm Card 不可

1 中央アジアの伝統菓子バクラヴァとコーヒーでひと休み 2 チャイハナ風の席がおすすめ 3 大きな入口の雰囲気からシルクロードを連想させていい

学生街のおしゃれカフェ

ソグディアナ・カフェ

Sogdiana Cafe

ユニバーシティ大通りとムスタキリク通りの交差点近く、公園の中にある明るい雰囲気のカフェ。自動演奏のピアノの音が流れる中で味わうワッフルや各種デザート、コーヒーは美味。地元の学生や若者の利用が多い。

▶Map P.132-B3

住 62 Alisher Navoiy St., Samarkand
TEL +998-66-210-1767 開 毎日7:30〜24:00 料 エスプレッソ13,000so'm、フラットホワイト20,000so'm、パンケーキ29,000so'm〜、ワッフル各種23,000so'm〜、ピザ各種40,000so'm〜、ハンバーガー29,000so'm Card MV URL cafe-sogdiana.ps.me

1 バナナとイチゴ乗せワッフル(40,000so'm)は人気デザート 2 ケーキはショーウインドーで選ぶので日によっていろいろ 3 公園内にある気持ちのいいカフェ

学生街の大人気カフェ

コーヒーハウス・エルメロス

Coffee House El-Merosi

伝統衣装パフォーマンスショーがあるエルメロス劇場内にあるカフェ。入口脇と中庭に面したふたつのエリアがあり、特に中庭に面したエリアは、カフェタイムをのんびり過ごすのに最適。ケーキ各種やパンケーキから、パスタ、ステーキ、ジョージア料理のハチャプリまで欧風料理が基本だ。

▶Map P.132-A3

住 27 Alisher Navoi St., Samarkand
TEL +998-66-233-8125 開 毎日7:30〜23:00 料 コーヒー各種15,000so'm〜、パンケーキ各種15,000〜20,000so'm、ベルギーワッフル40,000so'm、ケーキ各種14,000so'm〜 Card MV URL www.facebook.com/ElMerosiCoffeeHouse/

1 内陸国で味わうサーモングリル130,000so'm
2 コーヒーメニューも充実

ビール工場直営のビアホール

ボチカ・ピヴォバー

BOCHKA Pivo Bar

すぐ近くにあるビール工場直営店で、雰囲気はビアホール。生ビールが楽しめるのがうれしい。つまみメニューは各種シャシリク(豚肉もある)で、冷蔵ケースに並んでいる焼く前のお肉から好きなものを選んでオーダーするスタイルだ。

▶Map P.132-A2

住 Ozod Sharq, Samarkand
TEL +998-66-233-5902 開 毎日10:00〜23:00 料 生ビール10,000so'm〜、シャシリク18,000so'm〜 Card 不可

1 ビールのおつまみはシャシリク
2 生ビールが美味しい
3 大きなビア樽の入口が目印

大人の雰囲気のカフェバー

ブルース・カフェバー

Blues Cafe Bar

クラシックな雰囲気の小さな店。バーとして人気があり、お酒と一緒に楽しめる料理も充実している。

こぢんまりしている店で、サマルカンドのおしゃれな大人が集まってくる

▶Map P.132-A3

住 66 Amir Temur St., Samarkand 140164
TEL +998-66-233-6296 開 日〜木12:00〜23:00、金土12:00〜25:00 料 ビーフフィレステーキ84,000so'm、タコス49,000〜91,350so'm、フライドポテト12,000so'm Card MV URL www.facebook.com/CafeBluesBar/

快適アコモがいっぱい

サマルカンドのおすすめホテル

歴史的建造物が多い旧市街には、比較的こぢんまりしたホテルが多く、ツアーなどで利用される大きなホテルは新市街に多い。また春・秋のピークシーズンは世界中から観光客が集まるため、ホテルはいっぱいになることも多く、予約は早めにしておきたい。

日本からのツアーでも利用される

ムーベンピック・サマルカンド

Mövenpick Samarkand ★★★★

グル・アミールやレギスタン広場が徒歩圏内の7階建てホテルで、ツアーなどで利用されることも多い。大きな吹き抜けを囲むように部屋が配置されており、全室バスタブ完備。また屋内プールやジムがある。1階レストランでは、ビュッフェ形式の朝食のほか、ウズベキスタン、ヨーロッパ、トルコ料理が味わえる。なおタクシー利用時は、旧名レギスタンプラザのほうが通じやすい。

▶Map P.134-A3

住 53 Shukhrukh St., Samarkand 140100　TEL +998-66-233-2475　料 シングル&ダブルUS$150～350（朝食付き）　Card MV　WiFi 無料　URL all.accor.com

1 開放感のある吹き抜けのロビー　2 2022年に全面改装され設備は最新に　3 イスラミックなイメージのレストラン

ビビハニム・モスクまで徒歩10分

エミールハン・ホテル

Emirkhan Hotel ★★★★

旧市街と新市街の間にあるホテル。外観はエキゾチックなイスラームスタイルで、客室の設備はモダンになっている。ホテルの裏手には小さな中庭があり、中庭に面したレストランでのビュッフェ朝食が料金に含まれている。

▶Map P.134-A1

住 46 A Dagbitskaya St., Samarkand 140101
TEL +998-66-238-7004
料 ダブル&ツインUS$130～340（朝食付き）
Card M
WiFi 無料
URL www.emirhan.uz

1 外観も美しいエミールハン
2 客室はクラシックな雰囲気だが、設備はしっかりしている
3 中庭を望むレストランで気持ちのいい朝食

4つ星クラスのホテルには外貨両替カウンターがある。ただしサマルカンドではUS$以外の外貨の両替は難しい。

サマルカンド随一の高級ホテル

サマルカンド・リージェンシー・アミールティムール

Samarkand Regency Amir Temur ★★★★★

シルクロード・サマルカンド・ツーリストセンターを代表する最高級ホテル。サマルカンド初の5つ星ホテルで、運河を望むゆったりしたプール、本格的スパ、フィットネスセンター、2軒のレストランと高層階のスカイバーなど、ホテル内でくつろげるような設備が大充実。客室も全室31㎡以上と十分な広さを誇る。中心部からは少し遠いが、今後ツアーなどで利用される場合は専用バス利用が考えられるので不便さはないだろう。

▶Map P.133-D3

住 Konigil Massif, Samarqand 140319 TEL +998-55-705-7010 料 シングル&ダブルUS$245～680 Card MV WiFi 無料 URL www.silkroad-samarkand.com/hotels/samarkand-regency/

1 22階建ての大型5つ星ホテル
2 部屋はシックなインテリアでまとめられている
3 オールデイダイニングのシーズンズ

高級感いっぱいの5つ星ホテル

シルクロード・バイ・ミンヨン

Silk Road by Minyoun ★★★★★

シルクロード・サマルカンド・ツーリストセンターにある5つ星ホテルで、中国の高級ホテルグループ、ミンヨン・ホスピタリティが手がけている。スパやサウナ、屋内・屋外プール、本格中華のイーパレス、朝食およびオールデイダイニングのグルメマーケットなどのレストランと設備も充実。最もカテゴリーの低い客室でも38㎡。バスルームではバスタブとシャワーブースが別々になっていて使いやすい。

▶Map P.133-D3

住 Konigil Massif, Samarqand 140319
TEL +998-55-705-5555 料 シングル&ダブルUS$215～720
Card MV WiFi 無料
URL www.silkroad-samarkand.com/hotels/silk-road-by-minyoun/

1 中国では有名なホテルグループの初ウズベキスタン進出
2 ロビーに入った瞬間から高級感が味わえる
3 中国とウズベキスタンを融合させた内装

グル・アミールのすぐそば

スルタンホテル・ブティック

Sultan Hotel Boutique ★★★★

クラシックな外観のホテルで、屋上からグル・アミールを間近に眺めることができる。部屋は豪華さはないが、使い勝手のよい造り。バスタブ付き、シャワーのみなど部屋によってバスルームの設備が異なるので、予約時にリクエストしておこう。

▶Map P.134-A3

住 1 University Bivd., Samarkand 140129
TEL +998-66-239-1188
料 シングルUS$80、ツイン&ダブルUS$120～170（朝食付き）
Card MV
WiFi 無料

大きなホテルではないが、施設は充実している

空港や駅へのアクセスに便利な

ヒルトン・ガーデンイン・サマルカンド

Hilton Garden Inn Samarkand ★★★★

空港と駅のちょうど中間地点にあり、レギスタン広場やシャーヒズィンダ廟群までもタクシーで10分圏内。部屋はシンプルだが清潔感があり、55インチのスマートテレビやWi-Fiが50MB以上で接続できるなど設備もいい。

▶Map P.132-B2

住 2 Dagbed St., Samarkand
TEL +998-55-704-0707
料 シングル&ダブルUS$100～171
Card MV WiFi 無料
URL www.hilton.com/en/hotels/skddbgi-hilton-garden-inn-samarkand/

1 2022年オープンの新しいホテル 2 スタンダードルームでもゆったりしている

個人旅行者に大人気

ホテル・ビビハニム

Hotel Bibikhanum ★★★

旧市街の真ん中、タシケント通りに面したブティックホテル。暖かい季節なら屋上テラスでビビハニム・モスクの青いドームを眺めながら、朝食やカフェタイムを楽しむことができる。部屋はウッディな雰囲気。シャワーのみでバスタブは付いていない。

1 ホテルの前はビビハニム・モスク　2 明るく雰囲気のいい客室

▶Map P.134-B2

住 10 Tashkent St., Samarkand 140101
TEL +998-66-210-0811
料 シングルUS$55、ダブル&ツインUS$75（朝食付き）
Card 不可
WiFi 無料
URL www.hotelbibikhanum.com

ウズベキスタン有数のチェーンホテル

ホテルアジア・サマルカンド

Hotel Asia Samarkand ★★★★

旧市街にあり、レギスタン広場、ビビハニム・モスク、シャーヒズィンダ廟群など、主要観光地はほぼ徒歩圏内。決して豪華さはないが、部屋は落ち着いた雰囲気で快適。屋外プール、サウナ、レストランなど設備も充実している。

1 日本からのツアー利用も多いホテルだ
2 赤系統のファブリックで統一された客室

▶Map P.134-B2

住 50 Kosh-khauz St., Samarkand 703000
TEL +998-66-235-7156
料 シングルUS$73、ツイン&ダブルUS$111（朝食付き）
Card MV
WiFi 無料

新市街の落ち着いた場所にある

ホテル・グランドサマルカンド

Hotel Grand Samarkand ★★★★

新市街のにぎやかな通りから1本入った閑静な場所にある。通りを挟んで本館と別館がある。部屋はゆったりしており、家具・調度品も落ち着いた感じ。レストラン、屋外プール（夏季のみ）、ジムなど設備も充実。中庭も広々としており、春～秋は屋外での朝食も楽しめる。

1 ヨーロッパ風の建物の本館
2 モダンな雰囲気で居心地のいい客室

▶Map P.132-A3

住 Yalangtush Bakhodir St., Samarkand 140100
TEL +998-66-233-0504
料 シングルUS$55、ツイン&ダブルUS$55～85（朝食付き）
Card MV
WiFi 無料
URL grand-samarkand.com/en

新市街の活気が感じられる

レイカルツ・ホテル・レギスタン

Reikartz Hotel Registan ★★★★

新市街のメインストリートであるミルゾ・ウルグベク通りに面したホテル。日本からのツアー利用も多い。客室はシックな雰囲気で広さも十分。全室バスタブ完備。ホテル内にはレストラン、バー、プールなどの設備もある。レギスタン広場まではタクシーで10,000～12,000so'm。

1 大通りに面したホテル　2 落ち着いた色調で統一された客室

▶Map P.132-A3

住 16 M.Ulugbek St., Samarkand 140100
TEL + 998-66-233-5590
料 シングルUS$50～75、ツイン&ダブルUS$56～80（朝食付き）　Card MV
WiFi 無料
URL reikartz.uz/ru/hotels/reikartz-reqiston-samarkand/

異国情緒いっぱいの

オテリ・アルバ

Hotel Arba ★★★

ユニバーシティ・ブルバードに近い場所にある中級ホテル。客室はシングル（シャワーのみ）、スタンダード（客室によりバスタブ付きの場合がある）、アパートメント（バスタブ付き）の3カテゴリーに分かれている。ホテル内レストラン、サラヤ・アルバはエレガントな雰囲気と評判だ。

▶Map P.132-A3

住 92 M.Koshgariy, Samarkand 140100
TEL +998-66-233-6067
料 シングルUS$30、ツイン&ダブルUS$60～100（朝食付き）
Card MV　WiFi 無料
URL www.hotel-arba.com/en

1 アラビックなたたずまいを見せる外観　2 値段のわりに広い客室

Bukhara

TOWN NAVI

早わかりナビ

ブハラ

Bukhara (Buxoro)

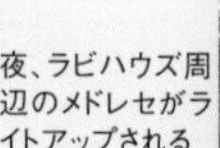

夜、ラビハウズ周辺のメドレセがライトアップされる

ACCESS

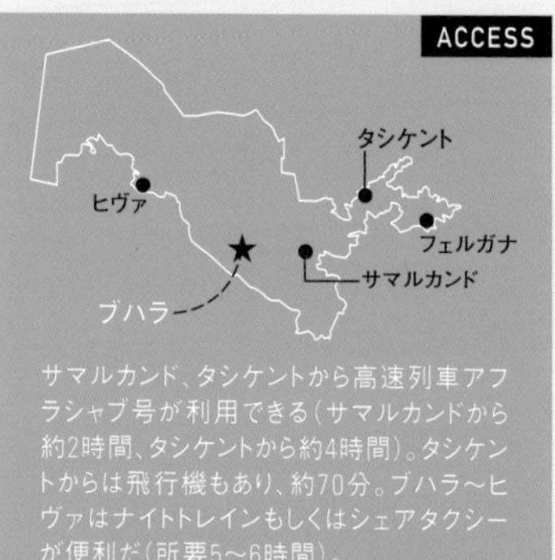

サマルカンド、タシケントから高速列車アフラシャブ号が利用できる（サマルカンドから約2時間、タシケントから約4時間）。タシケントからは飛行機もあり、約70分。ブハラ～ヒヴァはナイトトレインもしくはシェアタクシーが便利だ（所要5～6時間）。

サンスクリット語で「僧院」を意味するブハラは、中央アジアのみならずイスラーム世界全体の文化の中心であった町。その繁栄の様子から「普通の場所では光は天から差し地を照らす。ブハラでは光が地から差し天を照らす」とまでいわれたほどだ。13世紀にチンギス・ハーン率いるモンゴル軍により町は一度は廃墟と化すが、16世紀のシャイバニ朝時代に再びよみがえる。この当時建造された多くのメドレセ（神学校）やモスク、キャラバンサライが今、ブハラ旧市街を彩っているのだ。
サマルカンドが日本でいう「京都」とすれば、ブハラは「奈良」といった雰囲気。しっとりと落ち着いた古都を散策しながら、中世へと思いをはせるといい。

1 ラビハウズ周辺

町歩きの起点となる

▶P.23

旧市街の中心となるエリア。東西46m×南北36mの池ラビハウズの周りにはカフェやレストラン、小公園、さらにイスラームの教義に反した独特のタイル模様で知られるナディール・ディヴァンベギ・メドレセなどの見どころもある。ラビハウズ南側の遊歩道沿いには3～4つ星クラスのブティックホテルも並んでいる。

2 ゲストハウス街

ホテル予約をしていなかったらこのエリアへ

旧市街の起点となるラビハウズの南側の小さな路地には、たくさんのブティックホテル、ゲストハウスが集まっている。ブティックホテルには、かつての富豪の邸宅を改装したようなおしゃれで雰囲気のいいところもいくつかある。部屋を見せてもらって気に入ったところを選ぼう。なお、4～10月はこのエリアのホテルも空きを見つけるのが難しくなる。ブハラ到着前に予約するのがおすすめだ。

3 タキ&カラーン・モスク周辺

ブハラで一番人気のエリア

▶P.24,82〜83

タキは、かつてのキャラバンサライ(隊商宿)やバザールの建物で、現在は当時の雰囲気を残すおみやげ屋さん街。タキ周辺にはおみやげ屋はもちろんカフェやレストランなども集まっていて、ブハラ滞在中何度も行き来する場所だ。この一角にはブハラ随一の見どころであるカラーン・モスクとカラーン・ミナレット、さらにブハラに唯一残るウルグベク関連の建造物ウルグベク・メドレセやイスラーム建築が秀逸なアブドゥルアジス・ハン・メドレセなどの見どころも多い。

ブハラの駅

▶Map P.135-D1

ブハラの鉄道駅(Bukhara 1 / Buxoro 1 / БУХАРА 1)は、ブハラの隣町カガンKoganにある。ブハラ中心部からは約15km。タクシーだと約25,000so'm。日中なら駅前からNo.268のミニバス(マルシュルートカ)がブハラの新市街手前にあるスポーツジムGYMSHARK-BUKHARAまで運行。そこからNo.9のバスに乗り換えれば旧市街タキ・テルパクフルシャン前まで行くことができる。

ブハラの市内交通

バス利用も楽しいよ

ブハラの観光は旧市街となり、主要なホテルも旧市街近くに集まっている。そのため観光は徒歩でほとんど済むはず。町外れにあるハンの夏の宮殿スィトライ・マヒ・ホサ宮殿や日帰りエクスカーション先としてポピュラーなギジュドゥヴァンなどへ行く場合はタクシー利用が便利。料金は交渉次第だ。なおもっと安くという場合は、バスを乗り継ぐなどの方法もある(ルートにより700〜1,500so'm)。

4 サーマーニーズ公園周辺

市民の憩いの場にも見どころがいっぱい

▶P.25

旧市街の西側、新市街との間にあるのがサーマーニーズ公園。公園内はブハラ市民の憩いの場で、週末には家族連れも多く見かける。ここにはかつて土に埋もれていてチンギス・ハーンの破壊を免れたイスマーニ・サーマーニー廟や、聖人が杖で叩いて湧き出させた泉をもつチャシマ・アイユブ、さらに公園から少し歩いた場所には、かつてのハン(王)専用のモスクであったボロハウズ・モスクなどの見どころがある。

世界中の考古学者が注目するイスマーニ・サーマーニー廟

Sulaymon Murodov St
M.Karimov St
Afrosiab St
4
コルホズンリノク・デフコン・バザール
ボロハウズ・モスク
イスマーニ・サーマーニー廟
3
アルク城
アブドゥルアジス・ハン・メドレセ
ウルグベク・メドレセ
タキ・ザルガロン
ミル・アラブ・メドレセ
カラーン・モスク
カラーン・ミナレット
ティム・アブドゥルハーン・トレーディングドーム
タキ・テルパクフルシャン
マゴキ・アッタリ・モスク
タキ・サラフォン
1
クカリダシュ・メドレセ
チョルミナル
ナディール・ディヴァンベギ・メドレセ
ラビハウズ
Mekhtar Anbar St
Bahouddin Naqshbandi St
ナディール・ディヴァンベギ・ハナカ
2
Mirdustim St
N
0 500m

春～秋は夜でもタキの店は開いている

タキ・ザルガロン内にはひょうたんを使った香辛料入れに、好きな香辛料を入れて売ってくれるお店もある。

旧市街散策で外せない

タキ周辺のおすすめショップ＆カフェ

観光ではもちろんおみやげ探しで何度も足を運ぶのがタキ周辺。16世紀に建てられた3つのタキがあり、南側からタキ・サラフォン、タキ・テルパクフルシャン、タキ・ザルガロン。かつては各タキそれぞれに専門職の強い店があったという。現在は工芸品を扱う店が多いのが特徴で、タキを結ぶ遊歩道になっているハキカット通りにも多くの店が並んでいる。買い物を楽しみ、歩き疲れたらカフェやチャイハナでのんびりする……そんな1日があってもいい。

最高級スザニ&アトラスを扱う

アクバルハウス・コレクション

Akbar House Collection

伝統工芸品を展示するギャラリーミュージアムと併設のショップ。ギャラリー内は見ているだけでもため息が出るほど美しいスザニやイカットが飾られている。まずここで最高品質品を見て、おみやげ探しに出かけるのがおすすめだ。もちろん店内では100%シルクのスザニやアトラスを使った、デザインもすばらしい逸品が手に入る。

▶Map P.136-B2

住 1 Levi Bobokhonov St.(on Bakhowuddin Nakshbandi St.), Lyabi-Hauz, Bukhara TEL +998-91-405-3232/+998-90-718-2112 開 毎日10:00～22:00(4・5・9・10月)／左記以外の時期は要問い合わせ Card MV URL www.akbargallery.com

1 100%シルクのスザニクッションカバーはUS$65～　2 展示されているアトラスのガウン　3 オールドスザニの展示も充実

スザニ&スザニ小物がいっぱい

スザニギャラリー＆ワークショップ

Suzani Gallery & Workshop

日本語の看板が目印で、日本語を話す看板娘のヴァジラさん、ザリナさんが応対してくれる。1枚布のスザニ以外にもトートバッグや小物入れ、クッションカバーなどスザニグッズがいっぱい。別部屋にはアンティークスザニのストックもある。また2時間程度でスザニ刺繍の無料体験ができるマスタークラスも行っている（前日までに要予約）。

この看板が目印

▶Map P.136-A2

住 Khakikat St., Bukhara 開 毎日8:00～21:00（冬季は時間が異なる） Card MV URL www.instagram.com/suzani_bukhara/

日本語で対応してくれるヴァジラさん

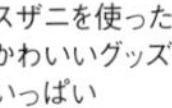

スザニを使ったかわいいグッズがいっぱい

名物コウノトリのハサミを製造販売

クラフト・オブ・ブハラ
Craft of Bukhara

サイフッロー・イクラモフ氏が店内でナイフやハサミなどを手作りしている工房兼ショップ。人気なのはブハラ名物コウノトリのハサミ。色はシルバー、ゴールドがあり、デザインはオス、メスから選べる。大US$25～、小US$15～。その場で名前も入れてもらえるし、専用ケースも付けてもらえる。

クラフト・オブ・ブハラのサイフッロー・イクラモフ氏

▶Map P.136-A1

住 6 Khakikat St., Bukhara TEL +998-93-383-0770
開 毎日8:00～19:00（冬季は～18:00）
Card V Mail Bukharaknife@mail.ru

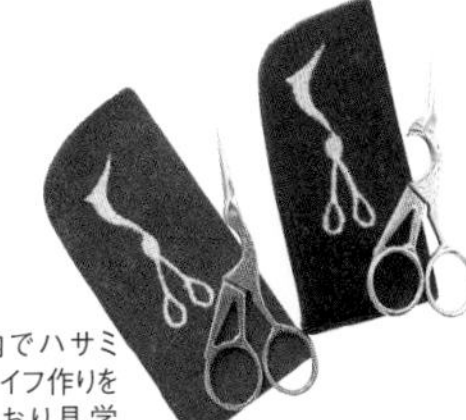

店内でハサミやナイフ作りをしており見学できる

チタン製コウノトリのハサミもある

ブラックスミス・ワークショップ
Blacksmith Workshop

ブラックスミスのサマジョン・イクラモフ氏

クラフト・オブ・ブハラと同じように、コウノトリのハサミに名前を入れてもらえる。また銀色（US$15）、金色（US$18）のハサミのほかにさびないチタン製のハサミ（US$25）も製作している。

▶Map P.136-A1

住 Toqi Zargaron, Khoja Nurobod St., Bukhara TEL +998-91-408-0770/+998-91-410-7007 開 毎日8:00～19:00 Card V Mail knife_shop1@mail.ru

木彫りの工芸品なら

シャフカット木彫り店
Shavkat Bukhara Style Wood Carving

木彫りの名工シャフカット氏の店。特にひとつの木から削り出す書見台（ラウヒ）は見事で、小さなものならスマートフォン置きにもピッタリだ（US$15～）。ほかにも細工が施されたティッシュケース（US$100）や折りたたみテーブル（US$400）などが人気だ。

シャフカット氏の手による書見台。ひとつの木から彫り起こしている

▶Map P.136-B3

住 Naqshbandi St., Bukhara 開 毎日7:00～24:00（冬季は10:00～19:00） Card MV

高品質アトラスと最高級絨毯のワークショップ

イカット・アドラス・ワークショップ＆ブハラ・シルクカーペット
Ikat Adras Workshop & Bukhara Silk Carpets

ミル・アラブ・メドレセの前にあるふたつのワークショップで同系列。どちらも実際に織っている工程を見学できる。イカット・アドラス・ワークショップでは自分でデザインを持ち込めば、織りあがっている布を使って洋服のオーダーも可能（半日程度で完成US$30＋生地代US$10～30/m）。ほかにもスカーフにいい物が多い。一方シルクカーペットは世界的に評価の高い絨毯工房。各国要人がブハラへやってくると必ず訪れるほどで、世界で唯一のリバーシブルシルクカーペットなども作っている。小さくてデザインのシンプルなものでUS$100～、最も高額な絨毯はUS$60,000!

▶Map P.136-A1

住 Hodja Nurobod St., Bukhara TEL +998-90-51-34-824 開 イカット・アドラス・ワークショップ：毎日9:00～20:00（冬季～18:00）／ブハラ・シルクカーペット：毎日8:00～24:00（ワークショップは～17:00頃） Card MV

1 イカット・アドラス・ワークショップのショールーム 2 細かな機織り作業には驚かされる 3 絨毯は1年以上かけて織られる 4 世界中からバイヤーがやってくるというブハラ・シルクカーペット

伝統音楽のミュージシャンが経営

伝統楽器店
Toki Zargaron Jalo National Uzbek Melodies Shop

タキ・ザルガロンの東側の入口を入ってすぐの所にある民族楽器の店（特に名前はない）。プロの演奏家のアヴィリアコフ・ジャロル氏が各楽器の演奏をしながら販売。彼が演奏した伝統音楽のCDもある。

▶Map P.136-A1

住 Toqi Zargaron, Bukhara
開 毎日9:00～18:00頃
Card 不可

ブハラいち美味なコーヒー

カフェ・ウイッシュボン
Café Wishbone

ドイツ人オーナーこだわりのコーヒー店。中世の建物内にあり、雰囲気もいい。

▶Map P.136-A2

住 Khakikat St., Bukhara
開 毎日9:00～20:00頃 Card 不可

お茶文化に触れられる

シルクロード・ティーハウス
Silkroad Teahouse

安くはないが3種類のお茶を伝統的茶菓子と一緒に楽しめる（1人US$5）。おみやげ用お茶はアトラスの袋入り。

▶Map P.136-A2

住 Khakikat St., Bukhara
開 毎日9:00～20:00頃 Card 不可

ギジュドゥヴァン・クラフトのオーナーであり陶芸家でもあるアブドゥロ・ナルズラエフ氏

ブハラからギジュドゥヴァンまで町の北側にあるバスターミナルからバスがある。バスターミナルへはタキ・テルパクフルシャン前からNo・9のバスが利用できる。

工芸品好き大注目

ギジュドゥヴァンへのエクスカーション

ブハラから北へ約46kmの町ギジュドゥヴァン。この町の入口にあるギジュドゥヴァン・クラフトは、工芸品好きの間でよく知られる工房。見学はもちろん、実際に自分でスザニの刺繍をしたり、陶器の絵付けをしたりする文化体験も可能だ。宿泊施設もあるので1日で、あるいは数日かけてブハラから出かけてみたい。

博物館に展示されているさまざまなスタイルの絵皿

ギジュドゥヴァン・クラフト

Gijduvan Crafts

▶Map P.130-B2

工芸家のアブドゥロ・ナルズラエフ氏Abdullo Narzullaevの自宅兼工房。各種体験や宿泊は要予約で、見学のみの場合も自宅を兼ねているのでできれば予約をしておきたい。

美しい陶器やスザニがいっぱい

陶芸・スザニ博物館 Ceramics & Suzani Museum

入口すぐの場所にあるのが博物館。壁一面に飾られたギジュドゥヴァン焼きの陶器は、一つひとつがまさに芸術品。またここでは実際にスザニ刺繍の工程も見学できる。ここのスザニは自然素材で染色された糸のみを使い、2種類の方法で刺繍が行われる。その方法は国の文化遺産に登録されているほどだ。また博物館内の壁の一角には芸術性に優れたアンティークスザニも展示されている。

1 陶芸・スザニ博物館ではアブドゥロ氏の娘さんがギジュドゥヴァンの陶芸の歴史やスザニについて詳しく説明してくれる　2 伝統的手法で行うスザニ刺繍　3 美しさに圧倒されるアンティークスザニ

陶器作りの様子を見学

陶芸工房 Ceramics Factory

ギジュドゥヴァン・クラフトのメインエリア。ユニークなのがロバに土作りを手伝ってもらうこと。のんびり屋のロバがゆっくりと土をひくのが何ともほほえましい。
ギジュドゥヴァンの陶器は、黄土色や緑色をベースに星や太陽、植物を描くのがスタイル。ウズベキスタンの町なかで一般的に売られている青色のリシタン・スタイルとはだいぶ趣が違う。また焼くときに窯の中で裏向きにするため、焼き上がり時には釉薬がヘリに滴のようにたれて小さな凹凸ができる。これもギジュドゥヴァン焼きの特徴。まさにここでしか手に入らない逸品だ。工房脇にショールームがあって購入できる。

1 土をひくのはロバのフェーくん 2 釉薬がヘリに滴のようになるのが特徴 3 ろくろを回す熟練の手つき

住55 Kimsan St.,G'ijduvan, Bukhara Region 200500 TEL+998-90-718-3060/+998-91-410-8888 URL folkceramic.uz 料見学のみ無料/文化体験:半日1体験US$10〜12、1日1体験+ランチUS$35、1日2体験+ランチUS$28/1泊(3食・文化体験付き)US$55 Card V
交ブハラからチャータータクシーで約50分、片道85,000〜95,000so'm。

ギジュドゥヴァン・クラフトで絶対体験したい

文化体験 Culture Experience & Craft Master Class

陶芸体験、スザニ刺繍体験、ウズベキスタン料理体験の3つがある。滞在時間や興味に合わせて、予約時にリクエストしておこう。
陶芸体験では実際にろくろを回して好みの作品を作り、乾かし、絵付けを行う。焼き入れは後日行ってもらい、日本に発送してもらう。スザニ刺繍体験は、下絵に沿ってスタッフの指示に従いながら刺繍針で刺繍を行っていく。ウズベキスタン料理体験は、大釜を使って薪の火でプロフを作ったりナンを作ったりする。どれもウズベキスタンの伝統文化を知ることができる貴重な体験だ。まる1日あればこのうち2つの体験が可能。時間に余裕のある旅ならここに滞在して、さらにじっくりと文化体験を楽しむのもいい。ギジュドゥヴァンはサマルカンドやブハラに比べるともう少し田舎で、ローカル気分も満喫できるし、ウルグベクの命で建造されたメドレセなどの見どころもある。それに提供される料理も美味だ！

1 客室にも陶器が飾られている 2 慎重に陶器に絵付けをする。できあがりが楽しみだ 3 屋外にかまどを置いてのプロフ作り。プロフは男がメインになって作るのがウズベキスタンスタイルだ 4 スザニの刺繍体験は女性に大人気だ

ブハラの旧市街のレストランやチャイハナは、冬季になると休業するところもあるので注意が必要。

食べたい! 美味なローカルフード

ブハラのおすすめレストラン

ブハラ旧市街にあるレストランは、観光客にはもちろん、地元の人にも大人気。どこで食べても値段は手頃で、ローカルフードも優しい味つけのところが多い。

1 オールドブハラの2階席はゆったりしていて思わず長居してしまいそう　2 サラダメニューが豊富なのもうれしい　3 ブハラの人気メニューのひとつカザンケバブ

伝統的な雰囲気でウズベク料理を

オールドブハラ

Old Bukhara

ブハラ中心部で、ウズベキスタンの伝統料理を昔のチャイハナ風のスタイルで味わえるのがこのレストラン。特にオープンエアの2階席は気持ちのいい風が通り抜ける中で食事ができるので人気がある。味わってみたいのがブハラで人気料理のカザンケバブ(40,000so'm)。骨付きラム肉の煮込みポテト添えだ。

▶Map P.136-B2

住3 Samarkand St., Bukhara 電+998-90-185-7077 開毎日11:00～24:00 料アッチク・チュチュク・サラダ18,000so'm、サモサ10,000so'm、マスタバ18,000so'm、ドルマ20,000so'm、プロフ35,000so'm Card不可 URLwww.old-bukhara.uz

ハキカット通りの人気店

アノール・レストラン

Anor Restaurant

タキ周辺散策途中のランチに立ち寄ったり、カラーンモスクのライトアップを見に行った帰りにディナーを食べたりするのに便利なウズベキスタン料理のレストラン。サモサやプロフ、ラグマンなどどれを食べても美味しい。またお肉好きなら試したいのが牛肉のスパイシーソース炒めのルナケバブ。フライドポテトも添えられて出てくる。

▶Map P.136-A2

住Khakikat St., Bukhara 電+998-97-303-0055 開毎日11:00～23:00 料サモサ10,000so'm、カザンケバブ40,000so'm、プロフ30,000so'm、ラグマン23,000so'm、シャシリク18,000～20,000so'm Card不可 URLwww.facebook.com/restaurantanor/

1 ウズベク産ワインにも合うルナケバブ　2 アトラスを使ったインテリアがいい

19世紀の邸宅の中で食事を楽しむ

アイヴァン

Ayvan

1886年建造の美しい邸宅だった建物を利用したラビハウズ・ホテルにあるレストラン。クラシックで、しかもデザインセンスに優れた雰囲気のよさから、宿泊客以外にもとても評判がいい。宮殿のバルコニーを思わせる屋外席、高天井で壁に描かれた幾何学模様やフレスコ画など装飾が見事な屋内席、さらに中庭にはティータイムが楽しめるようチャイハナスタイルの席も用意されている。メニューは西欧料理が中心で、ロシア風のボルシチや、ギリシャ風サラダ、パスタ、ステーキなどが人気だ。

▶Map P.136-B3

住N.Husainov St., Bldg 7, Bukhara 電+998-65-224-2484 開毎日12:00～23:00 料ボルシチ30,000so'm、チキンカツレツ35,000so'm、パスタ各種48,000～78,000so'm、ステーキ28,000so'm CardMV URLlyabihouse.com/en/ayvan

建物を見に行くだけでも価値のあるアイヴァン

ブハラの老舗高級レストラン

チャイハナ・チナル Chayxana Chinar

旧市街の入口にある老舗レストランで、春～秋はランチタイム、ディナータイムともに混んでいる。ウズベキスタンの代表的な料理はひととおりメニューにある（ただし時間帯によって調理できないものもある）。エアコンの効いた屋内席と屋上テラス席がある。料理は盛りつけもきれいで味もいい。英語のできるスタッフもいる。

▶Map P.135-D2

住 Bahouddin Nakshbandi St., Bukhara 200101
TEL +998-91-446-2227
開 毎日11:00～23:00
料 マスタバ18,000so'm、フリカデルケ（ミートボールスープ）18,000so'm、プロフ30,000so'm、シャシリク15,000～20,000so'm Card 不可

1 ブハラ風プロフを味わおう 2 ブハラ随一の人気レストランで、入口上にはコウノトリの像がある 3 日中は特に気持ちのいい屋外テラス席

ロケーション抜群の人気レストラン

ラビハウズ

Labi Hovuz Restaurant

肉団子入りラーメンは日本人好み

ラビハウズの池の脇にある人気レストランで、屋外席なら池やメドレセを眺めながら食事が楽しめる。屋内も伝統的な中央アジアスタイルで優雅な雰囲気。ブハラスタイルのプロフが人気メニューだ。写真付きメニューあり。

▶Map P.136-B2

住 100 Bahouddin Nakshbandi St., Bukhara 200101
TEL +998-93-383-3023 開 毎日8:00～23:00 料 ブハラプロフ30,000so'm、シャシリク盛り合わせ48,000so'm、肉団子入りラーメン20,000so'm Card 不可

1 池を眺めながらのんびり食事を楽しもう 2 ラビハウズで味わえるブハラスタイルのプロフ

ユルタの中で食事が楽しめる

シャム

Sham

スープが美味

遊牧民のテント、ユルタの中で食事ができるユニークなレストラン。料理は伝統的な遊牧民料理がメイン。ウズベク語のキリル文字メニューしかないが、スタッフが一生懸命料理の説明をしてくれる。旧市街の南の外れにあり、ラビハウズから歩くと15分ほどかかる。

▶Map P.135-C1

住 Mukhammad Iqbol St., Bukhara TEL +998-91-403-0308 開 毎日8:00～24:00 料 シャシリク盛り合わせ48,000so'm～、マスタバ20,000so'm Card 不可

1 ユルタの中で食事ができるのはうれしい 2 ユルタ内はゆったり 3 人気メニューはシャシリクだ

Column

ショートトリップで砂漠を楽しむ

ブハラ・デザートオアシス&スパ

Bukhara Desert Oasis & Spa

4輪バギーは楽しい

砂漠の入口にある観光施設

ブハラ郊外から広がるキジルクム砂漠。その一角、ブハラから北西へ約50km（車で約1時間30分）の場所に、2020年にできた砂漠を楽しむための10ヘクタールの広さをもつ観光施設。メインの巨大ユルタ内にはチャイハナレストランやショーが行われるステージがあり、その周りにユルタの宿泊施設やイベントスペース。ウズベク料理の食事が楽しめるほか、4WDや4輪バギーなどで砂漠内を駆け抜けたり、ラクダに乗って散策といった砂漠ならではのアクティビティも用意されている。ブハラから距離があること、まだサービス体制が整っていないなど、現状不備はあるが、今後に期待したい施設だ。

なおこの一帯は砂漠といっても砂というより土や礫の乾燥地帯。日本で思い描く様相とは少し違う。

▶Map P.130-B3

TEL +998-65-505-9999/+998-65-505-8888
料 アクティビティや食事の料金は人数により異なるので要問い合わせ。イベント開催時以外は、予約なしで訪問すると何も楽しめない可能性が高い Card 不可 交 ブハラからタクシーチャーター以外で訪問する方法はない。往復US$50が目安。 URL www.instagram.com/bukharadesertoasis

個性豊かなホテルがいっぱい

ブハラのおすすめホテル

ブハラのホテルの多くは旧市街にあり、その多くがこぢんまりしたブティックスタイル。大型ホテルのように設備が揃っているわけではないが、個性的で快適な滞在が楽しめる。春～秋のハイシーズンはホテルが込みあうので、できるだけ早めの予約を心がけたい。

ブハラの小さめの古いホテルに泊まる場合、給湯設備が客室数に対して十分ではないことも。そのためシャワーなどを使っているときにお湯の出が悪くなることもある。

ブハラ唯一の国際ブランドホテル

メルキュール・オールドブハラ

Mercure Old Bukhara ★★★★

旧市街の北側に2022年後半にオープン。ウズベキスタン人の高名な建築家が設計した建物は、シルクロードらしい伝統的な要素をモダンにした雰囲気。中庭を囲む回廊にある客室の設備はモダンで、朝食やウズベキスタン料理を提供するレストラン、ロビーバー、ハマムのような雰囲気の屋内プールなど設備も充実。スパもできる予定だ。

▶Map P.135-D2

住 206 Samarkand St., Bukhara 200100　TEL +998-90-903-9293　料 ツイン&ダブルUS$96～145　Card AMV　WiFi 無料　URL all.accor.com

1 ホテル建築の美しさはブハラ随一
2 部屋はモダンで快適
3 屋内プールは幻想的な美しさだ

19世紀の邸宅をそのまま使った

コミール・ブハラ・ブティックホテル

Komil Bukhara Boutique Hotel ★★★

19世紀のブハラの富裕層が建てた豪華なブハラ様式の建物を改修してホテルにしたのがここ。当時の雰囲気をできるだけ損なわないようにと、手を加え過ぎることがなく、少し古ぼけた雰囲気もいい。特に朝食会場の部屋は当時の見事な装飾がそのまま残り博物館のよう。部屋は広くはないが、バスルームにはバスタブもあるなど十分快適だ。

▶Map P.136-B3

住 40 Barakiyon St., Bukhara 200018　TEL +998-90-715-0305　料 シングルUS$46～65、ツイン&ダブルUS$54～77（朝食付き）　Card 不可　WiFi 無料　URL komiltravel.com

1 100年以上前の富豪の邸宅の様子がよくわかる
2 朝食会場となる部屋
3 客室の壁のフレスコ画も美しい

ラビハウズ脇の中級ブティックホテル

カビール・ホテル

Kabir Hotel ★★★

ラビハウズの南側の遊歩道ラビ・ババクハノヴァ通りに面しており、目の前はナディール・ディヴァンベギ・メドレセという絶好のロケーション。部屋は13室のみで、どの部屋も清潔感いっぱい（バスタブはなくシャワーのみ）。朝食は地下の食堂で食べるのだが、メニューも豊富で美味しい。

▶Map P.136-B2

住 2 Levi Babakhanova St,, Bukhara 200118　TEL +998-91-408-3883　料 シングル&ダブルUS$60～90（朝食付き）　Card 不可　WiFi 無料

1 ラビハウズのすぐ脇にあるので観光に便利
2 3つ星ホテルとしては十分な広さをもつ

旧市街の北の外れにある

ホテル・カラ

Hotel Qala ★★★

カラーンモスクまで徒歩15分ほどの住宅街の中にあり、近くには朝市も立つ。部屋はこのクラスのホテルとしては広々としていて快適。建物も昔ながらのブハラ様式を取り入れている。朝食は中庭に面した半地下のレストランで。

▶Map P.135-D2

住 81 Samarkand St., Bukhara 200100　TEL +998-65-224-0008/+998-94-035-1333　料 ツイン&ダブルUS$58～75（朝食付き）　Card 不可　WiFi 無料

1 中庭を囲むように部屋を配するのはブハラ様式　2 過度な設備はないが広さは十分ある客室

到着時のおもてなしに感激

ラングレスホテル

Rangrez Hotel ★★★

旧市街の東の外れに建つ比較的大きなホテル。チェックイン時にはウエルカムティーが振る舞われ、ナッツやドライフルーツ類もいっぱい。それだけですてきな滞在が約束された気分だ。部屋は落ち着いたインテリアで統一されていて、くつろいだ滞在ができる。またロビー脇レストランでの朝食もメニュー豊富で価値ありだ。

▶Map P.135-D2

住 Bakhauddina Nakshbandi St., Bukhara TEL +998-65-223-3443
料 シングルUS$52、ツイン&ダブルUS$70～110 Card 不可 WiFi 無料
URL www.rangrezhotel.com

1 規模が大きいホテルだが雰囲気はシルクロードそのもの
2 客室は清潔でゆったりしている
3 ウエルカムティーとともにサーブされるナッツ&ドライフルーツ

ラビハウズ徒歩圏内の大型ホテル

パラダイスプラザ・ラグジュアリーホテル

Paradise Plaza Luxury Hotel ★★★★

旧市街中心部から少し離れるが十分徒歩圏内。しかも自転車のレンタル（有料）もあるので観光に不便を感じることはない。ほとんどの部屋が30㎡以上あり広々とした感じ。また地下のレストランは、朝食時以外は地中海料理がメインで地元で人気。中庭には大きなかまどや炉があってナン作り、プロフ作りのマスタークラスが開催されることもある。

▶Map P.135-D2

1 ゆとりがうれしい客室
2 中庭にあるマスタークラスのかまど
3 ブハラ有数の規模を誇る

住 162 Bakhauddina Nakshbandi St., Bukhara TEL +998-90-845-0007
料 シングルUS$78～87、ツイン&ダブルUS$97～277（朝食付き） Card V
WiFi 無料

日本人ツアー利用も多いブハラ随一の高級ホテル

ホテルアジア・ブハラ

Hotel Asia Bukhara ★★★★

旧市街の中心部、タキ・テルパクフルシャンのすぐ脇にあるブハラ有数の大型ホテル。玄関はメドレセを模した造りで、2階吹き抜けロビーの天井の装飾の美しさにも目を見張らされる。部屋はシンプルな造りだが広さも十分あり快適。屋外プールもある。

▶Map P.136-A2

住 55 Mekhtar Anbar St., Bukhara 200118 TEL +998-65-224-6431 料 シングルUS$67～、ツイン&ダブルUS$85～（朝食付き） Card MV WiFi 無料

1 ロビーの美しさもアジア・ブハラの自慢 2 部屋はゆったりしており設備も充実 3 町の雰囲気に溶け込むような外観

全室凝ったデザインの

ゴールデンブハラ

Golden Bukhara ★★★

客室はもちろん、朝食を取るロビー脇のラウンジも、中世ブハラの栄華をたたえるよう豪華な装飾で飾られたホテル。一つひとつの装飾はホテルオーナー自らの手によるもので、各部屋ごとにテーマが決められている。英語ができるスタッフは少ないが、ていねいに応対してくれるのでそれほど困ることもない。サーブされる朝食がバリエーション豊富なのもうれしい。

▶Map P.135-C1

住 53 Shukhrukh St., Samarkand 140100 TEL +998-65-221-0034
料 シングルUS$25～、ツイン&ダブルUS$32～（朝食付き）
Card V WiFi 無料

1 客室のファブリックや絨毯、壁の絵や飾りなど、見ていて飽きることがないほど 2 優雅な雰囲気で朝食が楽しめる

Khiva TOWN NAVI 早わかりナビ

ヒヴァ
Khiva (Xiva)

ウズベキスタン西部のホレズム州。周囲を砂漠に囲まれたこの地域は、年間300日が晴天という場所だ。ヒヴァは州都ウルゲンチの郊外にある人口約9万の小さな町。シルクロードを往来する隊商たちが立ち寄るオアシス都市としての礎は1世紀頃にできあがったといわれ、16～20世紀にはこの地に存在したヒヴァ・ハン国の王都となった。町は外側を囲むデシャンカラ（外城壁）、中心部を囲むイチャンカラ（内城壁）の二重城壁都市であったが、現在、その姿を往時のままに残すのはイチャンカラ一帯で、1990年にウズベキスタンで初めてユネスコの世界文化遺産に登録された。

ヒヴァ一帯はウズベキスタンのなかでも特に綿花栽培が盛んな地域。少し町の外へ出るといたるところに綿花畑が広がり、秋には収穫する様子も見ることができる

● 観光案内所
（ツーリスト・インフォメーション）

▶Map P.138-A2

住 Polvon Kori Trade Market, Khiva
TEL +998-62-375-6932
開 毎日9:00～17:00

ウズベキスタン人は観光名所で結婚式の記念写真を撮るのが大好き。ヒヴァのイチャンカラ内では1年中ウエディングカップルの姿が見られる

ACCESS

ヒヴァの隣町、ホレズム州の州都ウルゲンチまで、タシケントから毎日数便フライトがある（所要約90分）。ウルゲンチからヒヴァまでは約45km。タクシー、トロリーバスが利用できる。またヒヴァ～ブハラ～サマルカンド～タシケントには毎日ナイトトレインが運行している。

ヒヴァの駅

1 ヒヴァ駅
2 ウルゲンチ空港

▶Map P.137-D1

2018年にヒヴァ鉄道駅がオープンし、毎日タシケントからサマルカンドやブハラを経由してナイトトレインでアクセスできるようになった。ただし高速特急アフラシャブ号はまだ運行していない(現在線路建設中)。駅は新市街地区にあり、イチャンカラまで1.5kmほど。タクシー利用だと5,000so'm前後だ。

1

2

1 世界に知られる博物館都市エリア イチャンカラ周辺

カルタミノル前〜イチャンカラのメインストリートが始まる

▶Map P.138

ヒヴァ・ハン国の面影をそのまま残す内城で、まさに青空博物館といった趣がある。イチャンカラ内には町のシンボルである「未完成の塔」カルタミノル、10世紀頃の木の柱が残るジュマモスクなど50を超える歴史的建造物、250以上の古民家が点在している。またイチャンカラの北側には20世紀初頭に建てられた宮殿ヌルラボイ宮殿などの見どころもある。

2 開発が進みさまざまな施設ができている 新市街地区

▶Map P.137-D1

イチャンカラの東側一帯が現在新市街地区として再開発が進んでいる。ヒヴァ駅からクォイ・ダルヴォザまではほぼ完成しており、駅からの遊歩道沿いには中級ホテルやレストランが何軒か入っている。今後も同様の建物やショッピングセンターなどができる予定だ。なお現在不定期だが、ヒヴァ駅〜イチャンカラ東門に電気自動車スタイルのバスが運行されている。

できあがった新市街(上)とクォイ・ダルヴォザ(下)

ヒヴァの市内交通

珍しいトロリーバス

ヒヴァの観光はイチャンカラでほぼ完結するため、基本的には徒歩だけで見て回ることができる。しかし、大きなバザールが見たいとか、ウルゲンチの北、キジルクム砂漠に点在する古代遺跡を見たい、とかいう場合は移動手段が必要となる。ヒヴァ〜ウルゲンチの移動だけであればトロリーバスが便利(1回乗車1,400so'm)。イチャンカラの北門近くからウルゲンチのデフコンバザールまでを結んでいて所要約60分。古代遺跡巡りは基本タクシーチャーターとなる。ホテルのレセプションで手配してもらうのが安心だ。ただし1日約US$50〜70と安くはない。

キャメルウールで作った部屋履きソックスはヒヴァの名産品

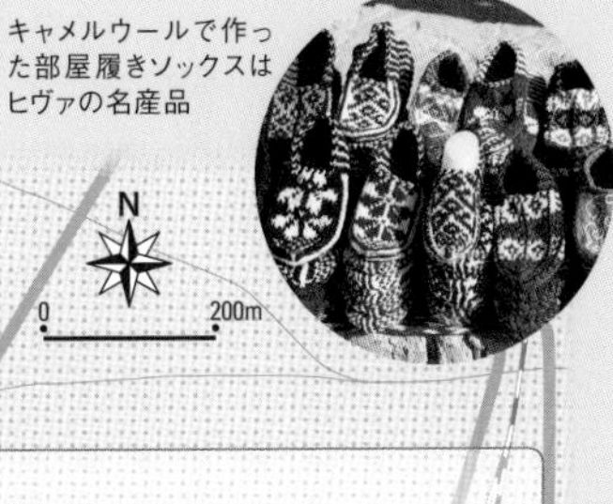

おみやげを買うならヒヴァ

スザニ、シルク、ウール、カシミア、パシュミナ、キャメルウールなどのストールやスカーフを売る店も多い

アヤズカラなどの古代遺跡がある一帯は、カラカルパクスタン共和国。ウズベキスタン国内にあって、独自の憲法や国旗、国歌をもつ。

ヒヴァからの1泊2日エクスカーション

砂漠に残る古代遺跡とキャラバン体験

ヒヴァから車で約2時間。アムダリヤ川を渡った広大なキジルクム砂漠内には、いくつもの古代遺跡が残っている。その多くは紀元前4世紀～7世紀頃までこの地にあった古代ホレズム王国の古城（カラ）跡だ。ヒヴァから日帰りでの観光も可能だが、遊牧民のテント（ユルタ）を観光用宿泊施設として提供するユルタキャンプもいくつかある。ぜひ宿泊して、古代遺跡巡りとシルクロードのキャラバン隊もしたであろう砂漠の生活を体験したい。

古代遺跡巡りはタクシーチャーターで

ヒヴァからタクシーをチャーターして古代遺跡を巡る場合は、1日US$50～70が目安。数人でシェアするのがおすすめだ。ユルタキャンプに宿泊する場合は、キャンプに連絡して車をアレンジしてもらうのがベター。

古代遺跡観光に便利な

アヤズカラ・ユルタキャンプ Ayaz Kala Yurt Camp

キジルクム砂漠で最も人気の高い古代遺跡アヤズカラへ徒歩15分ほどの所にあるユルタキャンプ。日帰りで遺跡巡りをする人たちにはランチスポットとしても評判の場所だ。敷地内には12のユルタがあり、オーナー家族もそこに住んでいる。各ユルタにカギはないが、安全面ではそれほど心配する必要はない。むしろ夜間に勝手に遠くまで歩いて行くなどした場合、戻ってこられなくなる可能性があるので、注意したい。施設はトイレは男女1＋共同1、手洗いシンク2、水シャワー2。ほかに大きなブランコやキャンプファイアー場がある。

キャメルライドや夏季のアヤズカラ湖でのカヌーなどアクティビティも手配してくれる。オーダーすれば現地の民族舞踊や音楽の演奏といったパフォーマンスも見られる（1グループUS$100／滞在客で頭割りする）。

ここに泊まれば、砂漠のサンセット、サンライズ、そして満天の星を観察できる。その美しさは町に滞在していては絶対体験できないものだ。

ゲストを親切にサポートしてくれるオーナー一家のラニアさん

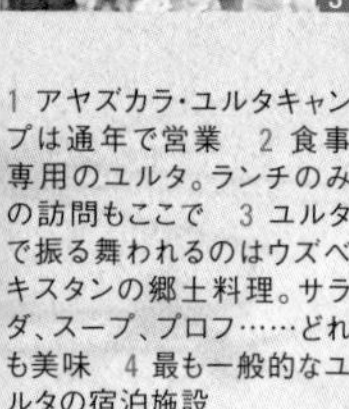

1 アヤズカラ・ユルタキャンプは通年で営業　2 食事専用のユルタ。ランチのみの訪問もここで　3 ユルタで振る舞われるのはウズベキスタンの郷土料理。サラダ、スープ、プロフ……どれも美味　4 最も一般的なユルタの宿泊施設

▶Map P.137-D2

住 Buston, Ellikqala District, Buston 220400
TEL +998-94-140-0070/+998-94-920-0070　料 3食付き1人1泊US$50、夕・朝食付き1人1泊US$40／ランチのみ1人US$10　Mail ayazkala@gmail.com（英語メールの返事には1週間程度必要）

紀元前から続く古代遺跡

アヤズカラ Ayaz Kala

▶Map P.137-D2

スルタンウイズダフ山脈の東端に位置するアヤズカラは、古代ホレズム王国の軍の駐屯地として使われていたとされる遺跡。およそ1000年以上も砂に埋もれていたが、発掘調査によってその全貌が明らかになってきている。

アヤズカラ・ユルタキャンプから徒歩15分ほどの山の上にあるのがアヤズカラ1と呼ばれる遺跡。南北182m×東西152m、約2.7haの面積をもつ長方形の城壁をもっている。紀元前4世紀頃から建築が始まり、1世紀まで使われていたといわれている。城壁は2層になっており、現在、遺跡の一部でその様子が確認できる。

アヤズカラ1の南西の小さな丘の上にあるのがアヤズカラ2。アヤズカラ1の南端から眺めるその姿は、砂漠の中に忘れさられてしまった古城といった趣がある。ここは7世紀後半〜8世紀前半に建てられた城塞で、城壁の保存状態は比較的いい。風化が進んでいるとはいえ内部の壁や天井の一部などが今も残っている。城塞への入口となる門は、あたかも巨人が向かい合っているように見える。

この丘の下にあるのが、4世紀頃に古代ホレズム王アフリギッドの宮殿として建てられ、その後6〜7世紀には住居として利用されていた遺跡だ。

1 アヤズカラ・ユルタキャンプから望むアヤズカラ　2 アヤズカラ1の城壁内はどこか異空間のような雰囲気が漂う　3 アヤズカラ2の入口の門。どう見ても人の顔に見えてしまう　4 アヤズカラ1から望むアヤズカラ2の全景

1 町の様子がよくわかるトプラクカラ　2 城壁の修復が進んでおり、古代の様子を伝えるキジルカラ

紀元前から続く古代都城遺跡

トプラクカラとキジルカラ Topraq Kala & Kyzyl Kala

▶Map P.137-D2・C2

古代都城（カラ）遺跡巡りで、比較的訪れやすいほかの遺跡がトプラクカラとキジルカラ。どちらもアヤズカラへの中継地点となる町ボストンBustonの西に残る遺跡だ。

トプラクカラは1〜3世紀にこの地に栄えた古代ホレズム王国クシャーナ朝時代の遺跡。周囲は農地のためアヤズカラのような孤高な雰囲気はないが、遺跡の重要度は非常に高い。高さ8〜9mの城壁に囲まれた約500m×約300mの大きさをもつ都市で、3世紀頃には首都でもあった。城壁の北西は、かつての宮殿があった所。ほかにゾロアスター教の寺院跡なども残っている。

トプラクカラの北西約1.5kmの所に位置するキジルカラは、1〜4世紀に建造されたカラ遺跡。約65m四方の正方形をしており、軍の駐屯地として、あるいは王の宮殿として利用されていたなどという説がある。城壁部分は修復作業が行われており、当時の様子を垣間見ることができる。また伝説では、トプラクカラとキジルカラは地下道でつながっていたとされている。

欧米人にはグリーンパスタの名で呼ばれる汁なしラグマンのシュヴィト・オシュは夏の料理。冬季にはレストランによっては提供されないこともある。

イチャンカラ散策途中に立ち寄りたい

ヒヴァのおすすめショッピングスポット

イチャンカラ内では路上にたくさんのお店が出ている。こうしたお店でいろいろなおみやげを探すのも楽しい。それでも迷ったら「ここ！」というショッピングスポットを紹介しよう。

おみやげ店が集まったヒヴァ風ショッピングモール

アラクリ・ハン・キャラバンサライ

Allakuli Khan Caravanserai

Map P.138-B2

工芸品店が大集合している建物で、かつてキャラバンサライだった場所。大きなホールの中には、スザニやスザニを使った洋服、アトラス模様のガウン、アトラスを使ったテディベアやキャメルウールの室内履き、キャメルウールの帽子などを扱う個人商店がいっぱい。本格的な絨毯工房店なども入っている。とりあえずここに来ればヒヴァのおみやげがどんなものかわかるし、交渉次第ではかなり安く手に入れることもできる。

1 ワンポイントでスザニをあしらった夏用のシャツや秋・春用のアトラスガウンは定番商品　2 建物内にはおみやげ屋さんがぎっしり　3 JICA協力デザインのアトラステディベアは実はヒヴァが本場

高品質スザニを扱う

スザニ・ギャラリーショップ

Map P.138-A2

Suzani Gallery Shop

ムハンマド・ハン・メドレセ前の広場に面しているスザニのギャラリー。屋外にもスザニを展示してあるのですぐわかる。ギャラリー内に入ると、ホレズム地方はもちろんウズベキスタン各地から集めたすばらしいスザニがいっぱい。ほとんどが高級品だが、クッションカバーなどなら手頃な値段で手に入る。

1 広いギャラリーではないが見応え十分　2 クッションカバーも細かな刺繍が施されていて価値あり

スザニやシルク、カシミアがいっぱい

ザルガージュエリー

Map P.138-A2

Zarger Jeweley

ウールやシルク、キャメルウール、さらにカシミアやパシュミナなどのスカーフ、ストールの良品を数多く扱う店。またホレズム地方のスザニやスザニを使ったバッグなども扱っている。

とにかくカシミアやパシュミナのスカーフの種類が豊富。スザニバッグも多い

手書きで絵を入れている

手作りティケッチ屋

Map P.138-B2

Handmade Chekich Shop

クトゥル・ムラド・イナック・メドレセのメインストリート沿いにある。ナンの型押し道具ティケッチを店内で手作り・絵付けして販売。

1 一つひとつていねいに絵付けをしている
2 できあがったティケッチは味があっていい

ホレズム名物を食べよう

ヒヴァのおすすめレストラン

イチャンカラ内にはチャイハナや小さなレストランがいくつかある。ほとんどがローカルフードを提供するお店で、ランチ、ディナータイム以外にもお茶を飲みながら休憩するのにいい。

ローカルメニューが充実している

カフェ・ザラフション

Cafe Zarafshon

イスラーム・ホジャ・メドレセのすぐ隣にある。店内にはスザニや陶器が飾られていて雰囲気もいい。ホレズム料理の緑色の麺シュヴィト・オシュやスープ、サラダが美味。ただしツアーの団体が入ることがあり、そのときは少し騒がしくなる。

▶Map P.138-B3

住 Near Islam Khodja Minaret, Khiva　TEL +998-62-375-7051　開 毎日8:00～22:00（冬季は要問い合わせ）　料 シュヴィト・オシュ35,000so'm　Card 不可

1 シーズン中は団体客も入るカフェ・ザラフション　2 デリを練り込んだシュヴィト・オシュはお店の人気メニュー

ゲストハウス併設の人気食堂

ティーハウス・ミルザボシ

Teahouse Mirza Boshi (Cafe Khivak)

ゲストハウス脇にあり、レストランスタイルのミルザボシと伝統的なチャイハナスタイルのヒヴァック（冬季休業）に分かれるがメニューは同じ。春～秋はミルザボシでナン焼き体験もできる。

▶Map P.138-A2

住 Ichankala, Khiva　TEL +998-62-375-2753　開 毎日8:00～22:00　料 マスタバ22,000so'm、シュヴィト・オシュ32,000so'm、プロフ35,000so'm　Card 不可

1 通常夏メニューのシュヴィト・オシュが年中味わえる　2 イチャンカラ内で有数の人気レストラン

ヒヴァの景色を眺めながらお茶や食事を……

テラッサ・カフェ

Terassa Cafe

クフナアルクの向かいにあり、2階のテラス席からヒヴァを一望できる。エスプレッソやアイスラテからマサラティーなど各種紅茶、さらにビールやワインもある。シャシリクやシュヴィト・オシュなどフードメニューもある。

▶Map P.138-A2

住 7 A Boltayev, Ichankala, Khiva　TEL +998-91-993-9111　開 毎日10:30～23:00　料 エスプレッソ20,000so'm、マサラティー25,000so'm、シャシリク30,000so'm～　Card 不可

1 眺めのいい席でティータイム
2 シャシリクメニューも豊富

かつてのマドラサの建物を利用した

ヤサブルボシ

Yasavul Boshi

タシュハウリ宮殿とクフナアルクの間、かつてマドラサだった場所。ホレズムの伝統料理を大きなホールで味わう。卵を使った餃子トゥフンバラクはぜひ味わいたい

▶Map P.138-B2

住 Ichankala, Khiva　TEL +998-62-375-2456　開 毎日11:00～22:00（冬季休業）　料 トゥフンバラク30,000so'm　Card 不可

1 店内の雰囲気もいい
2 トゥフンバラクはサワークリームと一緒に食べる

春～秋のみオープンの人気レストラン

ホレズム・アートレストラン

Khorezm Art Restaurant

タシュハウリ宮殿の近くにあるウズベク料理&西欧料理のレストラン。特にホレズムの伝統料理をセットにしたメニューが人気だ。

ホレズムの伝統料理を味わおう

▶Map P.138-B2

住 Madrasa Allah Kulikhan, Khiva　TEL +998-95-606-9270　開 毎日11:00～22:00（冬季休業）　料 ホレズム料理セットメニュー75,000so'm　Card 不可

イチャンカラ観光に便利な
ヒヴァのおすすめホテル

観光に便利なのはイチャンカラとその周辺のホテルだ。ただしイチャンカラ内のホテルは混み合うので早めの予約を心がけよう。また最近ではイチャンカラから徒歩20分ほどの新市街地区にもたくさんのホテルができている。

イチャンカラ内には記念写真撮影スポットとして、昔のウズベキスタン人の様子をイメージした像がたくさん置かれている。

ウズベキスタン西部No.1ホテル
ファロヴォン・ヒヴァ
Farovon Khiva ★★★★★

イチャンカラから車で北西へ10分ほど離れているが、設備の豪華さはヒヴァはもちろん、ウズベキスタン西部で最上級。ホテル内に入ると、吹き抜けの明るいロビーに本当にここはヒヴァなのかと驚いてしまうほど。客室も5つ星らしく洗練されたインテリア。レストランも豪華な朝食ビュッフェやウズベキスタン伝統料理のヒヴァ、地中海料理のミラン、アジア料理の東京の3ヵ所あり、長期滞在していても食事の満足度は高い。

▶Map P.137-D1

住 1a Buyuk yol ko'chasi, Khiva, Khorazm Viloyati TEL +998-62-227-7878 料 ツイン&ダブルUS$120～370 Card MV WiFi 無料 URL farovonkhiva.uz

1 ヒヴァの町の入口に位置する大型ホテル
2 朝食ビュッフェは種類豊富でついつい取り過ぎてしまうほど
3 スーペリアダブルの客室

メドレセを改修した大人気ホテル
オリエントスター・ヒヴァ
Orient Star Khiva ★★★

イチャンカラのメインゲートを入ってすぐ右手にある。旧ムハンマド・アミン・ハン・メドレセで、宿坊(フジュラ)をそのまま客室として改修している。そのため部屋は狭く、バスタブなしのシャワーのみだが、基本的な設備は十分。中庭までは観光客もやってくる見どころになっているほどで、泊まることに意味を見出せるホテルだ。

1 昔の宿房の造りをうまく利用した客室
2 部屋を出ると目の前がこの中庭というのがうれしい

▶Map P.138-A2

住 1 Pakhlavan Mahmud St., Khiva 220900 TEL +998-62-375-4945 料 シングルUS$75、ツイン&ダブルUS$90(朝食付き) Card MV WiFi 無料

サービスが行き届いていると評判
アルカンチ
Arkanchi ★★★★

イチャンカラ内で最も規模の大きなホテルで玄関前までタクシーで乗りつけることも可能。つまりイチャンカラ散策だけであれば、特に入口ゲートで交渉することなく出歩くことができる。部屋も広く、併設レストランの食事も美味だ。屋上からのイチャンカラの眺めもいい。一部の部屋にはバスタブあり。

1 イチャンカラ内のホテルでこれだけ広い部屋は珍しい
2 イチャンカラの町並みに溶け込んでいる外観

▶Map P.138-A2

住 10 Pahlavon Mahmud St., Khiva 220900 TEL +998-62-375-29 74 料 シングルUS$63、ツイン&ダブルUS$70～90(朝食付き) Card MV WiFi 無料

イチャンカラの南門脇にある

ホテルアジア・ヒヴァ

Hotel Asia Khiva ★★★

イチャンカラの外側だが南門からはすぐの場所にあり、部屋数も多い。プールやレストランなどの設備も充実。有料だがトルコ式スチームバスもある。

Map P.138-A3

住 Yaqubova St., Khiva 220900 TEL +998-62-375-7683 料 シングルUS$55〜70、ツイン&ダブルUS$80〜105（朝食付き） Card 不可 WiFi 無料

ヒヴァ駅の目の前にある

ホテル・サイードイスラムホジャ

Hotel Said Islom Khoja ★★★

ヒヴァ駅周辺には何軒もホテルがあるが、一見すると見分けがつかないような建物。ここは駅の真ん前で迷わずに済む。客室はイスラム風のインテリアで、中庭にはプールもある。

Map P.137-D1

住 Yaqubova St., Khiva 220900 TEL +998-97-518-0408 料 シングルUS$50、ツイン&ダブルUS$70（朝食付き） Card MV WiFi 無料

手頃な料金でイチャンカラを満喫

ヒヴァ・ユーロアジアホテル

Khiva Euroasia Hotel ★★★

イチャンカラ内にある3つ星ホテルで、料金のわりに設備がいい。部屋は決して広くないが、清潔で快適。朝食は簡易ビュッフェでハムやサラダが種類豊富。屋上からの眺めもいい。

Map P.138-A3

住 35 Pahlavon Mahmuda St., 220900 TEL +998-99-500-4661 料 シングルUS$40、ツイン&ダブルUS$55（朝食付き） Card 不可 WiFi 無料

イチャンカラ観光の中心エリアにある

ポルボナジール・ゲストハウス

Polvonnazir Guest House ★★

イチャンカラ内のゲストハウスで、2階にテラスがあって朝食やお茶をしながらヒヴァの町を眺めることができる。各部屋ともバスタブ完備で、居心地がいい。

Map P.138-A3

住 15 Pakhlavon Makhmoud St., Khiva 220900 料 シングルUS$40〜54、ツインUS$60（朝食付き） Card 不可 WiFi 無料

Column

せっかくだからホレズム最大の町 ウルゲンチにも行ってみよう!

タシケントなどからのフライトが発着するのは、ヒヴァの北東約35kmの所にあるウルゲンチUrgench。人口約14万5000人を抱えるホレズム州の州都だ。町自体は19世紀後半にヒヴァ・ハン国の交易地として開かれ、その後の都市開発はソ連時代にスタートした。

特に歴史的な見どころはないが、ホレズム最大の市場マラカジ・デフコンバザールMarkaziy Dehqon Bozorはぜひ訪れてみたい。周囲にバスターミナルやスーパーマーケットなどもあり、市場は早朝から夕方まで大勢の市民でにぎわう。ホレズムならではのナンや名産のメロンやスイカ、さまざまな野菜など見て回るだけで楽しめる。

ヒヴァとウルゲンチの間の幹線道路沿いには綿花畑が広がっている。秋には綿花を摘む人々の様子も見られる。また幹線道路脇には初夏〜秋に即席のメロン&スイカ販売所も出るなどローカル感いっぱいだ。

交 ヒヴァのイチャンカラ北側からウルゲンチ行きのトロリーバスが出ている（1,400so'm）。所要約1時間。タクシー利用だと片道35,000〜50,000so'm。

1

2

3

1 いつも活気にあふれているマラカジ・デフコンバザール　2 アムダリヤ川で捕れる魚の干物も名物　3 平べったいホレズム特有のナン

Tashkent 早わかりナビ TOWN NAVI タシケント

Tashkent (Toshkent)

高速特急アフラシャブ号で、サマルカンドから約2時間、ブハラから約4時間。ヒヴァからは隣接するホレズム州の州都ウルゲンチからの飛行機利用が一般的（所要約90分）。

人口約290万を数えるウズベキスタン随一の都会タシケント。およそ2000年前からオアシス都市として栄え、11世紀頃からタシケント（石の町）という名で呼ばれるようになった。しかし、そうした面影も1805年から始まる帝政ロシア・ソ連時代、そして1966年直下型大地震により、ほとんどが消え去ってしまった。

現在のタシケントは地震後の都市計画によって造られた町。美しい街路樹をもつ広々とした幹線道路、近代的なビル群や堂々とした官公庁ビル……そんなななかにも人の好いウズベキスタン人たちの生活が感じられる場所があったり、都会ならではのおしゃれスポットがあったりする。ゲートウェイ都市タシケントで、人々の生活に触れながら、観光・ショッピング・グルメを楽しもう！

1 高級ホテルが集まる 新市街中心部

▶P.100〜103

ティムール広場にあるアミール・ティムールの像

ティムール広場から西、ナヴォイ大通り、イスラム・カリモフ通りに囲まれた一角、そしてティムール広場の北アムール・ティムール通りに沿ったエリアが新市街中心部。官公庁の建物や4〜5つ星ホテルが集まる場所で、このエリアに滞在する人も多いだろう。再開発されてホテルやレストランが多くできたタシケントシティやアムール・ティムール通り沿いに並ぶブティックやレストラン、カフェなどが人気だ。

2 活気あふれる 旧市街

▶P.103,104〜105

中央アジア最大の市場、チョルスーバザールを中心とした一角で、いつも大勢の人でにぎわっている。チョルスーバザールの北にはイスラームの重要施設が集まるハズラティ・イマーム広場が、南にはタシケント市民に大人気のショッピングセンター、サマルカンド・ダルヴォザがある。

1 チョルスーバザールはいつも大勢の買い物客でにぎわう
2 タシケントのイスラーム建築の見どころといえばハズラティ・イマーム広場

タシケントの駅

▶Map P.139-D3

1 タシケント駅構内　2 タシケント駅を出発するアフラシャブ号　3 タシケント・ユージニイ駅

新市街の南側にあるのがタシケント駅（北駅）。サマルカンドやブハラへの高速特急アフラシャブ号、シャルク号、マルギラン方面へのウズベキスタン号発着駅で、観光客の利用も多い。地下鉄タシケント駅とつながっているので便利。その他のナイトトレインは、タシケント市内の南側タシケント・ユージニイ駅Tashkent Januby（南駅）が発着場所。タシケント・ユージニイ駅へは オイベック駅前からNo.38、57、58などのバスが利用できる。ティムール広場周辺からだとタクシーで18,000〜22,000so'mで所要約20分。

タシケントの市内交通

●タクシー

短期間のタシケント滞在なら、時間のムダを省くためにタクシーを利用するのがおすすめ。正式なタクシーと白タクが混在して走っているし、料金交渉をしなくてはいけないのがデメリット。おすすめはヤンデックス・ゴー、マイタクシー・ウズという配車アプリ▶P.124利用。近くを走っている車がすぐ探せ、料金もその場でわかる。配車アプリを利用しない場合は、とにかく道路脇で手を挙げてみる。止まった車がタクシーだ。そこで運転手と値段交渉。中心部での移動ならだいたい1回乗車10,000〜20,000so'm。交渉時には運転手の人柄なども観察し、不安を覚えたら乗車しないこと。

車窓の景色が眺められるバスは楽しい

タシケント地下鉄（メトロ）路線図

チランザル線 Chilonzor Line
ウズベキスタン線 Uzbekistan Line
ユーヌサバッド線 Yunusabad Line
イエルウスティ・ハルカ線 Yer usti halqa Line

トゥルキスタン Turkistan
ユーノサバッド Yunusabad
シャフリストン Shakhriston
ボドムゾル Bodomzor
ミナール Minor
アブドゥラ・コディリ Abdulla Kodiriy
ユーヌス・ラジャビイ Yunus Rajabiy
ミング・オリク Ming Urik
アミール・ティムール・ヒヨボニ Amir Temur Hiyoboni
ムスタキリク・マイダニ Mustakilik Maydoni
ベルニー Beruni
ティンチリク Tinchlik
チョルスー Chorsu
ガフル・グロム Gafur Gulom
ブニョードコル Bunyodkor
Pakhtakor パフタコール
ミリー・ボギ Milly Bog
アリシェール・ナヴォイ Alisher Navoi
ウズベキスタン Uzbekistan
コスモナウトラル Kosmonavtlar
オイベック Oybek
タシケント Toshkent
ミルザ・ウルグベク Mirzo Ulugbek
ノヴザ Novza
チランザル Chilonzor
オルマゾール Olmazor
ビリンチ・ベキャット（チョシュテパ） Birinchi bekat (Chashtepa)
イッキンチ・ベキャット（タシケント・ハルカ・ヨル） Ikkinchi bekat (Toshkent halqa Yuli)
ウチンチ・ベキャット（セルゲリ） Uchinchi bekat (Sergali)
トルトンチ・ベキャット（アフロシャブ） Tortinchi bekat (Afrosiyob)
ベシンチ・ベキャット（キプチャク） Beshinchi bekat (Kipchak)
ブユク・イパク・イューリ Buyuk Ipak Yuli
プーシキン Pushkin
ハミッド・オリムジョン Khamid Alimjan
マシーナソズラル Mashinasozlar
ドストリク Dostlik
ドストリク2 Dostlik 2
イッキンチ・ベキャット（アハンガラン） Ikkinchi bekat (Ohongaron)
ウチンチ・ベキャット（トゥゼル） Uchinchi bekat (Tuzel)
トルトンチ・ベキャット（イルティフォット） Tortinchi bekat (Iltifot)
ベシンチ・ベキャット（ロハット） Beshinchi bekat (Rohat)
オルテンチ・ベキャット（ヤンギアバッド） Oltinchi bekat (Yangiobod)
イエッテンチ・ベキャット（クイリク） Yettinchi bekat (Quyluk)

●バス

タシケント市内を縦横に走るのが緑色の市バスだ。このバスを乗りこなせれば、タシケント中行けない場所はない。路線は複雑で、初めての旅行者には使いづらい。ただおもなバス停には主要路線の路線図があるので、それを参考にして利用してみよう。なおCIS圏で人気のヤンデックスマップを利用し、出発場所と到着場所を指定すればバス番号を検索できる。

バス&地下鉄共通
料 1回乗車2,000so'm／プリペイド交通カード利用の場合は1,600so'mで1日最大6,000so'm　Card M

1 バス、地下鉄、どちらでも利用可能なプリペイド交通カード　2 地下鉄のチケット　3 KASSAがチケット購入窓口　4 タシケント市民に混じって地下鉄体験

●地下鉄（メトロ）

タシケントの公共交通機関で最も旅行者が利用しやすいのが地下鉄だ。現在4路線あり毎年のように路線が拡張されている。地下鉄は5:00頃〜24:00頃の間、日中であれば各路線とも10分程度の間隔で運行している。改札前の**チケット売り場KASSA**でQRコード付きチケットを購入。改札機でQRコードを読み取るとゲートが開く（出るときは改札はなく一方通行の自動ドアだ）。また何度も地下鉄を利用する予定なら、ウズベキスタンの**プリペイド交通カードYAGONA Transport Kartasi**を手に入れるのもいい（カード代10,000so'm＋チャージ分5,000so'm）。現金より割安で、地下鉄、バスで利用できる。チケット売り場で販売されており、5,000so'mを使い切ったら駅構内の機械でチャージして継続利用する。中心部の乗り換え駅は3ヵ所。駅構内でつながっているが、それぞれ別の名前になっている。また中心部の古くからある地下鉄各駅は、それぞれ装飾も凝っているので、乗降時にじっくり見学するのもおもしろい▶P.30。

3 オイベック駅周辺

新市街のおしゃれスポット ▶P.102,105,106〜107

オイベック駅、コスモナウトラル駅、そしてミラバッドバザールがある一帯は、タシケントの人気カフェやレストランが集まるエリア。韓国料理店も多いので、ウズベキスタン料理に飽きたときに出かけるのもいい。またセレクトショップもいくつかあるので、おみやげ探しにもおすすめのエリアだ。

脇道に入ればおしゃれな雰囲気のカフェがいっぱい

ここだけは外したくない！

タシケントの見どころ

通常ウズベキスタン旅行で、タシケントの滞在時間はそれほど長くはない。
短期滞在でもチェックしたい見どころはここだ！

日本人墓地については元駐ウズベキスタン日本大使だった中山恭子氏の『ウズベキスタンの桜』（KTC中央出版）に詳しい。

ティムール朝のシンボルカラーのブルーを使った巨大キューポラが青空に映えるティムール博物館

ティムール広場に立つティムール像

ウズベキスタン建国の象徴的場所

ティムール広場とティムール博物館

Amir Temur Maydoni
& Temuriylar tarixi davlat muzeyi

高級ホテルや省庁などが集まるエリアの中央にある公園がティムール広場。1882年のロシア・トルキスタン時代に開かれ、1917年のロシア革命後は革命広場と命名されてスターリン像が置かれた。1991年ウズベキスタンが独立した際に、ウズベキスタンの英雄であるティムールの名を冠した広場に改名し、スターリン像を撤去してティムール像を設置したのだ。

ティムール広場の南側にある、イスラーム風の青いキューポラが印象的な円形の建物がティムール博物館。1996年、カリモフ大統領（当時）がティムール生誕660年を記念し「アミール・ティムール年」を宣言。その象徴としてオープン。ティムールの偉業をたたえる展示が数多くあり、ティムール帝国の地図やティムールの家系図、さらに数多くの宝飾品や絵画などが見られる。ティムールの家系図をよく見ると、インドのムガール帝国を興したバーブルがティムールの子孫であることなどもわかる。

絢爛豪華なティムール博物館内

Map P.140-B1

●ティムール博物館
住 1 Amir Temur Ave., Tashkent 100000
TEL +998-71-232-0212　開 火〜日10:00〜18:00
休 月　料 25,000so'm／写真40,000so'm
URL temurid.uz/en　交 地下鉄アミール・ティムール・ヒヨボニ駅、ユーヌス・ラジャビイ駅から徒歩2分。

テルメズから出土した仏像は見逃せない

ウズベキスタン歴史博物館

O'zbekiston Tarixi Davlat Muzeyi

ウズベキスタンの過去から現在、将来までを順を追って紹介する博物館。3〜4階が展示室で、特に3階の石器時代からウズベキスタンの3つのハン（王）国時代までの展示品が見事。最大の見どころはウズベキスタン南部テルメズで出土したクシャン朝（1〜3世紀）時代のガンダーラ仏だ。

Map P.140-A1

住 3 Buyuk Turon St., Tashkent
TEL +998-71-239-1779　開 火〜日10:00〜17:00　料 50,000so'm／写真60,000so'm
URL history-museum.uz
交 地下鉄ムスタキリク・マイダニ駅から徒歩約5分。

古代遺跡からの発掘品展示が充実

仏教伝来ルートをたどるうえで非常に貴重な出土品となったガンダーラ仏

テルメズから出土した1〜3世紀の仏像

建物もじっくり見ておきたい

ウズベキスタン工芸博物館

Amaliy san'at Muzeyi(Museum of Applied Arts)

1907年建造のロシア公使の私邸だった建物を使った博物館。館内にはウズベキスタン各地から集められた陶器や絨毯、スザニ、アトラスなどが展示されている。こうした展示品以外にも建物の美しさがすばらしく、じっくり見学したい。また館内にあるショップは、高品質の工芸品を扱っていることで有名。ショッピングスポットとしてもチェックしたい。

▶Map P.140-A2

住 15 Rakatboshi St., Tashkent　TEL +998-71-256-4042　開 毎日9:00～18:00　料 25,000so'm
URL muzeyart.uz/en
交 地下鉄コスモナウトラル駅から徒歩約8分。

1 建物自体見応え十分　2 ウズベキスタン各地から集められたスザニの逸品　3・4 ショップで売られていたスザニバッグ(270,000so'm)とスザニクッションカバー(550,000so'm)

ムスリム墓地の一角にある

日本人墓地

Yaponlar Mozori - Yakkasaroy Mozori

第2次世界大戦後にソ連に抑留され、タシケントへ連行された日本人79名が眠る墓地。きれいに整備された墓地の様子にウズベキスタンの人々の心遣いを感じることができる。ムスリムが眠るヤッカサロイ墓地の外れにある。なおヤッカサロイ墓地の近くには映画監督スルタノフ・ジャリル氏が運営する日本人抑留者資料館もある(見学は要事前連絡)。

▶Map P.139-C3

住 Yakkasaray St., Tashkent
●日本人抑留者資料館
住 Mr.Sultanov Jalil, 18 Yakkasaroy St., Tashkent
TEL +998-71-69-7505　開 毎日9:00～18:00　料 無料
交 オイベック駅前からNo.38、40、57、58のバスで約10分。ティムール広場周辺からタクシーだと10,000～15,000so'm。

ヤッカサロイ墓地の入口

新しい市民の憩いの場

タシケントシティ

Tashkent City

タシケント新市街中心部はさまざまな開発が行われている。その代表的な場所が2022年にオープンしたタシケントシティだ。パフタコール・スタジアム脇の巨大区画に公園やホテル、会議場、レストラン&ショッピング施設、高級マンションなどを建設。中心となる公園タシケントシティパークには巨大な池が設けられており、毎晩音楽に合わせてライトアップされた噴水が上がる**ミュージカルファウンテン Musical Fountain**がある。またロウ人形館とプラネタリウムからなる**ユルズラ博物館 Yuldzlar Muzeyi**も立ち寄ってみるとおもしろい。ロウ人形館ではマリリン・モンローやマイケル・ジャクソンなどのほか、エリザベス2世女王、プーチン大統領、トランプ前大統領が同じエリアに展示されているのもユニーク。

▶Map P.141-D2

住 Tashikent City Park, Tashkent　TEL +998-99-005-2797　URL www.facebook.com/tashkentcitypark
交 地下鉄アリシェール・ナヴォイ駅、パフタコール駅、ウズベキスタン駅、ブニョードコル駅が最寄り。各駅から2～5分。
●ユルズラ博物館
開 毎日11:00～23:00　料 ロウ人形館40,000so'm、プラネタリウム50,000so'm

1 毎晩19:00～22:00の間、1時間に1回程度ミュージカルファウンテンが見られる　2 ユルズラとは星のこと。博物館の名称はロウ人形で見られる世界のスター、プラネタリウムで見られる星のふたつにかけている　3 タシケントシティの中央は巨大公園となっている

Column

ヒルトンのルーフトップにある シティ21パンアジアン・レストラン&バー

タシケントシティパークの真ん前に建つヒルトン・タシケントシティ ▶P.112。ここの最上階がルーフトップスタイルのレストラン&バーになっている。ミュージカルファウンテンをグラスを傾けながらのんびり鑑賞するのもおすすめだ。

ナヴォイの「驚嘆の5部作」をイメージしたレリーフが地下鉄アリシェール・ナヴォイ駅でも見られる（→P.30）。

旧日本兵捕虜が建築に携わった傑作劇場

ナヴォイ・オペラ劇場

Alisher Navoiy Opera

旧ソ連圏内でも有数の美しさをもつといわれるナヴォイ・オペラ劇場

タシケント大地震でも壊れることがなかった

1947年建造のオペラ劇場で1500人収容。ウズベキスタンの伝説的詩人アリシェール・ナヴォイ生誕500年を記念して建てられた。第2次世界大戦後シベリア抑留捕虜となった日本兵がここに送られ、建設に従事したことでよく知られている。劣悪な労働環境のなか、手を抜くことなく懸命に働く日本兵の姿に当時のウズベキスタンの人々は心打たれたという。建物の南壁には日本人が建設に従事したことを示すプレートも飾られている。また1966年のタシケント大地震時に町は壊滅的な打撃を受けるのだが、ここは壊れることがなかった数少ない建物のひとつ。当時、市民の避難場所としても利用された。

せっかくだから劇場内も見てみよう

劇場内見学ツアーが催行されていないため、中を見るには公演のチケットを購入する必要がある。ここで上演されるコンサートやオペラは、中央アジア有数のレベルを誇っているのでじっくり鑑賞するのも楽しい。

公演開始より少し早く出かけて、建物内に施された見事なレリーフや絵画も見てみたい。オペラホールは3階建てで各階の両サイドの回廊は、ウズベキスタンの各地方をモチーフにしている。建設当時、その地方を代表する建築家・彫刻家・画家が制作にあたった。舞台を正面に見て1階右手がタシケント、左手がフェルガナ、2階右手がサマルカンド、左手がブハラ、3階右手がヒヴァ&ホレズム、左手がテルメズとなっている。特にレリーフは、どれも息をのむほど精巧だ。

オペラホール内もやはり見逃せない。巨大な天井照明設備の周り、舞台の周囲、各階の仕切りは、金箔を施した豪奢なレリーフで埋め尽くされている。

ナヴォイが偉人として愛される理由

15世紀イスラーム圏の人々の間では、詩はペルシャ語で著すのが一般的だった。そんななか、ナヴォイはチャガタイ語（チュルク系言語）を駆使し美しい詩を著した。ペルシャに伝わる物語をチャガタイ語の詩で表現することで、当時の文壇から高い評価を得、チャガタイ文学を確立させたのだ。特に「驚嘆の5部作」といわれる『篤信家たちの驚嘆』『ファルハードとシーリーン』『ライラとマジュヌーン』『7つの遊星』『イスカンダルの城壁』が彼の地位を確固たるものにした。現在のウズベク語はチャガタイ語の流れをくんでおり、ウズベキスタンにおいて彼の偉業は歴史的快挙というわけだ。

ナヴォイ劇場2階中央エリアには、アリシェール・ナヴォイの像が鎮座している。そしてその周りには彼の5部作をイメージした絵が飾られている。こちらも必ず見ておきたい。

▶Map P.140-A2

住 28 Zarafshon St., Tashkent　TEL +998-71-233-9081　開 9～5月のシーズン中にオペラやコンサートが観られる。チケットは劇場入口にて購入　URL gabt.uz/en　交 地下鉄コスモナウトラル駅、ムスタキリク・マイダニ駅から徒歩約8分。

1

2

3

4

1 劇場2階にあるナヴォイ像　2 劇場外側の壁に彫られた日本兵の功績をたたえるレリーフ。カリモフ初代大統領の指示により、あえて日本兵ではなく「日本国民」という言葉が用いられている　3 レリーフが美しい回廊（ブハラの間）　4 オペラホールの装飾も美しい

チョルスーバザールと一緒に見学したい

クカルダシュ・メドレセ

Ko'kaldosh Madrasah

▶Map P.141-C2

チョルスーバザール▶P.104の南側にあるタシケントを代表するメドレセ（神学校）。16世紀のシャイバニ朝の大臣クカルダシュによって建造された。旧ソ連時代は倉庫などとして使用されていたのだが、独立後は再びメドレセとなっている。2階部分が学生寮のフジュラだ。このメドレセの裏手の丘の上には15世紀に建てられた**ジャミーモスクHo'ja Ahror Valiy Jome' Masjidi**があり、金曜礼拝時には多くの人であふれかえる。

住 Beruni Ave. & Relief Rd., Tashkent
TEL +998-71-242-1082　開 毎日8:00～17:00頃
料 10,000so'm　URL kukaldosh.uz
交 チョルスー駅から徒歩約5分。

1 今もイスラーム神学校として使われているクカルダシュ・メドレセ
2 修復されてきれいになっているジャミーモスク

タシケント市街を一望

タシケント・テレビタワー

Tashkent TV Tower

新市街北部にある375mの高さをもつテレビ塔。1985年建造で独立前からタシケントのシンボル的存在だった。テレビ塔の役目以外にも高さ110mの場所に回転展望レストラン（45分で1回転）があり、タシケントを一望しながら食事を楽しめる絶好の場所となっている。見学ツアーに参加すると、ギャラリーで世界のタワーの模型を見たあとに、展望レストランへ上り、そこから展望が楽しめる（専用展望台は現在改修中）。

▶Map P.139-D1

住 109 Amir Temur Ave., Tashkent　TEL +998-71-202-3570　開 毎日10:00～20:00　料 見学ツアー40,000so'm
URL tv-tower.uz/en
交 地下鉄シャフリストン駅から徒歩約10分。

見学ツアーに参加してTVタワーに上ってみよう

タシケントのイスラーム中心地

ハズラティ・イマーム広場

Hazrati Imam Ensemble

タシケント随一のイスラーム建築群があるのが旧市街の北側にあるハズラティ・イマーム広場だ。3つの建物と、2022年に完成したウズベキスタン最大のモスクを擁するイスラーム文化センターからなる。

カラサライ通りに面したふたつの青いドームをもつ**ハズラティ・イマーム・モスクHazrati Imam Masjidi (Abu-Bakr Muhammad Kaffal Shashi)**から観光しよう。タシケントの金曜モスクといわれ、その名のとおり金曜日には多くの参拝者が集まる。16世紀に建造され、2007年に修復作業が行われて現在の姿になった。外国人は内部の見学はできないが、外から見るだけでもその壮麗さはわかる。

このモスクの裏手に回ると大きな広場がある。南側にある元メドレセだった建物が**コーラン博物館Muyi Muborak Library Museum**だ。ここの中央に展示されているのが世界最古のコーランと伝えられているウスマン・クラーン（ウスマン写本）。第3代正統派カリフ、ウスマン・イブン・アッファーンの命によって作成された7世紀頃のコーランで、当初5部作成され、現在残っているのは2部のみ（もうひとつはトルコのトプカプ宮殿にある）。ティムールがイラクのクーファから宝物として持ち帰ったものだという。博物館内にはほかにも各国語に翻訳されたさまざまなコーランが展示されている（館内写真撮影不可）。

広場の西側にある巨大イスラーム建築が**バラク・ハン・メドレセBarakhan Madrasah**。16世紀にシャイバニ朝のバラク・ハンによって建造された。ここには旧ソ連時代に中央アジアのイスラーム本庁がおかれていた。現在はメドレセとして利用されてはおらず、バラの美しい中庭を囲むフジュラはみやげ物屋となっている。

▶Map P.141-C1

住 Karasaray St., Tashkent
●コーラン博物館
開 毎日9:00～18:00
料 20,000so'm
交 チョルスーマーケット脇からNo.65、118のバスで約10分。ティムール広場周辺からタクシーだと12,000～20,000so'm。

美しいイスラーム建築が並ぶハズラティ・イマーム広場

Column

週末は多くの市民でにぎわう
マジックシティ

Magic City

ディズニーランドをモチーフにしたのでは……と勘ぐってしまいたくなるタシケントの最新アミューズミント施設。魔法の国のような建物にはファストフードのレストランや地元ファッションなどのショップが入り、大きな池の向こうにはお城が建つ（内部見学はできない）。また敷地内には屋内型の小さな遊園地、水族館があり、週末は地元の若者や家族連れで結構にぎわう。観光的にそれほどおもしろいわけではないが、今のタシケントっ子の様子を知るにはいい場所だ。

▶Map P.141-D3

住 Furkat St., Tashkent
TEL +998-71-202-7799　開 毎日10:00～22:00　料 入場無料
URL magiccity.uz　交 地下鉄ブニョードコル駅から徒歩約10分。

夕方からはきれいな照明が灯され、散策するのも楽しい

チョルスーバザールの屋外エリアには、晴れていれば陶器や雑貨などを販売する露店がたくさん出る。買い物するときは値段交渉を忘れずに！

中央アジアの活気を感じながらお買い物

タシケント中心部の3大バザール

バザールはいつも地元の人の活気であふれている。人々の生活も垣間見られるし、ローカルなおみやげ探しにも最適だ！

1 チョルスーバザールのメインビルディング内。さばきたての新鮮な肉を買い求める地元の人でにぎわう　2 メインビルディングは青・緑のタイルで覆われた大きなドーム型の建物だ

中央アジア最大級のバザール

チョルスーバザール

Chorsu Bozori

▶Map P.141-C1・2

開 毎日5:00頃〜20:30頃
交 地下鉄チョルスー駅下車すぐ。

「4つの道が交わる場所にあるバザール」という意味をもつ、100年以上の歴史をもつタシケントで最も由緒あるバザール。その規模も中央アジア有数といわれ、ありとあらゆる食料品、日用品から雑貨、衣類、靴、おみやげ品まで何でも売られている。

チョルスーバザールのシンボルは、まるでサーカスでも行われるのではないかと思われるような青いドーム型のメインビルディング。1階には、その場で肉をさばいて売る肉屋、乳製品店などがぎっしりと並んでいる（少しだけ香辛料屋もある）。2階はおみやげに人気のドライフルーツやナッツ類を売る店が、これもぎっしり。

メインビルディング前の大屋根が付いた吹き抜けの建物が青果市場を中心としたエリアだ。一角には香辛料店（おみやげに人気）、甘いお菓子のハルヴァ屋さんやナヴォット屋さんも、北側の奥にはナン専門売り場もある。

バザールの東側が巨大なチャイハナ街だ。シャシリクを焼く店から、大鍋でプロフを作る店まで、ローカルフードが大集合。バザールをじっくり見たら数時間はかかるので、ここで休憩や食事をするのもおすすめだ。

チョルスーバザール
ザルカイナー通り Zarkynar
Sakichmon St
サキチモン通り
ベルニ通り Beruni St
駐車場
1階：肉や乳製品・少しだけ香辛料
2階：ドライフルーツ&ナッツ
ナン売り場
雑貨・みやげ物
チャイハナ（大食堂街）
メインビルディング
野菜・果物・香辛料・ハチミツ
ハルヴァ・お菓子・果物
野菜・穀物
チャイハナ
銀行
工事中エリア
絨毯・クラフトショップ
チョルスー Chorsu
洋服・靴
花・観葉植物

清潔感があって買い物がしやすい人気バザール

オロイバザール（アライバザール）

Oloy Bozori

▶Map P.140-B1

高級ホテルが集まるアミール・ティムール通り沿いにあり、地元の人は「高級バザール」と呼んでいる。確かにチョルスーバザールに比べると猥雑さはなく、売られている物も整然と並べられていて、どことなく清潔。しかも規模もあまり巨大ではないので、いろいろな品物を見て回りやすい。青果類はチョルスーよりも高いらしいが、おみやげにするようなドライフルーツ、ナッツ、香辛料などの値段はチョルスーとほとんど変わらない。加えて敷地内には**スーパーマーケットのコルジンカ**、ウズベキスタンの民芸品を扱う店などもあって、ウズベキスタンで一度に買い物を済ませたいときにはとても便利だ。なおここのチャイハナは、ローカルフードをセルフサービスでお皿にいろいろ盛って精算するスタイル。いろいろな料理を少しずつ試したいという人にもおすすめ。

開 毎日8:00頃～20:00頃　交 地下鉄アブドゥラ・コディリ駅下車すぐ。

1 オロイバザールのメインエリア。高天井の吹き抜けになっていて、各売り場が整然と並んでいる。目当ての売り場を見つけやすいのもうれしい　2 駅やバス停から見えるのがこのメインビルディング。中にはあまり店が入っておらず、通り抜けするだけの人が多い　3 果物をこんなふうに並べるのも高級バザールならでは

1 お菓子屋さんの女性たち　2 メインビルディング1階入口で店開きをする香辛料屋さん　3 メインビルディング2階にはドライフルーツ&ナッツ屋さんがいっぱい　4 チャイハナ街はいつも地元の人でいっぱい　5 チャイハナ街でシャシリクを焼くおじさん

オイベック地区のローカルバザール

ミラバッドバザール

Mirabad Bozori

市中心部のバザールのなかではいちばんこぢんまりしているが、地元の人には買い物しやすいと人気がある。青果とドライフルーツ、ナッツ、香辛料がメインだ。バザール周辺にはたくさんの韓国料理店がある。

▶Map P.140-B3

開 毎日7:00頃～20:00頃
交 地下鉄オイベック駅下車約8分。

1 ミラバッドバザールのメインゲート
2 大きな屋根に覆われたこの一角のみがバザール・エリアだ

タシケント市中でおみやげ探しとカフェタイム

絶対行きたいショップ&カフェ

新市街は今もさまざまな開発が行われており、毎年のように新スポットがオープン。そんななか、以前から若者に人気のオイベック駅周辺、新スポットのタシケントシティ周辺などで、おみやげ探しにおすすめの店や、ひと休みするのに人気のカフェを紹介しよう!

アトラス柄のポーチ(70,000〜150,000so'm)

種類豊富なスザニ柄のポーチ(70,000so'm〜)

日本人に人気のシュシュやバレッタ(30,000〜50,000so'm)

直径20cmくらいのリシタン高級陶器は800,000so'm〜

スザニ小物やおしゃれ陶器がいっぱい

ヒューマンハウス

Human House

おみやげ探しに最初に訪れたいのがここ。大通りのショタ・ルスタヴェリ通りからイヴィレイヴ通りに入った住宅地の一角にある(ショタ・ルスタヴェリ通りとの角にサムサ&シャシリク専門店がある)。スザニやスザニを使った小物、クッションカバーなどが豊富に揃っている。アトラスをモチーフにしたカップ&ソーサーなど陶器類も豊富だ。店の奥が中庭に面したチャイハナ風休憩所で、ウズベキスタン伝統のティーサービスでもてなしてくれる(無料)。すごく気持ちのいい場所で、ここで何時間も過ごす人もいるという。

また、陶器体験やスザニ刺繍体験といった文化体験講座からさまざまな講演会までイベントもよく行われている(イベント参加は要予約)。

お茶を用意して待っています!

1 本格的なウズベキスタンティーが楽しめる 2 土壁の建物だ

▶Map P.140-A3

住 43 Ivliev St. (Cnr. Kichik Mirobod St.), Tashkent
TEL +998-71-255-1622 開 毎日10:00〜19:00 Card V
URL www.facebook.com/humanhuman.net

民芸品店が集まる

ナウルーズパーク

Park Navruz

ナヴォイ大通りの北側、アブドゥル・コデリ通りとシャイホントフール通りの角にできた、古きよき伝統的な町をイメージした建物を配した公園(観覧車が目印)。建物内にはさまざまな民芸品を扱うショップが軒を連ねる。高品質のスザニやアトラス、絨毯を扱うお店や、ここでしか手に入らない愛らしいウズベキスタンフィギュアのお店などもある。平日はがらんとしているので、行くなら週末がおすすめ。

漫画『乙嫁語り』好きなら手に入れたくなるフィギュア(TUMOR Ary Galleryにて200,000so'm〜)

▶Map P.139-D2

住 31 Shayhontohur St., Tashkent 開 店舗により異なる(だいたい平日10:00〜19:00、土日9:00〜21:00) Card 店舗により異なる

1 城壁に囲まれた昔の町のような雰囲気 2 建物内通路には工芸品が飾られており、見て回るのも楽しい

東京オリンピックで話題になった「て」のお店

セーブル

7SABER

2021年の東京オリンピックの入場行進でウズベキスタン選手団が着ていたウエアに「て」と記されていて話題になった。実はセーブル(「7」という意味)というウズベキスタンを代表するスポーツウエアメーカーのロゴマーク。小さい店舗がマジックシティ近くにある。ウエアはもちろん、帽子やスマホケースなどおみやげになりそうなものもいっぱい。ちょっと変わったウズベクを手に入れよう!

▶Map P.141-D3

住 10B Beshyogoch St., Tashkent
TEL +998-99-010-7777 開 毎日10:00〜22:00 Card MV URL www.7saber.uz

1「て」が大きく記されたスマホケース250,000so'm 2 各都市をイメージしたおみやげTシャツ240,000so'm 3 有名店だが店舗は意外に小さい

オイベック通りと平行に通るミラバッド通りにはカフェのほかに韓国料理店がいっぱい。特にミラバッドバザール近くはちょっとした韓国人街という雰囲気だ。

タシケントNo.1の人気ショッピングセンター

サマルカンド・ダルヴォザ
Samarqand Darvoza

チョルスーバザールから徒歩15分ほどの場所にある大型ショッピングセンター。5階建てで地下に大きなホームセンター、1階に大型スーパーのカルフールとカフェやレストラン、2～4階がタシケントの最新ファッションを扱う店舗で、タシケントの流行の発信地（それだけに店舗の入れ替えも頻繁）。5階が映画館、子供の遊び場とフードコートとなっている。スーパー以外おみやげ探しには向かないが、タシケントの「今」を見るにはいちばんの場所だ。

1 週末は大混雑となることが多い大型ショッピングセンター　2 2階以上は吹き抜けとなっており、よくイベントが開催されている

▶Map P.141-C2

住 5a Samarqand Darvoza St., Tashkent　TEL +998-71-205 0055　開 毎日10:00～23:00　Card 店舗により異なる　URL sdmall.uz

人気ブーランジェリーカフェのウズベキスタン1号店

ポール
Paul

ウズベキスタンで唯一のポール。店内の雰囲気はフランスのおしゃれカフェ風で、入口には焼きたてのクロワッサンや作りたてのクロワッサンサンドがいっぱい。メニューは世界中のポールとほぼ同様で、味も外れなし。地元の若者でいつも大にぎわいだ。

サクサクのクロワッサンサンドは定番メニュー

店内の雰囲気はヨーロッパ

▶Map P.139-D2

住 60 Amir Temur Ave., Tashkent　TEL +998-88-167-1889　開 毎日8:00～23:00　Card MV　URL paul.uz

地元で人気の
ブーランジェリーカフェ

ボン! Bon!

美味しいコーヒーとパンやケーキが楽しめるチェーン店で、タシケント市内に13店舗を構えている。コーヒー、紅茶各種15,000～22,000so'm、パンケーキ19,000～41,000so'm、キッシュ各種13,000so'm～19,000so'm、サンドイッチ各種19,000～33,000so'mと値段も手頃だ。

店頭に並ぶスイーツの種類も豊富

ブーランジェリーだけあってサンドイッチは本当に美味！

▶Map P.140-B2、A3他

●オイベック店（タラス・シェフチェンコ通り店）
住 30 Taras Shevchenko St., Tashkent　TEL +998-71-252-5694　開 毎日8:00～22:00　Card MV　URL www.facebook.com/boncafe

タシケントで人気のカフェチェーン

ブラックベア・カフェ
Black Bear Kofi

タシケントとその近郊に4店舗をもつ、人気カフェチェーン。オイベック地区のタラス・シェフチェンコ通りとティムール広場から徒歩圏内のウズベキスタン・オボジ通りのお店が行きやすい。コーヒーメニュー（18,000so'm～）が充実しており、ラテアートが店のシンボルとなっているクマなのがかわいい。

クマのラテアートがかわいい。アイスクリームも種類が多いので一緒にぜひ!

▶Map P.140-A3、B1

Card 不可　URL www.facebook.com/kofiuz
●ショタ・ルスタヴェリ通り店　住 39 Shota Rustaveli St., Tashkent
TEL +998-99-878-3222　開 日～金8:00～23:00
●ウズベキスタン・オボジ通り店
住 42 O'zbekiston Ovozi St., Tashken　TEL +998-33-656-1010
開 毎日10:00～23:00

カザフスタンの人気カフェがタシケント進出

コーヒーブーム
Coffee boom

カザフスタン全土に60店舗以上をもつ中央アジア最大のカフェチェーンがタシケントに進出。オイベック周辺に2店舗ある。コーヒー各種17,000～35,000so'm、ケーキ各種30,000so'm～、クレープ23,000so'm、ワッフル50,000so'm、さらにフードメニューも充実しておりハンバーガー50,000so'm～などもある。

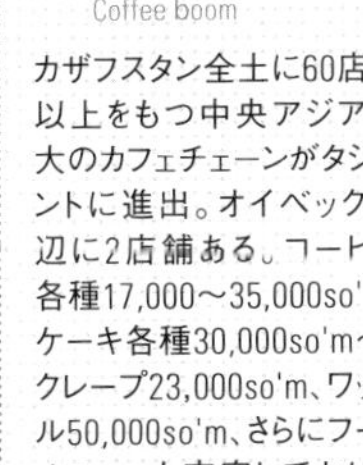
フードメニューも充実している

ケーキの種類もいっぱい

▶Map P.140-A3、B3

Card MV　URL www.instagram.com/coffeeboom.uz.tashkent/boncafe
●サイード・バラカ通り店
住 21A Said Baraka St., Tashkent　TEL +998-99-115-1999　開 日～木8:00～24:00、金土8:00～25:00
●ミーラバッド通り店
住 9A Mirabad St., Tashkent　TEL +998-99-310-2999
開 毎日8:00～23:59

タシケントからのおすすめデイエクスカーション

アミルソイ・マウンテンリゾート

大都会タシケントにちょっと疲れたな、と感じたらタシケント近郊の大自然を満喫してみよう。日本ではあまり知られていないが、ウズベキスタンには美しい山岳地帯もあるのだ。

アミルソイのリゾート宿泊施設はウズベキスタン人に大人気で、特に週末は1年を通して満室。泊まりたい場合は公式サイトから早めの予約を。

標高2290mにあるテラス

世界自然遺産に隣接

タシケントの北東キルギス国境にほど近い場所にあるのがアミルソイ・マウンテンリゾート。ウズベキスタン、カザフスタン、キルギス3ヵ国にまたがる世界自然遺産、西天山（ウズベキスタン国内はウガム・ルチャトカル国立公園）に隣接する山岳地帯に開発された高原&スキーリゾートだ。

ゴンドラに乗って展望台へ

春～秋は高原リゾートとしてオープンしており、ゴンドラを利用して標高2290mのアミルソイ山山頂まで上ることができる。山頂には展望カフェ、レストランがあり、テラス席からは雄大な景色を眺めながら、食事やお茶が楽しめる。晴れた日には北側にそびえるウズベキスタンの名峰チムガン山（標高3309m）も望める。展望台付近にはさまざまなトレッキングコースもあって歩いてみるのも楽しい。

ウズベキスタン人に人気のリゾート

リゾートとして開けているのは第2ゴンドラ乗り場周辺となり、麓のゴンドラ駅からだと中継地点となるエリア（ここまで車で来ることも可能）。大型のレストランやアスレチック場や4輪バギー（ATV）のオフロードコース、さらにミニトレッキングコースが整備されているほか、ハマムを併設した本格スパ設備をもつリゾートバンガローもある。
また冬季は、スキーリゾートとなり、初級から中級まで全10コースが整備され、またスノーボーダー用ハーフパイプなども設営される。中央アジアではカザフスタンのスキーリゾートに次ぐ、本格施設だ。

▶Map P.131-D2

住 Chimgan Territory, Bostonliq District, Tashkent Region　TEL +998-71-200-2290
料 ケーブルカー：平日往復120,000so'm、土日祝140,000so'm／マウンテンバイク付き150,000so'm　URL www.amirsoy.com/en/　交 現在はタシケントから車をチャーターするか（US$50～60）、現地旅行会社がアレンジする日帰りツアーに参加するかのいずれかでのみアクセス可能（片道約1時間30分）。タシケント市内からのトランスファーサービス運行に関して現在検討中。詳細はウェブサイトを確認のこと。

第2ゴンドラ乗り場から山頂を目指す。徐々に視界が開け雄大な景色が現れる

山頂付近のトレッキングコースはぜひ歩いてみたい。簡単なルートもあるので気軽に散策が楽しめる

第2ゴンドラ乗り場にある大型レストラン「サバンチク」。魚料理が人気の店で北欧産サーモンや国内産川魚料理がいろいろ

おしゃれレストランを攻略しよう！

タシケントのおすすめレストラン

タシケントにはゆっくり食事を楽しめるレストランが多い。高級レストランでも雰囲気はカジュアルで、気軽に利用できるのがうれしい。ここではウズベキスタン料理はもちろん、地元で人気の各種人気のレストランを紹介しよう！

カラヴァン Caravan

住宅街の一角にある老舗レストラン。店内の雰囲気が昔の隊商宿風で、地元の人にはもちろん、旅行者にも大人気。暖かい時期なら屋外席もおすすめだ。オーセンティックなウズベキスタン料理のメニューが豊富で、どの料理も食材の味を十分に引き出している。ほかにもピザやパスタ、バーガーなどの西洋料理もある。英語メニューがあり、安心してオーダーできる。

1 シルクロードの隊商宿をイメージした店内は雰囲気抜群　2 本格ウズベキスタン料理が味わえると評判だ　3 人気メニューのマンティもぜひ味わおう！

▶Map P.139-D3

住 22 Abdulla Kaxxa St., Tashkent　TEL +998-71-150-6606
開 毎日11:00～23:30　料 プロフ54,000so'm、マンティ64,000～74,000so'm、ラグマン36,500～45,500so'm　Card VM　URL www.caravangroup.uz/caravan

在住日本人もよく利用する

アフソナ Afsona

オイベック駅から徒歩7分ほどのタラス・シェフチェンコ通りにある高級レストラン。英語メニューもあり、スタッフも英語で応対してくれる。店内はオープンキッチンで、シャシリクなどを焼いている様子も見られる。サラダは種類も多く、肉料理も比較的マイルドな味つけで食べやすい。最初にウズベキスタン料理を味わう人に、特におすすめの店だ。

1 自慢のシャシリクを味わおう　2 目の前で焼いている様子を見せてくれる

▶Map P.140-B2

住 30 Taras Shevchenko St., Tashkent
TEL +998-71-252-5681
開 毎日11:00～23:00
料 プロフ33,000so'm、サムサ18,000so'm、フライドラグマン36,000so'm、シャシリク20,000～40,000so'm
Card V　URL www.facebook.com/afsonatashkent

生演奏も入るクラシックレストラン

ナヴァット Navat

ティムール広場近くの歩行者天国となっているショッピング街にある。大型テントスタイルの屋外席と天井をウズベキスタンの伝統的な布地で覆った屋内席がある。どちらも雰囲気がいい。食事は本格的なウズベキスタン料理からステーキをはじめとする洋風肉料理まで。夜間はウズベキスタンの伝統音楽の生演奏も入るので、異国情緒たっぷり。

▶Map P.140-B1

住 9 Matbuotchilar St., Tashkent 100012
TEL +998-99-968-6868
開 毎日12:00～24:00
料 マスタバ24,000so'm、ラグマン27,400so'm、プロフ39,400so'm、ステーキ74,400so'm～　Card V

1 ウエルダンで肉の味がしっかり楽しめるステーキ　2 店内の雰囲気はウズベキスタンらしさいっぱい

特にドレスコードを指定しているレストランはほとんどない。ただし短パンなどでは雰囲気を損なうレストランもあるので、TPOはわきまえよう。

タシケントで人気のジョージア料理を味わうなら

ハチャプリハウス Khachapuri (Хачапури) House

タシケントで最近ジョージア料理店が増えている。ハチャプリハウスは閑静なエリアにあり、時折ウズベキスタンの著名人もやってくるほどのお店。店内はこぢんまりしているものの、上品な雰囲気。美しいシャンデリア、壁に飾られた絵など、上質なインテリアで統一。メニューも充実しており、ジョージア料理定番のシュクメルリやハチャプリはもちろん、じゃがいもとお肉を一緒に炒めたオジャクリ、ジョージア風餃子のヒンカリなどメニューもいろいろ。ジョージアワインのセレクトもいい。

▶Map P.140-A2

住 77 Buyuk St., Tashkent 100025 TEL +998-97-744-0148 開 毎日11:00～23:00 料 ハチャプリ86,000so'm～、シュクメルリ137,000so'm、オジャクリ59,000so'm Card MV URL khachapuri.uz

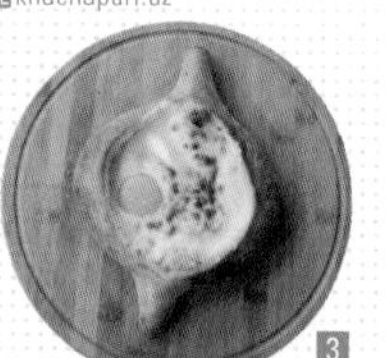

1 日本でも評判となっているシュクメルリは絶対食べたい一品だ
2 シックな雰囲気でゆっくり食事が楽しめる
3 店名にもなっているハチャプリはパン生地のさっくりもちもち感とチーズのとろけ具合が絶妙

タシケントで人気のイタリア料理店

オペラ・リストランテ L`Opera Ristorante

ナヴォイ劇場近くの人気イタリア料理店。店内はゴージャス感がありウズベキスタン人好みな雰囲気。ディナータイムにはピアノの生演奏が入ることもある。ホームメイドパスタやピザは種類も多く、スープやステーキ類も充実している。食後のティーメニューが多いのはウズベキスタンならでは。

▶Map P.140-A2

住 17 O'zbekiston shoh St., Tashkent 100029 TEL +998-95-198-0888 開 毎日12:00～23:00 料 サーモンとサフランのフィットチーネ120,000so'm、スパゲティボロネーゼ160,000so'm、ピザ各種70,000～100,000so'm Card MV URL www.instagram.com/loperatashkent/

1 サーモンとサフランのフェットチーネは人気メニュー 2 春～秋は屋外席もある

見どころといっていい

中央アジア・プロフセンター

Plov Center (Beshqozon osh markazi)

新市街北側のタシケント・テレビタワー近くにある。入口にフットサルコートがあるのでそれを目印に出かけよう。屋外ではいくつもの大鍋を使ってプロフ作りが行われており、それを見るだけでもおもしろい。注文は店内のテーブルで。ただしテーブルにはキリル文字のメニューしかない。それでもスタッフは外国人慣れしており、オーダーするのに困ることはないだろう。プロフはたっぷりの羊肉が使われているため、羊肉好きかどうかで評判が分かれるようだ。トッピングには馬肉ソーセージやウズラの卵などがある。

▶Map P.139-D1

住 1 Iftihor St., Tashkent TEL +998-71-234-2902 開 毎日9:00～23:00 料 プロフ各種30,000～42,000so'm Card 不可 URL beshqozon.uz

1 羊肉がたっぷり入ったタシケント風プロフ
2 大ホールに並んだテーブル席はどことなく学食風
3 大鍋でのプロフ作りは必ず見ておきたい

タシケントシティパーク内にある人気トルコ料理店

キョフテチ・ラミズ Kofteci Ramiz

ファミリーレストラン風のトルコ料理店で、週末はもちろん、平日でも夜は多くの家族連れでにぎわっている。店名からもわかるとおりキョフテのメニューが豊富で、なかにはワンプレートにキョフテ、サラダ、ご飯がのったセットメニューもある。人気店だが、お客の回転も速いのであまり並ばずに入ることができる。アルコール類の提供はないのであしからず。なおマジックシティ▶P.103にも支店がある。

▶Map P.141-D2

住 Tashkent City Park, Tashkent City, Tashkent TEL +998-95-510-8080 開 毎日8:00～23:00 料 キョフテ各種52,000～70,000so'm、ご飯付きキョフテ・セット62,000so'm、ご飯付きケバブ・セット57,000so'm Card MV URL www.instagram.com/kofteciramizuz/

1 タシケントでキョフテが食べたかったらここ
2 いつも家族連れでにぎわっている

日本人料理長が腕を振るう

ふる里 Furusato

ウズベキスタンでは数少ない日本人料理長の料理が食べられる和食店。雰囲気は居酒屋風で、気取った感じはなくゆっくりと食事が楽しめる。ウズベキスタンの油っこい料理に少し疲れたときには、本当にありがたいレストランだ。居酒屋風のおつまみメニューが充実しているほか、そばやうどん、カレー、ラーメンなど、懐かしい日本の味がいろいろ。大きな寿司カウンターがあり、二重内陸国ウズベキスタンとは思えないような、美味しいお寿司が食べられる。

ほっとできる和食を提供します!

店長兼料理長の内山さん

▶Map P.139-D2

住 Niyozbek Yuli St., 3rd passage, Tashkent TEL +998-95-005-6132 開 月～金12:00～16:00、毎日18:00～23:00 料 エビ天そば180,000so'm、カレーライス80,000so'm、ラーメン各種120,000～18,000so'm、寿司盛り合わせ127,000～140,000so'm Card MV URL www.furusato-uz.com

1 居酒屋食堂といった飾らない雰囲気
2 お酒のおつまみもいろいろ
3 寿司の盛り合わせ

タシケント駅近くで本格ウズベキスタン料理を

ラ・ピオラ La Piola

イスラミックな外観が目を引くレストラン。夜はピアノの生演奏が入り、雰囲気もいい(ただし団体客が入ることもあり、その場合は騒々しくなることも……)。料理は伝統的なウズベキスタン料理がメインで、特に肉料理はボリュームもあって美味。

▶Map P.140-B3

住 50 Avliye Ota St., Tashkent
TEL +998- 99-878-8888 開 毎日8:00～23:00
料 シャシリク22,000so'm～、プロフ35,000so'm
Card MV

1 骨付きのラムは肉好きにはたまらない美味しさ 2 建物はちょっとメドレセ風

タシケント在住日本人に人気の

漢江韓国料理 한강 Hangang

ウズベキスタンは韓国人が多く、たくさんの韓国料理店がある。そのなかでタシケント在住の日本人が、韓国料理を食べるなら「ここ」と自信をもってすすめるお店。中心街にありながら周囲は静か。店内はいくつかのブースに仕切られていて、グループごとに席に案内される。各種チゲやビビンバ、キンパやカルビタン、プルコギ、海鮮チヂミまでおなじみの料理がメニュー(日本語付き)に並ぶ。イスラム圏のウズベキスタンでは珍しい豚肉も食べられる。

▶Map P.140-A2

住 4 Afrosiyob St., Tashkent
TEL +998-71-256-2842
開 毎日10:30～22:30 料 石焼きビビンバ120,000so'm、プルコギ118,000so'm、チゲ各種158,000so'm～、キンパ105,000so'm Card 不可

1 石焼きビビンバや海鮮チヂミなど、定番の韓国料理が味わえる
2 メインの料理にキムチやナムルなどの小皿がたくさん付くのがうれしい

おしゃれな川沿いのレストラン

スルタン・サイード Sultan Said

旧市街北部にあって少し町から離れるが、屋外席では川のせせらぎを感じながら、屋内席はヨーロッパ調の雰囲気のいい建物のなかで、どちらででも優雅に食事ができるレストランとしてタシケントっ子に人気がある。食事は上品に味つけされたウズベキスタン料理。プロフやシャシリク、サムサなどが美味。

▶Map P.139-C1

住 Shakhrisabs St., Tashkent
TEL +998-90-988-9880 開 毎日10:00～23:00 料 プロフ40,000so'm、シャシリク40,000so'm～ Card V URL www.facebook.com/pages/Sultan-Said/593641827443008

1 小川沿いの屋外席は優雅な雰囲気 2 レストラン自体は2階建ての洋館 3 プロフが美味

快適なシティホテルに滞在

タシケントのおすすめホテル

タシケントは首都だけあって、ホテルの数も多い。しかも近年国際ブランドのホテルの建築が続いており、4～5つ星ホテルが大充実。ウズベキスタンらしさに触れられるホテルは少ないが、近代的で設備のしっかりしているホテルが多く、快適に滞在できる。

各ホテルとも有料で空港や駅への送迎サービスを行っている。到着初日にバスやタクシーを利用するのが不安な場合は、お願いしておくといい。

タシケントシティの中心に建つ

ヒルトン・タシケントシティ

Hilton Tashkent City ★★★★★

タシケントシティパークの目の前に建つウズベキスタンを代表する高級ホテル。ホテル内に入る際に必ずセキュリティゲートを通る必要があるなど、ゲストに最大の安全を提供。1階にはアフタヌーンティーも楽しめるカフェ&バー、最上階には展望テラスをもつルーフトップレストラン&バーのシティ21パンアジアン・レストラン（朝食ビュッフェもここ）などダイニングも充実。屋内プールやジムなどの設備もある。客室はゆったり広々としており、高層階なら眺めが抜群。バスルームのアメニティが補充式だがクラブツリー&イヴリンなのもうれしい。

▶Map P.141-D3

住 82 Islam Karimov St., Block 5., Tashkent City, Tashkent 100084 TEL +998-71-210-8888 料 シングル&ツイン&ダブルUS$253～1864 Card MV WiFi 無料 URL www.hilton.com/en/hotels/tastchi-hilton-tashkent-city

1 タシケントシティを見下ろすように建つ21階建てホテル 2 ゆったり広い客室。最新設備が備わっている 3 屋内プールなので1年中泳げる

タシケントを代表する大型高級ホテル

ハイアットリージェンシー・タシケント

Hyatt Regency Tashkent ★★★★★

独立広場近くに広大な敷地を有するハイアットリージェンシー。ナヴォイ大通りに面しているが、入口は国立図書館側からのみだ。明るくゆったりした客室は、最も一般的な部屋でも35㎡もある。バスルームもシャワーブースとバスタブが別になっていて使い勝手がいい。屋内プール、フィットネスクラブ、デイスパも完備。レストラン&バーも4軒ある。

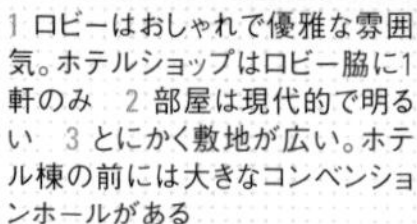

▶Map P.140-B1

住 1A Navoi St., Tashkent 100000 TEL +998-71-207-1234
料 シングル&ツイン&ダブルUS$208～2192
Card AMV WiFi 無料
URL .hyatt.com/en-US/hotel/uzbekistan/hyatt-regency-tashkent/

1 ロビーはおしゃれで優雅な雰囲気。ホテルショップはロビー脇に1軒のみ 2 部屋は現代的で明るい 3 とにかく敷地が広い。ホテル棟の前には大きなコンベンションホールがある

タシケントの最新5つ星ホテル

インターコンチネンタル・タシケント

InterContinental Tashkent ★★★★★

ティムール広場周辺の高級ホテルが集まる一角に、2023年3月にオープン。豪華な雰囲気のロビーエリアや本格的スパ設備などを完備。客室はシックな雰囲気で、壁にはウズベキスタンの工芸品が飾られている。

▶Map P.140-B1

住 2 Shahrisabz St., Tashkent TEL +998-55-504-4444
料 シングル&ツイン&ダブルUS$310～581 Card AMV WiFi 無料
URL www.ihg.com/intercontinental/hotels/us/en/tashkent/tasat/hoteldetail

完成予想図より
1 クラブフロアの客室。55インチの壁掛けテレビを備える 3 贅を尽くした雰囲気のロビーエリア

地下鉄ボドムゾル駅から徒歩約5分

ラディソンブルホテル・タシケント

Radisson Blu Hotel, Tashkent ★★★★★

新市街の北、アミール・ティムール通りに面した場所にある。シックな雰囲気の客室はスタンダードルームで26㎡あり、十分快適。もちろんバスタブも完備している。春〜秋には屋外プールも利用可能だ。1階のレストランの朝食ビュッフェは料理の種類が非常に豊富。バーも雰囲気がいい。

▶Map P.139-D1

住 88 Amir Temur St., Tashkent 100084 TEL +998-71-120-4900 料 シングル&ツイン&ダブルUS$218〜508 Card AMV WiFi 無料 URL www.radissonhotels.com/en-us/destination/uzbekistan/tashkent

1 部屋はシックでとても落ち着いた雰囲気 2 近代的な外観のホテルだ 3 貸し自転車もあるのでぜひ利用してみよう

日系企業が経営する

ホテル・インスピラ - エス・タシケント

Hotel Inspira-S Tashkent ★★★★

2022年開業の日本の旅行会社HIS系列のホテル。チョルスーバザールやハズラティ・イマーム広場が比較的近く、観光にも便利だ。客室は極めてシンプルな造り。USB充電端子が数多く用意されているのはうれしい。客室の扉が廊下に向かって開くのが、ちょっと不思議だ。

▶Map P.141-C1

住 6A A.Kadiriy St.,Almazar district Tashkent 100084 TEL +998-78-140-1001 料 シングル&ツイン&ダブルUS$138〜308 Card MV WiFi 無料 URL inspira-s.com

1 最も一般的な客室。テーブルの上に隠しコンセント台があり、そこにUSB充電端子が付いている 2 イスラーム風の建築様式を取り入れた外観

交通至便な場所にある

ウィンダム・タシケント

Wyndham Tashkent ★★★★

高級ホテルが集まる一角にあり、オロイバザール前の地下鉄アブドゥラ・コディリ駅がすぐそば。客室は決して広くはないが、設備はしっかりしており不便さはない。中2階にある朝食レストランはュビッフェメニューも充実。屋内・屋外プールやフィットネスセンターなどの設備もある。

▶Map P.140-B1

住 C-4, No. 7/8 Amir Temur St., Tashkent TEL +998-78-120-3700 料 シングル&ツイン&ダブルUS$151〜321 Card AMV WiFi 無料 URL www.wyndhamhotels.com/wyndham/tashkent-uzbekistan/wyndham-tashkent

1 日本人のツアー利用も多いホテル
2 派手さはないが設備の整った客室

コストパフォーマンスが極めて高い

ハンプトン・バイ・ヒルトン

Hampton by Hilton ★★★★

ティムール広場まで徒歩5分ほどの官庁・大学街にある。ヒルトンのセカンドブランド的位置づけで、料金が手頃なのがうれしい。ホテル内全体が明るくモダンなインテリアで統一されており、客室も清潔感があって快適だ。ホテル近くにカフェやレストランが数多くあるのもいい。

▶Map P.140-B2

住 17 Istiqbol St., Tashkent 100047 TEL +998-71-205-2200 料 シングル&ツイン&ダブルUS$105〜121 Card MV WiFi 無料 URL www.hilton.com/en/hotels/tastuhx-hampton-tashkent

1 部屋は明るくシンプル。ちょっとレトロな冷蔵庫もかわいい
2 建物は決して新しくないが、ホテル内は大幅に改修されており非常にモダンだ

タシケントは同国他都市に比べクレジットカード普及率が上がっている。そのため以前は高級ホテルに必ずあった銀行両替カウンターが減り、ATMだけのところも増えている。

周囲は緑豊かな環境

ラマダ・バイ・ウィンダム・タシケント

Ramada by Wyndham Tashkent ★★★★

国際ブランドの4つ星ホテルとしては、タシケントでも老舗で日本人旅行者の利用も多い。すぐ近くに民芸品店が集まるナウルーズパークもある。モスグリーンを基調としたファブリックで統一された部屋は上品な雰囲気。屋内プールやジム、レストランなど設備もしっかりしている。

▶Map P.141-D2
住 1 Abdulla Qodiriy St., Tashkent 100128
TEL +998-71-140-6000
料 シングル&ツイン&ダブルUS$101～135
Card MV　WiFi 無料
URL www.wyndhamhotels.com

空港や駅へのアクセスに便利な

コートヤード・バイ・マリオット・タシケント

Courtyard by Marriott Tashkentt ★★★★

タシケント駅から1.5kmほどの場所にある。まだ新しく部屋もきれい。バスローブなどアメニティも充実。屋内プール、フィットネスセンター、貸し自転車あり。

▶Map P.139-D3
住 126 Kichik Beshyogoch St., Tashkent 100013
TEL +998-71-202-2333
料 シングル&ツイン&ダブルUS$133～168
Card MV　WiFi 無料
URL www.marriott.com

クラシックな雰囲気の

ロッテシティホテル・タシケントパレス

Lotte City Hotel Tashkent Palace ★★★★

1958年建造の文化遺産だった建物を改修したホテル。外観の雰囲気はそのままに、内部は洗練されたインテリアとなっている。屋外プールをもつ中庭も美しい。1階には朝食ビュッフェが美味なオールデイダイニングのレストランが、6階には5～10月のみオープンのファインダイニングがある。

▶Map P.140-A1
住 56 Buyuk Turon St., Tashkent 100029
TEL +998-71-120-5800
料 シングルUS$135～180、ツイン&ダブルUS$158～203（朝食付き）　Card MV　WiFi 無料
URL www.lottehotel.com/tashkentpalace-city/ja

空港アクセスに便利な

メルキュール・タシケント

Mercure Tashkent ★★★★

町の中心から少し離れるが、空港近くで、日本人墓地などへもアクセスはいい。建物はクラシックな雰囲気で中はモダン。トルコ料理と西欧料理のレストランも併設している。屋内プールやフィットネスセンターも完備。

▶Map P.139-C3
住 6 Shota Rustabeli St., Passage 1, Tashkent 100059
TEL +998-78-148-0002　料 シングルUS$124～309、ツイン&ダブルUS$142～327（朝食付き）
Card MV　WiFi 無料
URL all.accor.com/

ハマム&スパ併設の

ロイヤルメズボン

The Royal Mezbon ★★★★

タシケント・ユージニイ駅にアクセスしやすい場所にある。ホテル全体がイスラーム風の内装で、地下にはハマム設備をもつデイスパがあって、女性客に好評だ。部屋はそれほど広くはないが十分快適。ロビー脇のレストランがちょっとしゃれた雰囲気だ。

▶Map P.139-C3
住 41-B Kichik Halqa Yuli St., Tashkent
TEL +998-71-207-7447
料 シングル&ツイン&ダブルUS$112～212
Card MV　WiFi 無料
URL www.mezbonhotel.uz/en

シルクロードらしさいっぱい！

イチャンカラ・プレミアムクラス・ホテル

Ichan Qal'a Premium Class Hotel ★★★★

オイベック地区の西の外れ、閑静な場所にあるマドラサのような外観のクラシックなホテル。どの客室もウズベキスタンの王族の伝統的スタイルの豪華な造り。レストランでの朝食もフルビュッフェで豪華。屋内プールをもつフィットネスセンターも充実している。

▶Map P.140-A3
住 68 Tafakkur St., Tashkent
TEL +998-71-231-9898
料 シングルUS$105～200、ツイン&ダブルUS$135～230（朝食付き）
Card MV　WiFi 無料
URL ichanqala.uz

タシケントの老舗大型ホテル

ホテル・ウズベキスタン

Hotel Uzbekistan ★★★★

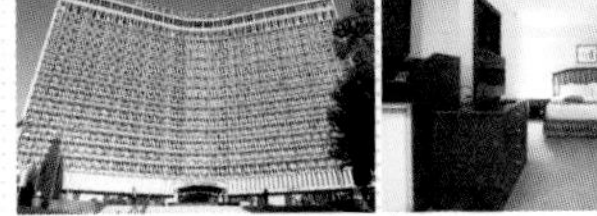

ティムール広場に面した300室をもつ大型ホテルで、日本からのツアーの利用も多い。ホテルロビーに現地通信会社のブースがありSIMカードを販売しているのもユニーク。古いホテルのため、設備は最新とはいえないが、いちばん狭い部屋でも30㎡あるなど広いのがうれしい。料金には朝食ビュッフェ(それほど品数は多くない)が含まれている。

▶Map P.140-B1
住 45 Mirzamakhmud Musakhanov St., Tashkent 100047
TEL +998-71-113-1111
料 シングルUS$55～104、ツイン&ダブルUS$70～130(朝食付き) Card MV WiFi 無料
URL www.hoteluzbekistan.uz

タシケントの老舗大型ホテル

インターナショナルホテル・タシケント

International Hotel Tashkent ★★★★★

地下鉄ボドムゾル駅前に建つ5つ星ホテルで、吹き抜けのロビーが印象的。部屋はモダンで全室バスタブ完備。屋内プールやフィットネスセンターなどの設備もある。日本人観光客・ビジネス客の滞在も多い。

▶Map P.139-D1
住 107 Amir Temur St., Tashkent 100084
TEL +998-78-120-7000
料 シングルUS$136～、ツイン&ダブルUS$153～(朝食付き)
Card AMV WiFi 無料
URL ihthotel.uz/?lang=en

観光に便利な場所にある

シティパレス・ホテル

City Palace Hotel ★★★★

高級ホテルが建ち並ぶ、アミール・ティムール通りとナヴォイ通りの角に建つ251室をもつ大型ホテル。現代的な外観だが、ロビー内のインテリアはどことなくウズベキスタン風。部屋はウッディな家具を用いたクラシックなインテリア。プールやランドリー設備もある。

▶Map P.140-B1
住 15 Amir Temur St., Tashkent 100000
TEL +998-71-238-3000
料 シングルUS$96～、ツイン&ダブルUS$121(朝食付き)
Card MV WiFi 無料
URL citypalace.uz

オイベック周辺随一の高級ホテル

グランドミール・ホテル

Grand Mir Hotel ★★★★

オイベック駅まで徒歩約7分のショタ・ルスタヴェリ通りにある。ホテル内レストラン以外に、周囲には美味なカフェやレストランが多いのもうれしい。春～秋オープンの大きな屋外プールのほか、通年オープンの屋内プールもある。部屋はちょっと古い感じはするが基本的な設備はしっかりしている。

▶Map P.140-A3
住 2 Mirobod St., Tashkent 100031
TEL +998-71-140-2000
料 シングルUS$90～300、ツイン&ダブルUS$120～330(朝食付き) Card MV WiFi 無料
URL grandmirhotel.com/

若者に人気のエリアに泊まる

エイテッカホテルスイート・タシケント

ATECA Hotel Suites Tashkent ★★★★

オイベック地区にあり、近くにカフェやレストランがいっぱい。またウズベキスタン工芸博物館が近い。部屋はモダンで明るく、気分よく滞在できる。ただしバスルームはシャワーのみなので、そのつもりで。

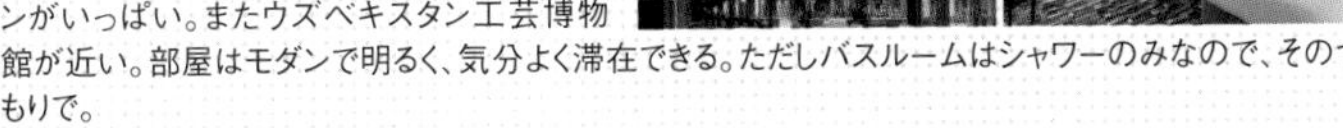

▶Map P.140-A3
住 44A Kohinur St., Tashkent
TEL +998-55-501-1116 料 シングル&ツイン&ダブルUS$88～233／朝食1人US$9
Card MV WiFi 無料
URL atecahotelsuites.com

朝食が美味しいと評判のモダンホテル

マニファホテル

Manifa Hotel ★★★★

オイベック地区の外れ、有名レストランのカラヴァンの近くにある2021年オープンのホテル。バスルームはシャワーのみだが、部屋は広く家具調度品はモダンだ。朝食ビュッフェも料理のバラエティがあり好評だ。

▶Map P.139-D3
住 20 Ulmas Umarbekov, Tashkent 100000 TEL +998-95-198-0033 料 シングルUS$93～103、ツイン&ダブルUS$105～115(朝食付き)
Card MV WiFi 無料
URL manifa.uz/en/

ウズベキスタンの歴史

ウズベキスタンはかつてシルクロードの交易の中心地であり、多くの富が集まっていた。その富を求めてさまざまな王朝が争いを繰り広げてきた。またソビエト連邦から独立後は、順調な経済成長を遂げてきている。

年表

紀元前1000年頃	イラン系遊牧民が現在のサマルカンドやブハラなどの町を建設
紀元前7世紀頃	サマルカンドやブハラがシルクロードの交易路の町として発展 ウズベキスタンがある中央アジア一帯はマーワラーアンナフルと呼ばれるようになる
紀元前328年	アレクサンドロス大王がマーワラーアンナフルを征服。マケドニア王国の配下とする
8世紀	アラブ人ムスリムによる中央アジア征服(アッバース朝)
751年	アッバース朝と唐とのタラス河畔の戦い。アッバース朝が勝利をおさめ、中国から製紙方法がサマルカンドに伝わる
9世紀	アッバース朝からナスル1世がマーワラーアンナフルの支配権を与えられサーマン朝が成立
9世紀	モンゴル高原にカラハン朝が興る
10世紀末	カラハン朝がサーマン朝からマーワラーアンナフルの支配権を奪う
11世紀	カラハン朝は東カラハン朝と西カラハン朝に分裂
12世紀後半	ホラズム・シャー朝が西カラハン朝を破りマーワラーアンナフルを支配下におさめる。首都をサマルカンドにおく
1219〜1225年	チンギス・ハーン率いるモンゴル帝国が中央アジアへ侵攻。主要都市が破壊される
1227年	チンギス・ハーン没。マーワラーアンナフルは息子チャガタイが治め、チャガタイ・ハン国が成立
14世紀前半	チャガタイ・ハン国内で内部抗争が勃発し、次第に支配力が弱まる
1370年代	ティムールがマーワラーアンナフルを支配し、ティムール朝を興す。サマルカンドに首都をおく
1405年	ティムール没
15世紀半ば	ティムール朝がふたつに分裂
16世紀初め	ウズベク人国家シャイバニ朝がマーワラーアンナフルに侵攻。ウズベキスタン全土を掌握
1512年	ホレズム地方でシャイバニ朝の王族のひとりがヒヴァ・ハン国を興す
1561年	シャイバニ朝が首都をサマルカンドからブハラに遷都、ブハラ・ハン国となる
18世紀初め	フェルガナ地方でコーカンド・ハン国が興り、ブハラ・ハン国の領土が縮小する
19世紀半ば	ロシアによる中央アジア征服。ブハラ・ハン国とヒヴァ・ハン国はロシア帝国の保護国となり、コーカンド・ハン国はロシア帝国に併合される
19世紀後半〜	ロシア帝国に対するムスリム知識人による改革運動、ジャディード運動勃発
1917年	ロシア革命
1924年	ソビエト連邦においてウズベク・ソビエト社会主義共和国建国
1929年	ウズベク・ソビエト社会主義国とタジク・ソビエト社会主義国が分裂
1991年	ソビエト連邦からウズベキスタンが独立。イスラム・カリモフが初代大統領に就任
2016年	カリモフ大統領没。同年12月シャフカット・ミルジヨーエフが大統領に就任(2021年に再選)

紀元前の繁栄を今に伝えるアヤズカラ遺跡(ホレズム地方)

チンギス・ハーンでさえ破棄することがなかったといわれるブハラのカラーン・ミナレット

サマルカンドを美しい都市によみがえらせたティムール

ウズベキスタンの歴史に興味がわいたら『ウズベキスタンを知るための60章』(編著・帯谷知可/明石書店)がおすすめ。

TRAVEL INFORMATION

Essential Information, Arrival Transportation, Domestic Transportation, Accommodation Information, Security, etc.

旅の基本情報

治安もよく、親日的な人々が多い国ウズベキスタン。
初めてのウズベキスタンの旅を安心して始めるために、
出発前に基本情報はしっかりおさえておきたい。

ウズベキスタンの基本情報

5万スム以上の札は、タクシーや小さな店で使おうとするとおつりがないと断られることがある。両替時には1万スム以下のお札をメインにするよう心がけよう。

歴史的建造物に魅力あふれる文化。そんなウズベキスタンの旅を楽しむために、知っておきたいことがある。出発前にポイントをおさえて、旅に出かけよう！

町にはイスラーム建築も多い（ビビハニム・モスク）

基本情報

● 国旗

ライトブルーは空と水を、白は平和と綿花を、ライトグリーンは樹木（自然）を、赤いラインは生命力を象徴している。また左上に描かれた三日月はイスラームとウズベク人の伝統を表し、12の星は州および完全性の象徴となっている。

● 正式国名

ウズベキスタン共和国
O'zbekiston Respublikasi / Republic of Uzbekistan

● 国歌

ウズベキスタン共和国国歌
"Serquyosh hur o'lkam (My country, sunny and free)"

● 面積 約447,400㎢（日本の約1.2倍）

● 人口 約3440万人（2022年国連人口基金）

● 首都

タシケント
Toshkent / Tashkent

● 元首

シャフカット・ミルジヨーエフ大統領
Shavkat Miromonovich Mirziyoyev

● 政体 共和制

● 民族構成

ウズベク系84.4%。ほかにタジク系4.9%、カザフ系2.4%、ロシア系2.1%など。

● 宗教

イスラーム教90%、キリスト教約5%、ユダヤ教0.2%、無宗教ほか1.9%

通貨・レート

● 1000so'm（сўм／スム）＝約11.9円（2023年3月6日現在）

※インフレが進んでいるため、50スム以上の紙幣・硬貨のみ流通。また2016年、2022年に新紙幣が発行され、数種類の紙幣・硬貨が混在している。

50スム

100スム

200スム　500スム

1000スム

2000スム

5000スム

10000スム

20000スム

50000スム

100000スム

200000スム

電話

携帯電話が普及しているため、壊れていない公衆電話は駅構内などの施設を除いてほとんどない。なおウズベキスタン国内での電話であっても、国番号998を付けてかけるのが一般的。

● 日本→ウズベキスタン

タシケントの1234567へかける場合

0033/0061など	010※	998	71-1234567
事業者識別番号	国際電話識別番号	ウズベキスタンの国番号	相手先番号

※携帯電話の場合は010のかわりに「0」を長押しして「＋」を表示させると、国番号からかけられる
※NTTドコモ（携帯電話）は事前にWORLD CALLの登録が必要

● ウズベキスタン→日本

(03) 1234-5678または (090) 1234-5678へかける場合

8	10	81	3または90-12345678
国際電話識別番号（8のあとトーンを確認）		日本の国番号	固定電話、携帯電話とも最初の0を取る

● 現地で 基本的には市外局番からすべての番号をそのままかける

ビジネスアワー

● 役所、大使館関係

一般に、開いている時間は、月～金曜9：00～17：00か18：00ぐらい。そのなかでも部署により開いている時間や曜日に相違があるので注意が必要。大使館などでは、受付は午前中のみというところも多いので事前に確認が必要。

● 銀行

一般に、銀行の営業時間は月～金曜9:00～16:00ぐらい。一般商店は月～土曜10:00～18:00ぐらい。途中昼休みを取る店もある。都市部の一部スーパーマーケットは、夜22:00頃まで営業している。

クレジットカード

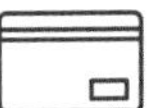

● VISAカードがベスト

海外からの旅行者の多い高級ホテルやレストランではクレジットカードも利用できるが、一般商店、中級以下のホテル、レストランでは「クレジットカード利用可能」のマークがあっても、ウズベキスタン発行のカードのみOKとするところが多い。なお利用可能なクレジットカードは圧倒的にVISAが多く、次いでMastercard。

時差 ● －4時間

日本より4時間遅れている。つまり日本が正午（12:00）のときウズベキスタンは午前8時（8:00）となる。

旅行期間 ● 8日間が基本

ウズベキスタン航空のフライトの関係で、一般的な旅行は現地6泊＋機中1泊の8日間が基本。これでだいたい3～4都市訪問は可能だ。10日間あれば、スケジュールに余裕をもたせたり、ほかの都市を追加したりもできる。

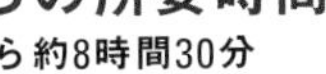

日本からの所要時間

● 直行便なら約8時間30分

ウズベキスタン航空が例年4月～10月に東京（成田）から週2便タシケントへの直行便を運航。所要時間は約8時間30分。このほか通年で、韓国のソウル（仁川）経由の大韓航空、アシアナ航空利用が一般的。日本各地から同日乗り継ぎが可能だ。ソウルからタシケントまでは約7時間30分。

パスポート&ビザ

● ビザが必要ないので旅行しやすい

パスポートの残存有効期間は、ウズベキスタン滞在日数＋3ヵ月以上。日本国民は30日以内の滞在に限りビザは不要。出入国時にUS$2000以上、またUS$1000相当以上の貴金属等高級品の持ち込み、持ち出しをする場合のみ、税関申告が必要▶P.122。

両替 ● ホテルの両替カウンターが便利

政府が公定レートを定めており、原則どこで両替してもレートは同じだ。両替可能場所は一部の高級ホテル、銀行など。ホテル内の両替窓口は夜間遅くまで開いていることが多い。タシケントではUS$、日本円ほか主要通貨からの両替が可能だが、それ以外の都市では原則US$からの両替となる。なおバザールなどでは闇両替の声もかかってくるが、決して手を出さないように。レートにはほとんど差がないし、そもそも違法行為となるからだ。
また余ったスムの円やUS$への再両替は手続きが煩雑で、ほぼ無理だと思ったほうがいい。使い切るぶんの両替を心がけよう。

ATM ● 高級ホテルのロビーにあるATMが利用しやすい

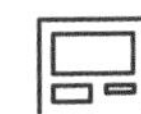

主要都市には海外からの旅行者が利用できるATMが少しずつ増えだしている（キャッシングはUS$、so'mのどちらかでATMによる）。利用できるのは原則VISA、Mastercardだ（一部どちらか一方という場合あり）。旅行者が利用できるATMは画面に英語の表示があり、ウズベク語、ロシア語しかない場合は海外からの旅行者は利用不可。設置場所は４つ星以上のホテルであればロビーの一角に、それ以外の場合は主要観光地近くに多い。

言語 ● 観光地以外では英語はほとんど通じない

公用語はウズベク語だが、旧ソビエト連邦であったため、ほとんどの人がロシア語も話す。またサマルカンドやブハラではタジク語が一般に使われている。英語は観光地では比較的通じるが、町なかではほとんど通じない。表記は公式にはラテン文字（アルファベット）となっている。ただし、まだまだロシア語で使われるキリル文字も多い。

物価 ● 物価は安い！

スーパーなどでの買い物なら日本の物価の5～6割程度と考えて問題なし。またレストランも、地元食なら日本の半額ほどだ。

滞在登録 ● ホテルのチェックイン時に行う

旅行者は滞在登録が必要となっている。宿泊するホテルのレセプションでレシートのような滞在登録証を発行してくれるので、出国までなくさないように（近年出国時にチェックされることはなくなっているが、もしものために）。なおホテルを移動する場合、次の宿泊ホテルで前日の滞在登録証を見せる必要がある。

電圧・電源 ● ヨーロッパと同じC型

電圧は220Vで周波数は50Hz。プラグはヨーロッパ主要国と同じふたつ穴のC型だ。

ウズベキスタンの通信会社はビーライン Beeline、ユーセル Ucell、ウズモバイル Uzmobile など。旅行者用 SIM カードは8GBで4万 so'm から。

郵便 ● 国際運送会社利用がおすすめ

大切な荷物、書類などはOCSやDHLなどの国際運送会社を利用したほうがよい。一般の航空便郵便は、日本まではがき4,600so'm、封書（～20g）10,100so'm。タシケントから日本まで2週間ほどかかることもある。郵便局の営業時間は一般に、月～金曜8:00～18:00。土曜8:00～17:00。各地の中央郵便局は日曜も営業、営業時間も一般局よりは長い。

インターネット

● 主要ホテルはWi-Fi無料

タシケント空港のSIMカード売り場

ほとんどのホテルで、Wi-Fiでのインターネット接続を提供している（通常無料）。なおタシケント空港や各都市の通信会社カウンターでは、格安で旅行者用のプリペイドタイプのSIMカードも販売されている。またウズベキスタンではインターネット制限があり、LINEやメッセンジャーはメッセージのやりとりは可能だが通話はできない。

ベストシーズン

ベストシーズンは5月～7月中旬、9～10月。この時期は雨の心配がほとんどなく、気温も暑くなり過ぎないので心地よく旅ができる。7月下旬～8月は場所によっては猛暑となる場合もあるが、雨の心配はまずいらない。11～4月は寒い日が多くなり、雨や、場合によっては雪に降られる確率も多少上がる。12月中旬～2月は場所によっては雪が降ることもある。なお3～4月には名産のアンズの花があちこちで咲き誇る。

チップ

● 基本的に不要

日本同様チップの習慣はない。なおレストランなどではサービス料として10～20%加算される場合がある。またホテルのポーターなどには、荷物を運んでもらったら2,000～5,000so'm程度渡すと喜ばれる。

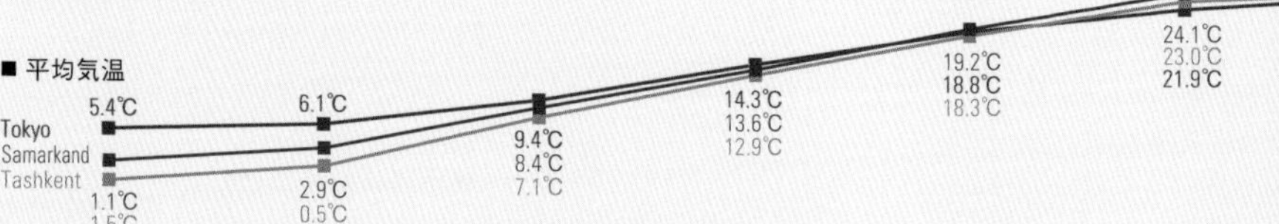

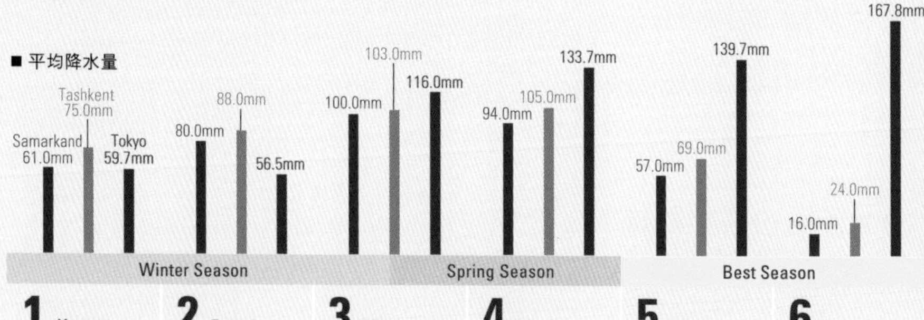

ウズベキスタンの祝祭日 2023 ／ 2024

1/1
新年 Yangi Yil Bayrami

1/14
祖国防衛の日 Vatan himoyachilari kuni

3/8
国際婦人デイ Xalqaro Xotin-Qizlar Kuni
※男性が女性に花などのプレゼントを贈る習慣がある

3/21
ナウルーズ（春分の日）
Navro'z Bayrami
※ヒジュラ暦の元日でペルシャ語で「新しい年」を意味する。冬が終わり春を迎える時期の祭日で、各地で音楽や舞踏イベント、馬競技ブズカシなどが行われる。家庭では親戚中が集まって「スマクラ」を作って食べる

5/9
戦没者慰霊の日（追憶の日）
Xotira va Qadirlash Kuni

トイレ

●公衆トイレは少ない

ウズベク語で「ホジャットハナ」という。ただし町なかには公衆トイレはほとんどない。利用するとしたらホテル、デパート、博物館内などのトイレとなる。駅やバスターミナル、デパートなどの公衆トイレはだいたい有料（500～1,000so'm程度）。男性用は男性マークかMあるいはE、女性用は女性マークかЖあるいはXで表示されている。

水

●ミネラルウオーターを手に入れよう

水道水は飲めないので必ずミネラルウオーターを手に入れること。中高級ホテルでは部屋に毎日1～2本、無料のミネラルウオーターがサービスされる。スーパーなどで購入する場合、1リットル1本3,000so'm程度（炭酸入りと炭酸なしがあるので注意）。

マナー

●写真撮影禁止の場所に注意

ごく一部の空港施設や鉄道施設、橋梁では写真撮影が禁止されている。通常観光で訪れるエリアであれば、よほどのことがない限り問題はない。また軍事施設の写真撮影も不可だ。

喫煙

●灰皿のある場所なら喫煙OK

成人男性の約20%、女性の約3%が喫煙者といわれるウズベキスタン。基本的に灰皿が置いてある場所なら、ホテル、レストランともに喫煙しても可。

ウズベキスタンの気温・降水量はen.climate-data.org、東京の気温・降雨量は気象庁より

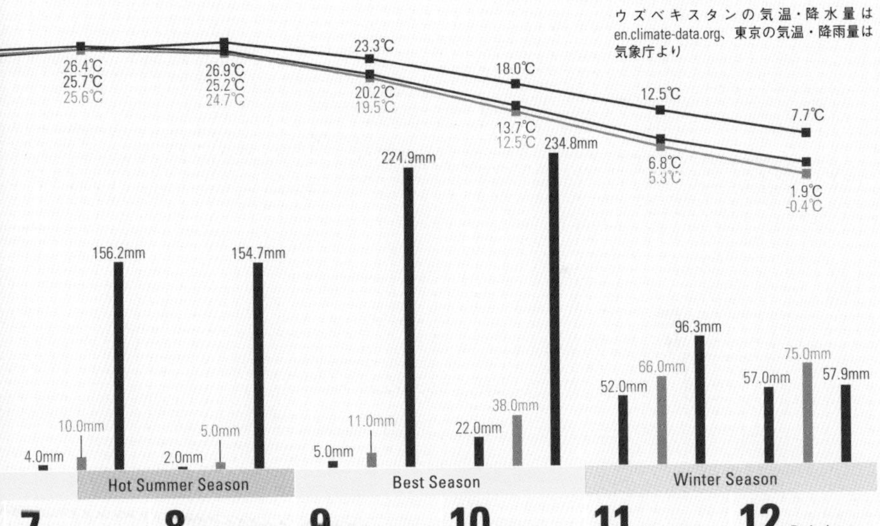

7 Iyul **8** Avgust **9** Sentyabr **10** Oktyabr **11** Noyabr **12** Dekabr

9/1
独立記念日
Mustaqillik Kuni

10/1
教師の日
O'qituvchi va Murabbiylar Kuni

12/8
憲法記念日
Konstitutsiya Kuni

移動祝祭日

ラマゾン・ハイート
2023年4月21もしくは22日予定
2024年4月10日予定
※断食月（ラマダン）明けの大祭

クルボン・ハイート
2023年6月28もしくは29日予定
2024年6月16日予定
※神に羊を捧げて、その肉を家族で食べる犠牲祭

ナウルーズには町や村で踊りなどのイベントが催される

ウズベキスタン入出国

ウズベキスタンへの入国はとても簡単。到着ターミナルを出たとたんたくさんのタクシー運転手からかかる声に、中央アジアのダイナミズムを実感できるはず。なおアンティークのスザニなど生産から50年以上たった文化財は、国外に持ち出せない。買い物の際は注意しよう。

空港入場時の荷物検査が込みあうことが多いので、出発時刻の2時間前までに空港に着くようにしよう！

ウズベキスタン航空では、原則飛行機内での写真撮影が禁止されている。スマホ等での撮影に関してはあまりとがめられることはないが、注意された場合は素直に従おう。

日本からウズベキスタンへ

※ほとんどの旅行者のゲートウェイとなるタシケント国際空港を例に説明する

1 空港到着

国際線到着便はごく一部のフライトを除き、原則、沖止めとなる。タラップを降りてバスで国際線入国ターミナルへと向かう。なおビジネスクラス利用客は、係員の指示に従いVIP Bussiness Gateでの入国審査・預託手荷物受け取りとなる。

2 ウズベキスタン入国審査

係員の指示に従い入国審査の列に並ぶ。入国カードの記入は必要ないので、カウンターではパスポートを提示するだけ。何か訊かれることもなく入国スタンプを押してパスポートを返してくれる。

3 手荷物受け取り

到着便名が表示されターンテーブルで預託手荷物が出てくるのを待つ。少し時間がかかることがあるので気長に待とう。

4 税関申告

免税範囲を超える物品を持ち込む、あるいは下記の外貨・貴金属を持ち込む場合以外は、税関は特に問題なく通過できる。

〈外貨・貴金属の持ち込みについて〉外貨でUS$2000相当以上を超えて持ち込む場合、貴金属等高級品でUS$1000相当以上を持ち込む場合のみ税関申告書が必要となる。当てはまる場合は2部税関申告書を記入・提出し、押印された一部が返却されるので出国時までなくさないように持っておくこと。

5 外貨両替・現地SIMの購入

荷物受け取り場所の一角に両替カウンターやATMがある。当座必要な金額を両替・キャッシングしておこう（高級ホテルであればホテル到着後でも両替は可能）。また荷物受け取りエリア中心にはツーリストインフォメーションを兼ねた旅行者用プリペイドSIMカード販売カウンターもある。

6 タクシー乗り場

国際線到着ターミナルを出ると、10mほど先の制限エリアの先に大勢のタクシー運転手が待ち構えている。ツアーなど迎えのある人は、制限エリアで待ち合わせることになる。

日本から直行便を運航するウズベキスタン航空

ウズベキスタン入国時の免税範囲

酒類	2ℓまで
たばこ	1カートンまで
香水	個人で使用する範囲（各品目2点ずつ）
菓子類	5kgまで
アクセサリーやジュエリーなど	総量0.5kgまで

〈持ち込み禁止品〉
麻薬、銃器、公安秩序を乱す恐れのある出版物（ポルノ雑誌など）、スパイ活動の道具とみなされるような物品（通信機器、望遠鏡、工具類等）

機内持ち込み制限

● **おもな制限品**

刃物類（ナイフ、はさみなど）、▶持ち込み不可
喫煙用ライター▶ひとり1個のみ（預託手荷物に入れるのは不可）

※液体物（ジェル類、エアゾール類含む）は100mℓ以下の容器に入れ、さらに1ℓ以下の再封可能な透明プラスチック袋に入れた場合のみ持ち込み可能

● **機内預け荷物重量制限**

航空会社により多少異なるが、エコノミークラスなら20～23kgまでの荷物1～2個を無料で預けることができる。制限重量を超えると超過料金を払うことになるので注意。

※ウズベキスタンでは、新型コロナウイルス関連の規制はほぼ撤廃されており、入国に特別な書類は必要ない。ただし今後の感染状況により変更されることもあるので、必ず旅行前に確認すること。

ウズベキスタンから日本へ ※ほとんどの旅行者が利用するタシケント国際空港を例に説明する

1 手荷物検査

国際線出発ターミナル前で、荷物のＸ線検査が行われる。また空港建物に入った所でも再度、荷物チェックが行われる。

2 チェックイン

利用航空会社のカウンターで、パスポートを提示し、チェックインして搭乗券を受け取る。預託手荷物がある場合は、引換証（バゲージクレームタグ）も必ず受け取ること。

※2023年3月現在、新型コロナウイルス感染症対策として、日本政府は日本入国に際し、コロナワクチン3回接種証明書もしくは出発72時間前のPCR検査陰性証明書を要求している。チェックインカウンターでは、これらの証明書の提示も求められる。また日本入国をスムーズに行うためにVist Japan Webへの登録も推奨している。

● **Vist Japan Web** URL vjw-lp.digital.go.jp

3 出国審査および税関検査

原則、自動出国検査ゲートを利用。パスポートを機械に挿入し、顔写真撮影をして問題なければゲートがオープンし出国審査が完了する。入国時に免税範囲を超えていて税関申告書の控えを持っている場合のみ、出国検査ゲートの後ろの税関検査カウンターで書類を提出する。

4 セキュリティチェック

機内持ち込み手荷物のＸ線検査を受ける。靴も脱ぐ必要がある。なおウズベキスタン出国時のＸ線検査ではペットボトルの飲料は没収されない。

5 出国エリアへ

免税店があるので、おみやげ品等の購入もできる。またレストランやカフェもある。搭乗アナウンスがあったら指定ゲートへ。フライトによりボーディングブリッジから飛行機に乗り込む場合と、バスで沖止めの飛行機に向かいタラップから乗り込む場合がある。

6 帰国

税関審査では、Vist Japan Web登録済みの場合は税関用QRコードを提示する。それ以外の場合は「携帯品・別送品申告書」を提出。

携帯品・別送品申告書の記入例

●A面

携帯品・別送品申告書

搭乗機（船）名 HY527　出発地 TAS

入国日 2 0 2 3 年 0 5 月 0 1 日

フリガナ チキュウ アユミ

氏名 地球 歩

現住所 東京都品川区五反田2-11-8

電話 03（1234）5678

職業 会社員

生年月日 1 9 9 0 年 1 1 月 2 5 日

旅券番号 M P 0 1 2 3 4 5 6

同伴家族 20歳以上 0名　6歳以上20歳未満 0名　6歳未満 0名

署名 地球 歩

●B面

酒類 4 本

たばこ 紙巻 200 本

香水 2 オンス

衣類 50000円

腕時計 150000円

ハンドバッグ 80000円

指輪 120000円

※携帯品・別送品申告書はVist Japan Web登録済みであれば必要なし

日本入国時の免税範囲

● 税関 URL www.customs.go.jp

酒類	3本（1本760mℓのもの）
香水	2オンス（1オンスは約28mℓ。オーデコロン、オードトワレは含まれない）
たばこ	紙巻き200本、または加熱式たばこ個包装等10個、葉巻50本、その他250ｇ
その他	20万円以内のもの（海外市価の合計額）
おもな持ち込み禁止品目	麻薬、向精神薬、大麻、アヘン、覚せい剤、MDMA、けん銃等の鉄砲、爆発物、火薬類、貨幣・有価証券・クレジットカード等の偽造品、偽ブランド品、海賊版等

Column

タシケント国際空港免税店の品揃え

国際線出発待合室があるエリアに大きな免税店がある。店内では酒類（海外＆ウズベキスタン産ワイン、ウイスキー、コニャック、ウズベキスタン産ウオッカなど）、たばこのほか、おみやげ用にパッケージされたチョコレートやプロフの缶詰、ウズベキスタンの工芸品などが販売されている。ただし、タシケントの町なかで買うよりもかなり値段は高め。また価格表示はユーロとなっている。

※新型コロナウイルスの日本における水際対策は、感染状況により随時変更される可能性がある。旅行前に必ず確認しておこう！

空港から市内へ

日本から直行便が到着するタシケント、主要観光地のサマルカンド、ブハラ、ヒヴァ。国内線利用も多いので、ここではこれらの都市の空港からのアクセスを紹介しよう。

タシケント国際空港の国際線到着ターミナル

ウズベキスタンの空港はセキュリティチェックが厳しく、空港建物に入る前に必ずパスポートチェックと手荷物検査がある。

●ウズベキスタンのゲートウェイ

タシケント国際空港

(イスラム・カリモフ・タシュケント国際空港)
Islom Karimov Nomidagi Toshkent Xalqaro Aeroporti (TAS)

国際線ターミナル(到着ターミナルと出発ターミナルが隣り合っている)と、国内線ターミナルがある。国際線ターミナルと国内線ターミナルは滑走路を挟んだ反対側になり、市中心部からは国際線ターミナルのほうが近い。

●国内線ターミナルから市内へ

タクシー利用となる。その場で交渉すると、外国人の場合は35,000〜40,000so'm (US$3〜4)。ヤンデックス・ゴーを利用すれば30,000so'm前後となる。

緑の市バスとミニバスが国際線出発ターミナル前を発着

●国際線ターミナルから市内へ

タクシーもしくはバスが利用できる。
最も一般的なのがタクシー。ただしほとんどが白タクで、料金は交渉が必要。外国人には高額の運賃を言ってくる場合が多い。通常はタシケント中心部(ティムール広場周辺)まで25,000〜35,000so'm (US$2〜3) で、所要約20分。なお旧ソ連圏版ウーバーにあたるヤンデックス・ゴーを利用すれば20,000〜25,000so'mほどで市中心部まで行ける。バスはNo.67が便利。空港からバブール通りBabur St.、ショタ・ルスタヴァリ通りShota Rustaveli St.を通って地下鉄オイベック駅Oybek、さらにアフラシャブ通りAfrosiab St.、地下鉄コスモナウトラル駅Kosmonavtlarを経由し、シャラフ・ラシドフ通りSharaf Rashidov Ave.、ロッテシティホテル前、ナヴォイ・オペラ劇場前を抜けてティムール広場へ、ここからアムール・ティムール通りAmir Temur Ave.を北上する。主要ホテルはほとんどこのルート沿いにある(1人2,000so'm)。

●イスタンブールやモスクワとの路線もある

サマルカンド国際空港

Samarqand Xalqaro Aeroporti (SKD)

サマルカンド中心部から北へ約8kmの場所にある最新の空港。空港到着ホールにタクシーオーケーのカウンターがあり、タクシー手配をしてもらえる。中心部まで(18,000so'm前後)。

●周遊ルートによっては利用価値が高い

ブハラ国際空港

Buxoro Xalqaro Aeroporti (BHK)

ブハラ中心部から南東へ約6kmの場所に空港がある。通常オフィシャルタクシーと一般の車を利用した白タクかのいずれかを利用。値段は交渉次第で、ブハラ中心部までの相場は13,000so'm前後。

●世界遺産都市ヒヴァへの玄関口

ウルゲンチ国際空港

Urgench Xalqaro Aeroporti (UGC)

ヒヴァには空港がないため、飛行機を利用する場合ウルゲンチがゲートウェイとなる。ウルゲンチ国際空港からヒヴァまでは約35km。バスやトロリーバスを乗り継いでヒヴァへ向かうのが最も安い方法だが、トータルで2時間30分近くかかってしまうので、タクシー利用をおすすめする。タクシーは交渉制で、ヒヴァのイチャンカラまで外国人の場合はUS$10〜15(所要約40分)。

Column

ヤンデックス・ゴー Yandex Go利用について

ウズベキスタンではタクシー、白タクが混在しており、市民も区別することなく利用している。そのため乗車時には料金交渉が必要となる。その手間を省く方法がヤンデックス・ゴー。旧ソ連圏で広く利用されている配車アプリだ(iOS、Androidあり)。乗車前に料金が表示されるので安心。2023年3月現在タシケント、サマルカンド、ブハラ、フェルガナなどで利用可能。なお日本出発前に認証しようとすると認証SMSが届かないことがあるので、現地SIMを手に入れてから登録するのがおすすめ。またタシケントでは**マイタクシー・ウズMyTaxi.uz**、サマルカンドでは**タクシーオーケーTaxiOK**という配車アプリも広く利用されている。こうしたタクシー配車アプリの利用はあくまで自己責任で。そして必ずドライバーの評価をチェックし、できれば女性ひとりでの利用は避けたいところだ。

ウズベキスタンの国内交通

ウズベキスタンの主要都市間を移動するのに便利なのは飛行機と列車。またこの2つの交通機関が利用できない都市間では、バスやシェアタクシーを利用することになる。

国内線の機材はエアバスA320

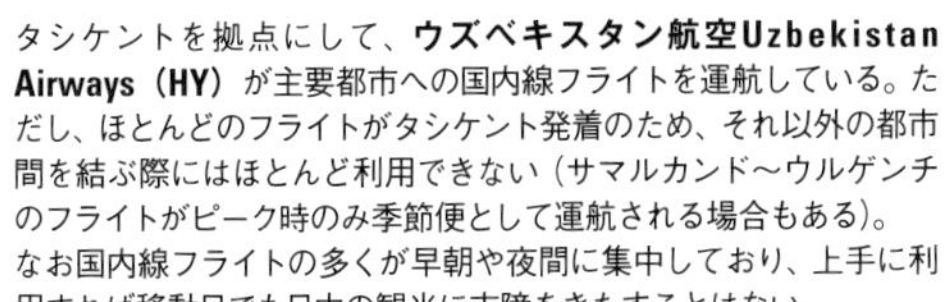

飛行機

タシケントを拠点にして、**ウズベキスタン航空Uzbekistan Airways（HY）**が主要都市への国内線フライトを運航している。ただし、ほとんどのフライトがタシケント発着のため、それ以外の都市間を結ぶ際にはほとんど利用できない（サマルカンド～ウルゲンチのフライトがピーク時のみ季節便として運航される場合もある）。なお国内線フライトの多くが早朝や夜間に集中しており、上手に利用すれば移動日でも日中の観光に支障をきたすことはない。

早めの予約が必要

タシケント空港国内線チェックインカウンター

ウズベキスタンの国内線は、フライトの本数があまり多くないこともあり、1年を通して込みあっている。特に観光客が世界中から集まる4～10月は、早めに予約をしないと希望のフライトが取れないほど。旅行スケジュールを決めたら、早めの手配を心がけよう。
なおチケットの料金も、早めであれば格安で確保が可能。タシケント～ブハラなどは早期予約の場合、片道US$10～20で確保できる。

チケット購入はどこで？

国内線チケットはウズベキスタン航空のウェブサイトで購入可能（支払いはVISA、Mastercardのみ）。また、海外からの旅行者向けに現地旅行会社▶P.127がフライト手配の代行もしてくれる。

ウズベキスタン航空のウェブサイト

ウズベキスタン航空 URL www.uzairways.com/en

国内線片道・所要時間・通常運賃例

区間	所要時間	運賃
タシケント～サマルカンド	55分	US$43.30
タシケント～ブハラ	70分	US$47.30
タシケント～ウルゲンチ	90分	US$75.30
タシケント～フェルガナ	50分	US$44.30
タシケント～テルメズ	80分	US$69.30

※2023年2月現在。運賃は予告なく変更される場合があるので、利用時には必ず確認のこと。

ウズベキスタン航空 国内線路線図

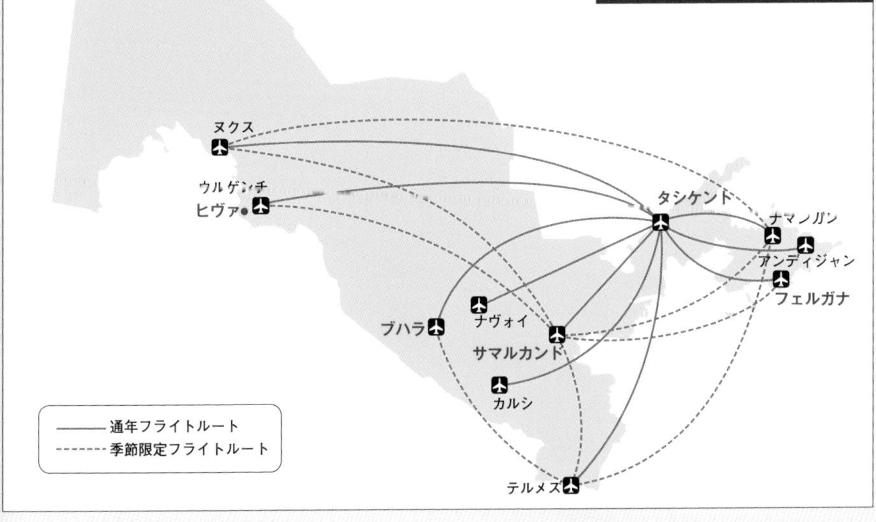

ヌクス
ウルゲンチ
ヒヴァ
タシケント
ナマンガン
アンディジャン
フェルガナ
ブハラ
ナヴォイ
サマルカンド
カルシ
テルメズ

——— 通年フライトルート
------ 季節限定フライトルート

アフラシャブ号の各座席には電源コンセントがあり、アダプタがあればPC利用やスマホの充電もできる。

ウズベキスタン主要鉄道路線図

アフラシャブ号運賃例

タシケント〜サマルカンド……… 103,000so'm
タシケント〜ブハラ………………171,000so'm
サマルカンド〜ブハラ……………74,600so'm
※2023年3月現在。運賃は予告なく変更される場合があるので、利用時には必ず確認のこと。

クングラード
ヌクス
ウチクドゥク
ウルゲンチ
ヒヴァ
タシケント
アンディジャン
コーカンド
マルギラン
ナヴォイ
ブハラ
サマルカンド
アラト
シャフリサーブス
カルシ
グサル
テルメズ

高速列車アフラシャブ号
高速列車予定線
特急列車シャルク号
夜間急行ナイトトレイン

※ウルゲンチ〜ブハラ間のナイトトレインは途中トルクメニスタン国内を通過するが、停車しないので通過ビザは必要なし

ナイトトレインの寝台コンパートメント

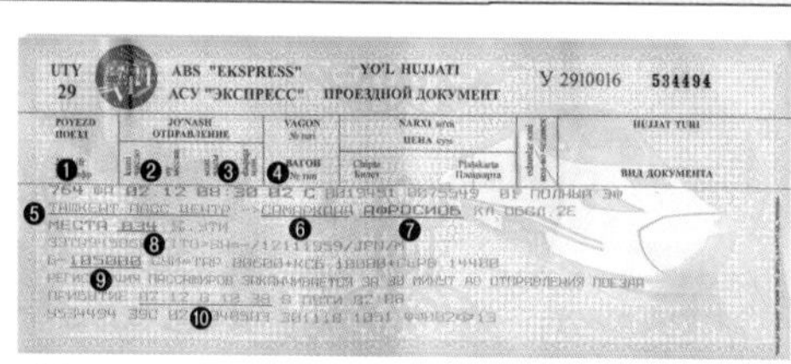
UTY 29 ABS "EKSPRESS" АСУ "ЭКСПРЕСС" YO'L HUJJATI ПРОЕЗДНОЙ ДОКУМЕНТ У 2910016 534494

列車のチケットの読み方

❶列車番号
❷乗車日（日・月の順）
❸出発時間
❹客車番号
❺出発駅
❻到着駅
❼列車名
❽座席番号
❾料金（スム表示）
❿到着日時（日・月・時）

観光客にも大人気のアフラシャブ号

列車

列車の種類

手頃な料金で、快適に都市間移動ができるのが列車。長距離区間には次の3種類の列車が運行している。

● 高速列車アフラシャブ号 Afrosiyob

スペインのタルゴをベースにした車両で、ウズベキスタン版新幹線。最高時速250キロを誇り、タシケント〜サマルカンド約340kmを約2時間で結ぶ。ほかにタシケント〜サマルカンド〜ブハラ（約4時間）、タシケント〜サマルカンド〜シャフリサーブス（約4時間30分）などのルートをもち、今後タシケント〜サマルカンド〜ヒヴァを運行する予定もある（現在路線工事中のためスケジュールは確定していない）。
車内では無料でお茶やスナックがサービスされるほか、コーヒーや軽食を購入することができる。

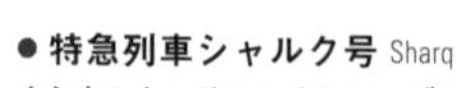

アフラシャブ号車内モニターではショートプログラム上映のほか運行地図と速度なども表示される

● 特急列車シャルク号 Sharq

タシケント〜サマルカンド〜ブハラを走る急行列車。1等車（3列シート）と2等車（6人座席のコンパートメント）がある。タシケント〜サマルカンド約3時間30分、タシケント〜ブハラ約6時間。

● 夜間急行ナイトトレイン Night Train

長距離区間を夜間走行する列車。ヒヴァ〜タシケントのような一晩を過ごすようなルートに乗車するときは、滞在登録証の代わりにチケットを保管すること。車内は2段ベッドがふたつ付いた4人部屋コンパートメントタイプの寝台。食堂車を連結しており、車内で食事は可能だがメニューは少ない。

車内サービスを利用してね

列車の乗降時にサポートしてくれるアフラシャブ号のスタッフ

列車名	アフラシャブ号						シャルク号		ウズベキスタン号	
運行曜日	金土日	毎日	毎日(*1)	毎日	毎日	毎日	毎日	毎日	月火水金土日	
タシケント	7:00	7:28	8:00	8:23	8:59	18:45	9:09	19:00	7:55	
サマルカンド	9:08	9:36 / 9:44	10:08 / 10:16	10:43	11:07 / 11:15	20:53 / 21:03	12:28 / 12:40	22:19 / 22:34	↓	
ブハラ(カガン)		11:17	↓		12:48	22:36	15:07	1:44+1	↓	
シャフリサーブス			12:25						↓	
マルギラン									13:06	
運行曜日	毎日	毎日	金土日	毎日	毎日	毎日(*1)	毎日	毎日	月木金日	月火水金土日
マルギラン									6:57	16:43
シャフリサーブス						15:44			↓	↓
ブハラ(カガン)	4:26			15:24	15:50	↓	5:37	16:08	↓	↓
サマルカンド	6:00 / 6:08	16:08	16:40	16:59 / 17:07	17:25 / 17:33	17:50 / 17:58	8:10 / 8:31	18:34 / 18:46	↓	↓
タシケント	8:18	18:30	18:50	19:17	19:43	20:08	12:28	22:32	12:14	21:45

*1:サマルカンド～シャフリサーブスは季節により運行曜日が大幅に少なくなる。

列車名	ナイトトレイン									
運行曜日	月	毎日	火水金土	月水金土	月水土日	毎日	火木金土日	毎日	火木金日	
タシケント・ユージニイ	14:00	15:39	21:00	22:33	17:22	0:57	6:05	19:25	21:42	
サマルカンド	18:04 / 18:16	20:05 / 20:17	0:46+1 / 1:07+1	2:20+1 / 2:32+1	↓	↓	↓	23:33／23:40	1:30+1 / 1:46+1	
ブハラ(カガン)	21:12 / 21:43	23:50 / 0:25+1	3:57+1 / 4:22+1	6:18+1	↓	↓	↓	↓	↓	
ヒヴァ	4:57+1	6:58+1	10:55+1		↓	↓	↓	↓	↓	
マルギラン					22:40	6:03	12:01	↓	↓	
テルメズ								9:40+1	11:27+1	
運行曜日	毎日	毎日	火土	木土	毎日	月木	毎日	火木金日	月水金土	毎日
テルメズ									15:25	17:43
マルギラン							9:22	15:21	↓	↓
ヒヴァ							↓	↓	↓	↓
ブハラ(カガン)	0:40	16:47	2104	21:21	22:42	23:57	↓	↓	↓	↓
サマルカンド	3:25 / 3:40	20:02 / 20:20+1	0:11+1 /0:26+1	1:14+1 / 1:41+1	1:39+1 / 2:05+1	2:49+1 / 3:05+1	↓	↓	0:43+1 / 0:58+1	4:16+1 / 4:23+1
タシケント・ユージニイ	7:46	0:30+1	04:42+1	5:34+1	6:34+1	7:01+1	15:01	20:52	5:42+1	8:57+1

※2023年2月現在。列車の時刻表は季節や新線開通など諸事情により変更になるので、あくまで目安とし、実際の利用時には必ず確認のこと。
ウズベキスタン鉄道チケット予約サイト URL chipta.railway.uz/en/home

● 早めの予約が必要

飛行機同様、ウズベキスタンの列車も4～10月は非常に込みあう。特にアフラシャブ号は人気があるので注意が必要だ。チケットは、ウズベキスタン鉄道O`zbekiston Temir Yo`llariのウェブサイトやアプリで予約・購入ができる。ただしGoogleやFacebookなどでアカウントを作成したり、英語表示のはずが突然ロシア語表示（キリル文字）になったりすることがあり少し使いにくい。出発前に乗車予定列車が決まっているのなら、下記コラムの日本語対応現地旅行会社を通すのもおすすめだ。また現地到着後、駅にあるチケットカウンターでも購入できる。

ウズベキスタン鉄道のチケット予約ウェブサイト

長距離シェアタクシー

飛行機や列車が使えないルートは長距離シェアタクシー利用が一般的だ。シェアタクシーとは、その名のとおり1台のタクシーを数人でシェアして利用するもの。都市間を結ぶシェアタクシーは、方面別乗り場が設けられていることが多い。乗り場は、町の中心部から離れているので、利用する際はホテルのスタッフに場所を確認しておくのがおすすめ。料金的にはいちばん安い移動手段だ。

Column

飛行機・列車・チャーターの手配ができる日本語対応旅行会社

多少の手数料は必要だが、日本出発前に現地移動手段を手配してくれる日本語対応旅行会社がある。

●オールシーズントラベル

中央アジア専門の日本の旅行会社。さまざまなリクエストに対応してもらえる。URL discovery-central-asia.net Free 0120-935-042（日本のフリーダイヤル）

●アドバンツアー Advantour

中央アジアの個人旅行者向け現地手配の老舗。移動手段、ホテルなどの手配が可能だ。
URL www.advantour.com/jp

ウズベキスタンから中央アジア各地へ 地球の歩き方 D15

中央アジア　サマルカンドとシルクロードの国々 ウズベキスタン カザフスタン キルギス トルクメニスタン タジキスタン

ウズベキスタンの旅を楽しみシルクロードの魅力に惹かれたら、ほかの中央アジアの国々へも足を延ばしたい。『地球の歩き方』には、ウズベキスタンと合わせ、他の4ヵ国への個人旅行、ツアー旅行、どちらにも対応した中央アジア編があります。この本を片手に、ぜひ次のシルクロードの旅をお楽しみください！

ホテルの利用法

中規模ホテルは、伝統様式にこだわったところも多い

ウズベキスタンのホテルに滞在する際、注意したいことがある。あらかじめ頭に入れて、快適な滞在を楽しみたい。

ほとんどの4つ星以上のホテルには外貨両替所がある。営業時間内であっても休憩時間を取ることがあるので、チェックイン時にレセプションで両替できる時間を聞いておこう。

● 外国人滞在登録証

ウズベキスタンでは、外国人旅行者は宿泊ホテルにおいて必ず滞在登録することが義務づけられている。つまり滞在登録できないホテルは違法宿泊施設ということだ。チェックイン時にパスポートを渡し、登録手続きを行ってもらうのだが、5つ星クラスのホテルならすぐに登録を完了させてパスポートを返してくれるが、それ以外のホテルの場合は、パスポートを一時預けて登録してもらうことになる。夜間チェックインの場合は、翌日朝にパスポートを受け取れるといった感じだ。なお本来、外国人は外出時にパスポート携帯が義務づけられている。しかし、滞在登録処理中はパスポートを持ち歩くことができないため、もしもに備えてパスポートのコピーを持参しよう。

外国人滞在登録証はチェックアウト時にもらえるので、なくさないように。次の宿泊地でチェックイン時に提示する必要がある。また現在はほとんど行われていないが、出国審査時に滞在登録証すべての提示を求められる可能性もゼロではない。

なお将来的には外国人滞在登録を廃止する方向で調整が進められている。

● 春〜秋は予約を早めに

ヒルトンやハイアットなど、世界中にチェーンをもつ大型高級ホテルは、タシケント以外に数は少なく、ほとんどが中規模以下のホテルだ。またサマルカンド、ブハラ、ヒヴァなどの観光エリア付近は、世界遺産登録されていることもあり新規に大きなホテルを建設することができない。主要観光都市のホテル客室の絶対数自体多くないため、春〜秋の観光シーズンには予約が取りにくくなる。ゲストハウスなどの個人経営のホテルでさえすぐにいっぱいになってしまうほどなので、早め早めの予約を心がけるようにしよう。

● クレジットカード払いができるのは4つ星以上のみ

クレジットカード利用可能店舗の普及がまだそれほど進んでいないウズベキスタンでは、宿泊料金の支払いでクレジットカードが使えるのは4つ星以上と考えて間違いない。しかも使えるカードはVISA、Mastercardがほとんど。タシケントの一部5つ星ホテルはAMEXも利用可能だ。

● お湯は出るときに使ってしまおう

タシケントではめったにないが、地方都市ではバスタブにお湯を張ろうとすると途中でぬるくなってしまったり、シャワーを浴びている途中で水になってしまったりすることがある。部屋数に対して給湯設備が万全でない場合があるからだ。特に中級以下のホテルに滞在するときは、お湯は出るときにさっさと使うようにしたほうがいい。なお、お湯が出ないときのために、ウェットタオルなどを持っていくのもアイデアだ。

Column

フェルガナ盆地 リシタンで知る日本との絆

陶芸の町として知られるリシタン ▶P.42 は、「日本語が響く町」としても知られている。この町には無料で日本語学習ができるリシタン・ジャパンセンターがある。

ウズベキスタンでは学校の授業が午前・午後の2部制で、学校へ行く前や学校のあと、あるいは長期休暇中など、たくさんの子供たちが日本語を学ぶためにこのセンターを訪れる。ここで勉強し、ウズベキスタンの日本語弁論大会で上位に入り、日本に留学している人たちも数多くいるほど。ちなみに日本語を教えているのは本職の先生ではなく、原則日本人のボランティア。この地を訪れた1泊だけの旅行者であったり、この学校のことを聞いて「ぜひ教えたい！」という志をもって訪れた学生であったり……さまざまだ。

リシタン・ジャパンセンターは、もともとエンジニアとしてウズベキスタンに赴任していた大崎重勝氏が、「お金のない子供たちでも、本を読み、勉強ができ、心がやすらげる場所」を作りたいと願ったことがきっかけ。自身の退職金を元に、1999年に陶芸が縁で知り合った現校長のガニシェル氏とともに「Noriko学級」として開校。ガニシェル氏の弟の陶芸家アリシェール・ナジロフ氏の工房内に最初の教室を開いた。大崎氏は2005年に逝去されたが、その遺志を引き継いだガニシェル校長が、ボランティアの協力を得ながら発展させてきた。

ボランティア日本語教師は、いつでも歓迎で、1日からでもOK。リシタンを訪れ、現地の子供たちに日本語を教える……日本とウズベキスタンの絆を感じることができる貴重な体験となるはずだ。

リシタン・ジャパンセンター（RJC）

▶Map P.40

住157300, Fergana St. 152 TEL+998-91-111-6384
URL www.facebook.com/norikouzb Mail ganisher63@mail.ru
※ボランティア日本語教師用にユースセンターやナジロフ氏の工房内に宿泊施設あり。1泊3食・施設運営寄付込みでUS$30。政府から日本との友好事業に利用するようにと3haの農地の提供も受けており、農業指導などのシニアボランティアも広く募集している。

旅の安全情報

日本にはあまり情報が入ってこない中央アジア、ウズベキスタン。治安の心配はあまりないのだが、無防備になるのは考えもの。必要な注意は怠らないようにして、旅を楽しもう！

治安

ウズベキスタンは比較的治安のよい国。日本と同じようにしていれば危険な目に遭うことはほとんどない。観光地周辺には、ツーリストポリスが必ずいて、トラブルが起きないよう目を光らせてくれている。ただし夜間は暗い道が多いので、夜のひとり歩きは大通り以外は避けたほうが無難だ。

病気・健康管理

旅行中は、気候や環境の変化、食事の変化などで急に体調を崩すこともある。疲れをためないよう十分睡眠をとって、無理をしないことが大切だ。風邪薬や胃腸薬などは使い慣れたものを日本から持っていこう。湿布薬もあるといい。

海外旅行保険

ウズベキスタンで医者に診てもらうと、全額自己負担になってしまう。海外旅行保険には必ず入っておこう。ウズベキスタンには海外旅行保険会社の日本語デスクがないので、病気になったときはIP電話などを使って日本のコールセンターに連絡すること。

こんなことにも気をつけて！

●スキミング注意！

まだクレジットカードの使える場所があまり多くないウズベキスタン。使える場所でも、必ず目の前で機械にカードを通すのを確認すること。カードを預かって持っていくような店では、スキミングされる危険性もあるので、そうしたところではクレジットカードの利用は控えよう。

●バザールではスリに注意

地元の人で混雑するタシケントのチョルスーバザールなど一部のバザールでは、スリ被害の報告もある。バザールに限ったことではないが、人がたくさん集まる場所では、ショルダーバッグやバックパックは体の前に抱えるなど、荷物への注意は決して怠らないこと。

●写真撮影禁止場所もある

ウズベキスタンでは、国の施設の一部や軍の施設など写真撮影が禁止となっている場所がある。町なかには警官の数も多いので、写真撮影可能かどうか気になる場所では、尋ねてみるといい。

緊急連絡先

- 警察……………102
- 救急車…………103
- 消防……………101

▶ 在ウズベキスタン日本大使館
Embassy of Japan in Uzbekistan

住 1-28 Sadyk Azimov St., Khamza District, Tashkent, UZBEKISTAN 100047
TEL +998-78-120-80-60（末尾61,62,63も可）

救急病院・救急医療センター

- タシケント……78-150-4600 / 71-277-9001
- サマルカンド……………(0-366) 221-4563
- ブハラ……………………(0-365) 225-2292
- ウルゲンチ………………(0-362) 227-4284

- タシケント・インターナショナルクリニック
291-0726 / 291-0142 / +998-90-327-3378（夜間緊急）

- サマルカンド州立病院…(0-366) 233-3852

カード会社

日本で発行されている各クレジットカードの緊急連絡先はウズベキスタンにはない。そのため緊急時は下記番号へ国際電話をすることになる。日本の家族に連絡して、そこから電話してもらうのもいいだろう。

- VISA…………………+1-303-967-1090
- Mastercard…………+1-636-722-7111
- JCB…………………+81-422-40-8122
- アメリカン・エキスプレス……+65-6535-2209
- ダイナース…………+81-3-6770-2796

A
B
1
2
3
アラル海
Orol Dengizi
ムイナク
Mo'ynoq
クングラード
Kungrad
チムバイ
Chimboy
ウズベキスタン
ヌクス
Nukus
キジルクム砂漠
Kyzyl kum
ウチクドゥク
Uchquduq
トルクメニスタン
ウルゲンチ
Urganch
世界遺産 ヒヴァ
Khiva
トゥルトクリ
To'rtko'l
カラクム砂漠
Kara kum
開通予定線路
ブハラ・デザートオアシス&スパ P.87
Bukhara Desert Oasis & Spa
ガズリ
Gazli
世界遺産 ブハラ
Bukhara
アラト
Alat
P.84 ギジュドゥヴァン・クラフト
Gijduvan Craft
ロシア
カザフスタン
モンゴル
ウズベキスタン
キルギス
トルク
メニスタン
タジキスタン
中国
日本
イラン
インド
ミャンマー
A
B

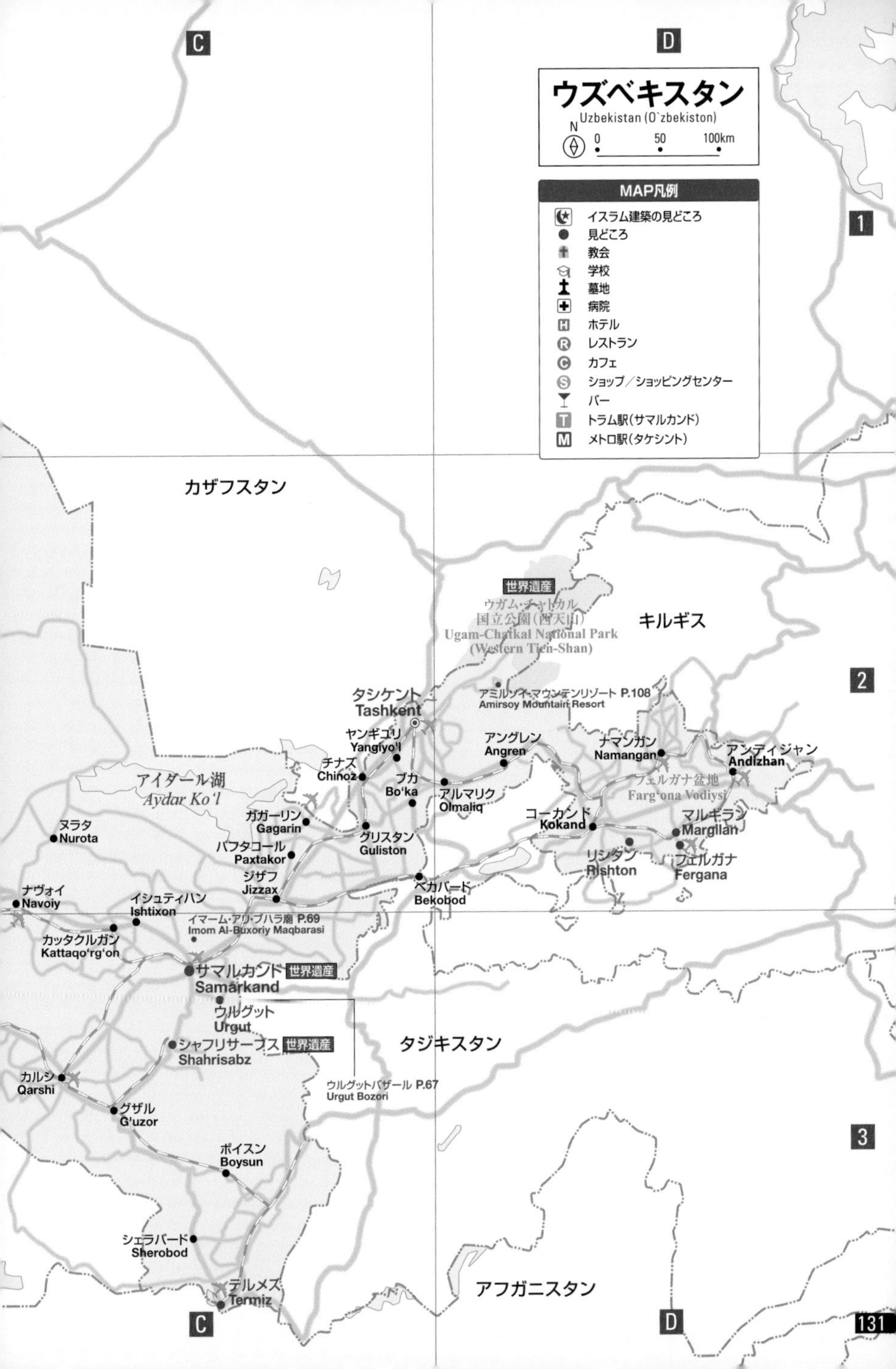

C
D
ウズベキスタン
Uzbekistan (O`zbekiston)
N
0
50
100km
MAP凡例
イスラム建築の見どころ
見どころ
教会
学校
墓地
病院
ホテル
レストラン
カフェ
ショップ／ショッピングセンター
バー
トラム駅（サマルカンド）
メトロ駅（タケシント）
1
2
3
カザフスタン
世界遺産
ウガム・チャトカル
国立公園（西天山）
Ugam-Chatkal National Park
(Western Tien-Shan)
キルギス
アミルソイ・マウンテンリゾート P.108
Amirsoy Mountain Resort
タシケント
Tashkent
ヤンギユリ
Yangiyo'l
アングレン
Angren
ナマンガン
Namangan
アンディジャン
Andizhan
チナズ
Chinoz
ブカ
Bo'ka
アルマリク
Olmaliq
フェルガナ盆地
Farg'ona Vodiysi
アイダール湖
Aydar Ko'l
ガガーリン
Gagarin
グリスタン
Guliston
コーカンド
Kokand
マルギラン
Margilan
ヌラタ
Nurota
パフタコール
Paxtakor
リシタン
Rishton
フェルガナ
Fergana
ナヴォイ
Navoiy
ジザフ
Jizzax
ベカバード
Bekobod
イシュティハン
Ishtixon
イマーム・アリ・ブハラ廟 P.69
Imom Al-Buxoriy Maqbarasi
カッタクルガン
Kattaqo'rg'on
サマルカンド
世界遺産
Samarkand
ウルグット
Urgut
シャフリサーブス
世界遺産
Shahrisabz
タジキスタン
カルシ
Qarshi
ウルグットバザール P.67
Urgut Bozori
グザル
G'uzor
ボイスン
Boysun
シェラバード
Sherobod
テルメズ
Termiz
アフガニスタン
C
D

サマルカンド市街図

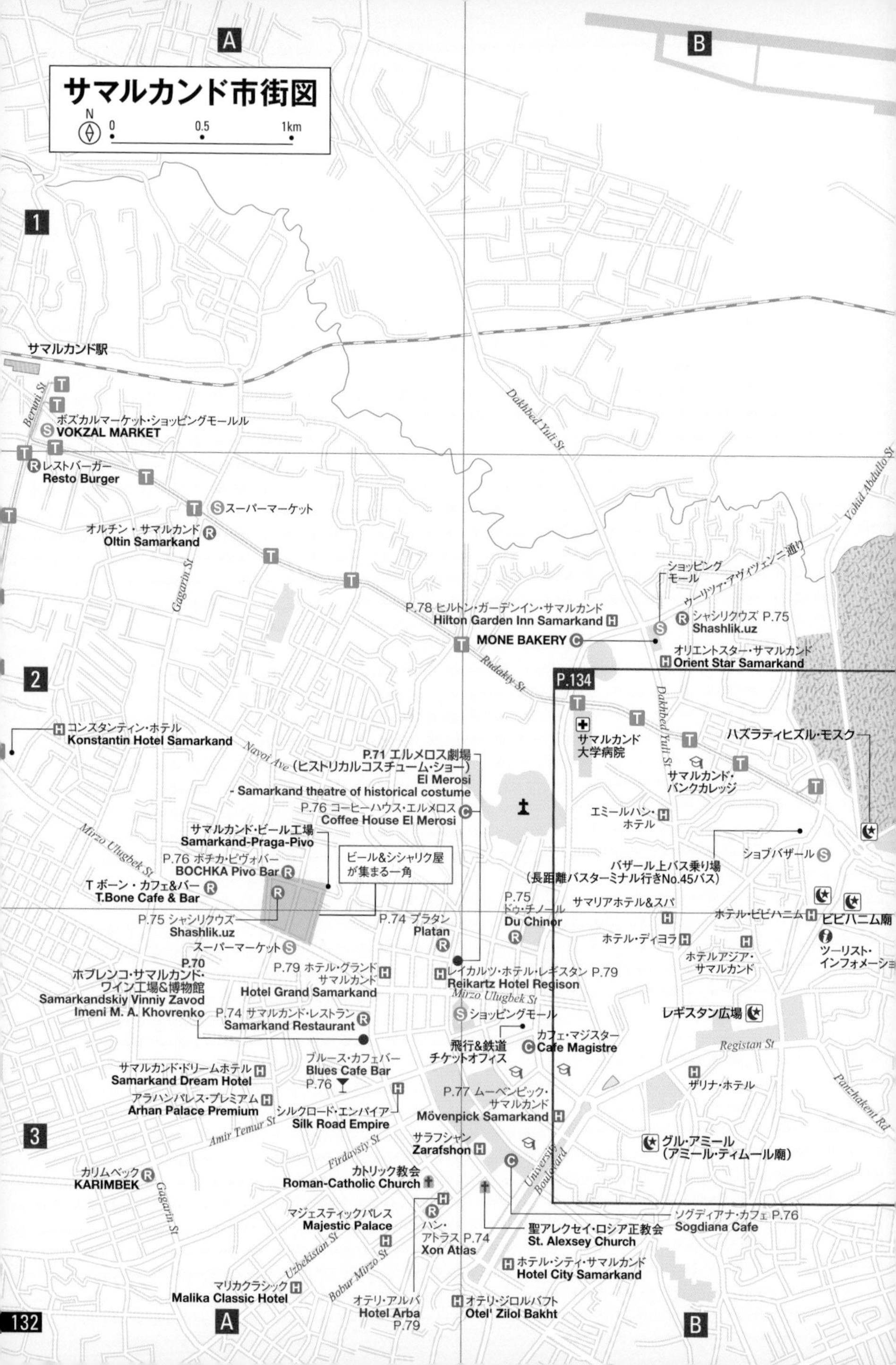

A
B
N
0
0.5
1km
1
2
3
サマルカンド駅
Beruni St
ボズカルマーケット・ショッピングモールル
VOKZAL MARKET
レストバーガー
Resto Burger
スーパーマーケット
オルチン・サマルカンド
Oltin Samarkand
Gagarin St
Dakhbed Yuli St
Vohid Abdullo St
ショッピングモール
ウーリツァ・アヴィツェンニ通り
P.78 ヒルトン・ガーデンイン・サマルカンド
Hilton Garden Inn Samarkand
シャシリクウズ P.75
Shashlik.uz
MONE BAKERY
オリエントスター・サマルカンド
Orient Star Samarkand
Rudakiy St
P.134
サマルカンド大学病院
ハズラティヒズル・モスク
サマルカンド・バンクカレッジ
コンスタンティン・ホテル
Konstantin Hotel Samarkand
Navoi Ave
P.71 エルメロス劇場（ヒストリカルコスチューム・ショー）
El Merosi
- Samarkand theatre of historical costume
P.76 コーヒーハウス・エルメロス
Coffee House El Merosi
エミールハン・ホテル
Mirzo Ulugbek St
サマルカンド・ビール工場
Samarkand-Praga-Pivo
ビール&シシャリク屋が集まる一角
P.76 ボチカ・ピヴォバー
BOCHKA Pivo Bar
T ボーン・カフェ&バー
T.Bone Cafe & Bar
ショブバザール
バザール上バス乗り場
（長距離バスターミナル行きNo.45バス）
P.75 ドゥ・チノール
Du Chinor
サマリアホテル&スパ
ホテル・ビビハニム
ビビハニム廟
P.75 シャシリクウズ
Shashlik.uz
P.74 プラタン
Platan
スーパーマーケット
ホテル・ディヨラ
ホテルアジア・サマルカンド
ツーリスト・インフォメーショ
P.70
ホブレンコ・サマルカンド・ワイン工場&博物館
Samarkandskiy Vinniy Zavod
Imeni M. A. Khovrenko
P.79 ホテル・グランドサマルカンド
Hotel Grand Samarkand
レイカルツ・ホテル・レギスタン P.79
Reikartz Hotel Regison
ショッピングモール
レギスタン広場
P.74 サマルカンド・レストラン
Samarkand Restaurant
飛行&鉄道チケットオフィス
カフェ・マジスター
Cafe Magistre
Registan St
サマルカンド・ドリームホテル
Samarkand Dream Hotel
ブルース・カフェバー
Blues Cafe Bar
P.76
ザリナ・ホテル
Panzhakent Rd
アラハンパレス・プレミアム
Arhan Palace Premium
シルクロード・エンパイア
Silk Road Empire
P.77 ムーベンピック・サマルカンド
Mövenpick Samarkand
Amir Temur St
Firdavsiy St
サラフシャン
Zarafshon
グル・アミール（アミール・ティムール廟）
University Boulevard
カリムベック
KARIMBEK
カトリック教会
Roman-Catholic Church
Gagarin St
マジェスティックパレス
Majestic Palace
ハン・アトラス P.74
Xon Atlas
ソグディアナ・カフェ P.76
Sogdiana Cafe
聖アレクセイ・ロシア正教会
St. Alexsey Church
Uzbekistan St
Bobur Mirzo St
ホテル・シティ・サマルカンド
Hotel City Samarkand
マリカクラシック
Malika Classic Hotel
オテリ・アルバ
Hotel Arba
P.79
オテリ・ジロルバフト
Otel' Zilol Bakht

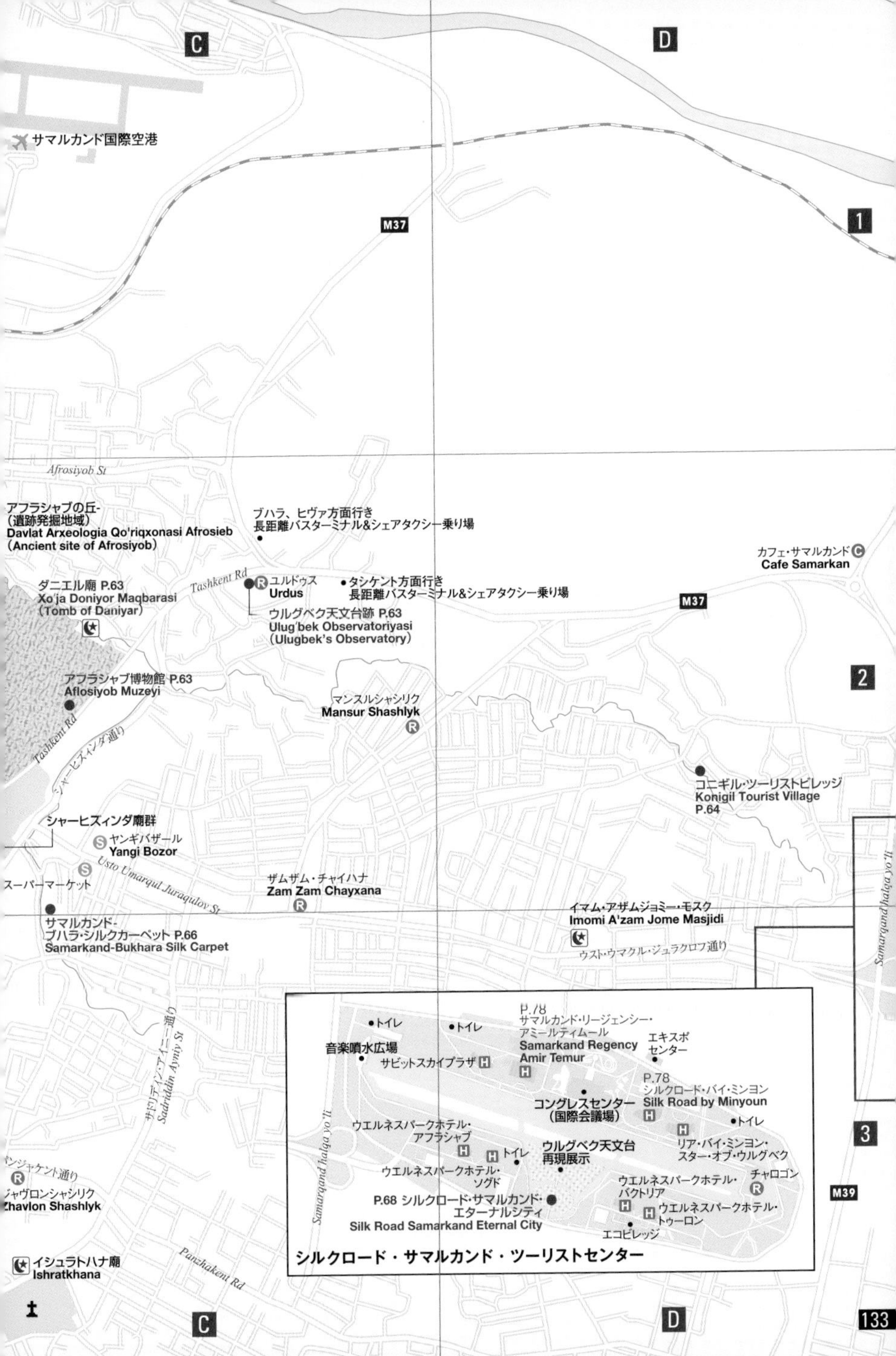

C
D
サマルカンド国際空港
M37
1
Afrosiyob St
アフラシャブの丘-（遺跡発掘地域）
Davlat Arxeologia Qo'riqxonasi Afrosieb（Ancient site of Afrosiyob）
ブハラ、ヒヴァ方面行き
長距離バスターミナル&シェアタクシー乗り場
カフェ・サマルカンド
Cafe Samarkan
ダニエル廟 P.63
Xo'ja Doniyor Maqbarasi（Tomb of Daniyar）
Tashkent Rd
ユルドゥス
Urdus
タシケント方面行き
長距離バスターミナル&シェアタクシー乗り場
M37
ウルグベク天文台跡 P.63
Ulug'bek Observatoriyasi（Ulugbek's Observatory）
2
アフラシャブ博物館 P.63
Aflosiyob Muzeyi
マンスルシャシリク
Mansur Shashlyk
Tashkent Rd
シャーヒズィンダ通り
コニギル・ツーリストビレッジ
Konigil Tourist Village
P.64
シャーヒズィンダ廟群
ヤンギバザール
Yangi Bozor
Usto Umarqul Juraqulov St
スーパーマーケット
ザムザム・チャイハナ
Zam Zam Chayxana
イマム・アザムジョミー・モスク
Imomi A'zam Jome Masjidi
サマルカンド-ブハラ・シルクカーペット P.66
Samarkand-Bukhara Silk Carpet
ウスト・ウマクル・ジュラクロフ通り
Samarqand halqa yo'li
サドリディン・アイニー通り
Sadriddin Ayniy St
P.78
サマルカンド・リージェンシー・アミールティムール
Samarkand Regency Amir Temur
トイレ
トイレ
音楽噴水広場
サビットスカイプラザ
エキスポセンター
P.78
シルクロード・バイ・ミンヨン
Silk Road by Minyoun
コングレスセンター（国際会議場）
トイレ
ウエルネスパークホテル・アフラシャブ
ウルグベク天文台再現展示
リア・バイ・ミンヨン・スター・オブ・ウルグベク
3
トイレ
ウエルネスパークホテル・ソグド
チャロゴン
ウエルネスパークホテル・バクトリア
M39
P.68 シルクロード・サマルカンド・エターナルシティ
Silk Road Samarkand Eternal City
ウエルネスパークホテル・トゥーロン
エコビレッジ
Samarqand halqa yo'li
シルクロード・サマルカンド・ツーリストセンター
ンジャケント通り
ジャヴロンシャシリク
Zhavlon Shashlyk
イシュラトハナ廟
Ishratkhana
Panzhakent Rd
C
D

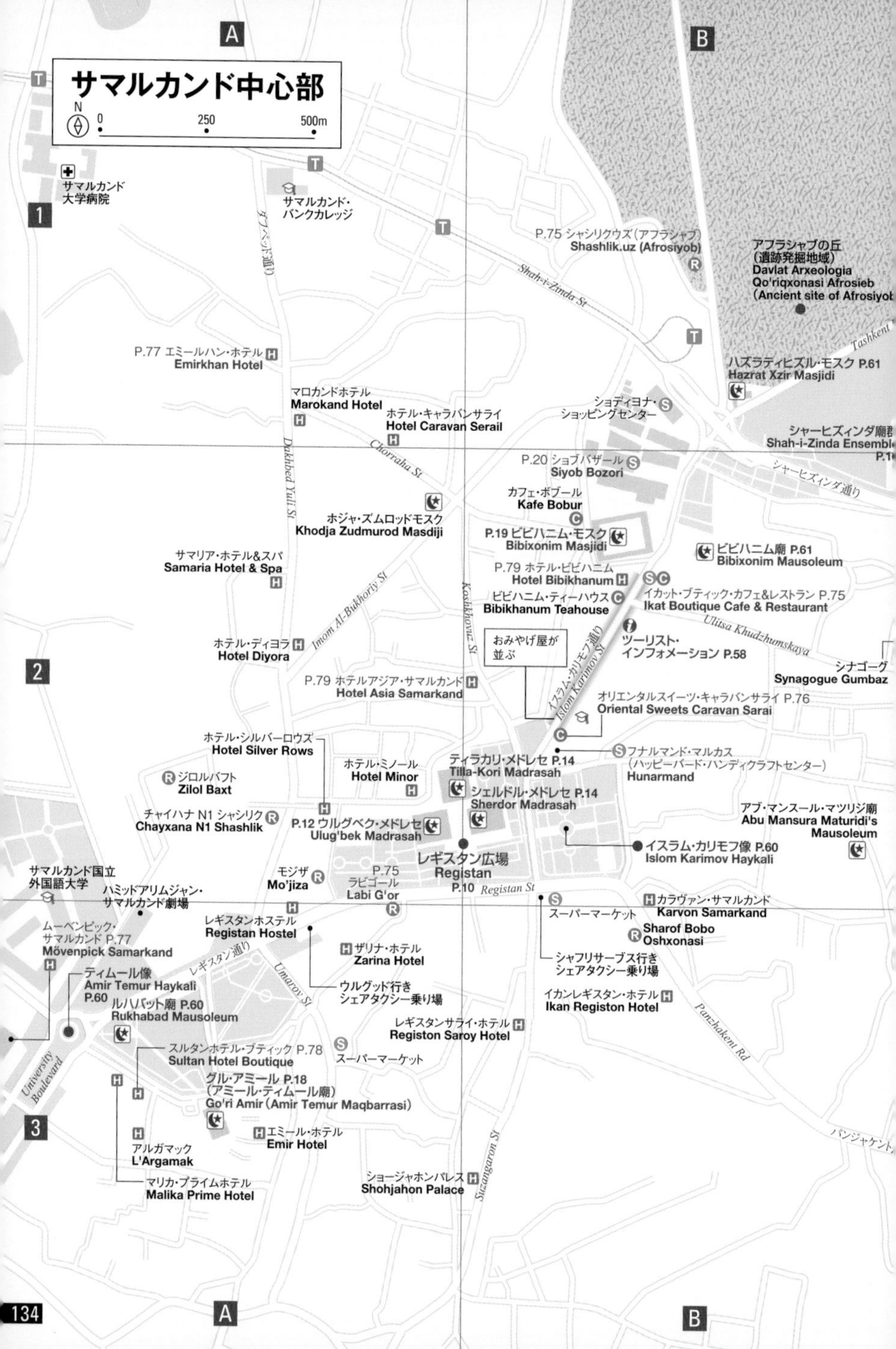
サマルカンド中心部
N
0
250
500m
A
B
1
2
3
サマルカンド大学病院
サマルカンド・バンクカレッジ
ダフベッド通り
Shah-i-Zinda St
P.75 シャシリクウズ（アフラシャブ）
Shashlik.uz (Afrosiyob)
アフラシャブの丘
（遺跡発掘地域）
Davlat Arxeologia
Qo'riqxonasi Afrosieb
（Ancient site of Afrosiyob
Tashkent
P.77 エミールハン・ホテル
Emirkhan Hotel
ハズラティヒズル・モスク P.61
Hazrat Xzir Masjidi
マロカンドホテル
Marokand Hotel
ホテル・キャラバンサライ
Hotel Caravan Serail
ショディヨナ・
ショッピングセンター
シャーヒズィンダ廟群
Shah-i-Zinda Ensemble
P.1
Chorraha St
Dakhbed Yuli St
P.20 ショブバザール
Siyob Bozori
シャーヒズィンダ通り
カフェ・ボブール
Kafe Bobur
ホジャ・ズムロッドモスク
Khodja Zudmurod Masdiji
P.19 ビビハニム・モスク
Bibixonim Masjidi
ビビハニム廟 P.61
Bibixonim Mausoleum
サマリア・ホテル&スパ
Samaria Hotel & Spa
P.79 ホテル・ビビハニム
Hotel Bibikhanum
Imom Al-Bukhoriy St
Koshkhovuz St
ビビハニム・ティーハウス
Bibikhanum Teahouse
イカット・ブティック・カフェ&レストラン P.75
Ikat Boutique Cafe & Restaurant
Ulitsa Khudzhumskaya
ホテル・ディヨラ
Hotel Diyora
おみやげ屋が並ぶ
イスラム・カリモフ通り
Islom Karimov St
ツーリスト・
インフォメーション P.58
シナゴーグ
Synagogue Gumbaz
P.79 ホテルアジア・サマルカンド
Hotel Asia Samarkand
オリエンタルスイーツ・キャラバンサライ P.76
Oriental Sweets Caravan Sarai
ホテル・シルバーロウズ
Hotel Silver Rows
フナルマンド・マルカス
（ハッピーバード・ハンディクラフトセンター）
Hunarmand
ホテル・ミノール
Hotel Minor
ティラカリ・メドレセ P.14
Tilla-Kori Madrasah
ジロルバフト
Zilol Baxt
シェルドル・メドレセ P.14
Sherdor Madrasah
アブ・マンスール・マツリジ廟
Abu Mansura Maturidi's
Mausoleum
チャイハナ N1 シャシリク
Chayxana N1 Shashlik
P.12 ウルグベク・メドレセ
Ulug'bek Madrasah
イスラム・カリモフ像 P.60
Islom Karimov Haykali
レギスタン広場
Registan
P.10
Registan St
サマルカンド国立外国語大学
モジザ
Mo'jiza
P.75
ラビゴール
Labi G'or
ハミッドアリムジャン・
サマルカンド劇場
カラヴァン・サマルカンド
Karvon Samarkand
スーパーマーケット
レギスタンホステル
Registan Hostel
Sharof Bobo
Oshxonasi
ムーベンピック・
サマルカンド P.77
Mövenpick Samarkand
ザリナ・ホテル
Zarina Hotel
シャフリサーブス行き
シェアタクシー乗り場
レギスタン通り
Umarov St
ティムール像
Amir Temur Haykali
P.60
ウルグッド行き
シェアタクシー乗り場
イカンレギスタン・ホテル
Ikan Registon Hotel
ルハバット廟 P.60
Rukhabad Mausoleum
レギスタンサライ・ホテル
Registon Saroy Hotel
Panzhakent Rd
University Boulevard
スルタンホテル・ブティック P.78
Sultan Hotel Boutique
スーパーマーケット
グル・アミール P.18
（アミール・ティムール廟）
Go'ri Amir（Amir Temur Maqbarrasi）
エミール・ホテル
Emir Hotel
パンジャケント
アルガマック
L'Argamak
Suzangaron St
ショージャホンパレス
Shohjahon Palace
マリカ・プライムホテル
Malika Prime Hotel

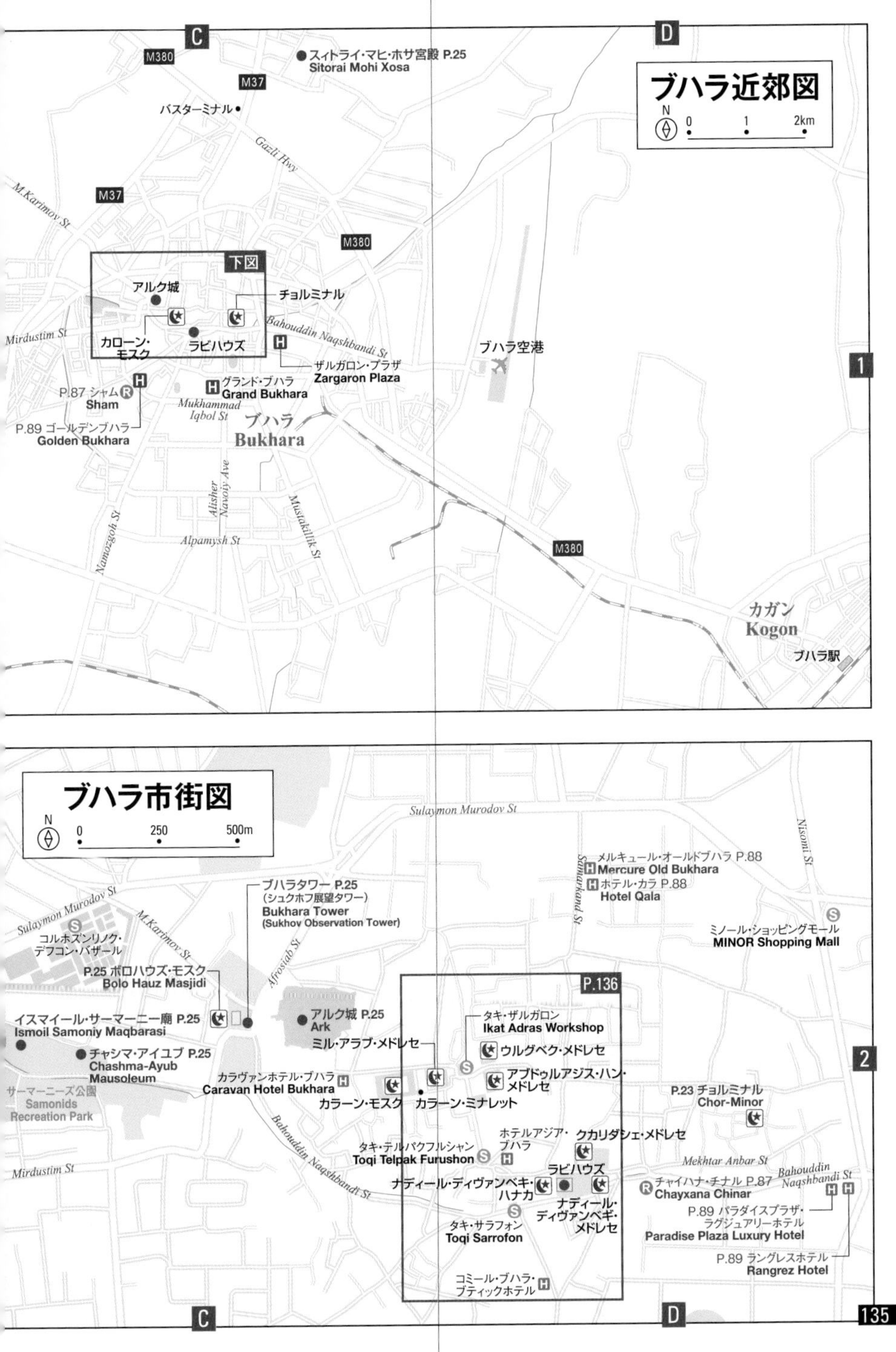
ブハラ近郊図
N
0
1
2km
C
D
M380
M37
スィトライ・マヒ・ホサ宮殿 P.25
Sitorai Mohi Xosa
バスターミナル
Gazli Hwy
M.Karimov St
下図
アルク城
チョルミナル
カローン・モスク
ラビハウズ
Mirdustim St
Bahouddin Naqshbandi St
ザルガロン・プラザ
Zargaron Plaza
ブハラ空港
P.87 シャム
Sham
グランド・ブハラ
Grand Bukhara
Mukhammad Iqbol St
ブハラ
Bukhara
P.89 ゴールデンブハラ
Golden Bukhara
Alisher Navoiy Ave
Mustakillik St
Namozgoh St
Alpamysh St
カガン
Kogon
ブハラ駅
1
ブハラ市街図
N
0
250
500m
Sulaymon Murodov St
Nisomi St
メルキュール・オールドブハラ P.88
Mercure Old Bukhara
ホテル・カラ P.88
Hotel Qala
Samarkand St
ブハラタワー P.25
（シュクホフ展望タワー）
Bukhara Tower
(Sukhov Observation Tower)
Sulaymon Murodov St
コルホズンリノク・デフコン・バザール
M.Karimov St
Afrosiab St
ミノール・ショッピングモール
MINOR Shopping Mall
P.25 ボロハウズ・モスク
Bolo Hauz Masjidi
P.136
イスマイール・サーマーニー廟 P.25
Ismoil Samoniy Maqbarasi
アルク城 P.25
Ark
タキ・ザルガロン
Ikat Adras Workshop
チャシマ・アイユブ P.25
Chashma-Ayub Mausoleum
ミル・アラブ・メドレセ
ウルグベク・メドレセ
2
サーマーニーズ公園
Samonids Recreation Park
カラヴァンホテル・ブハラ
Caravan Hotel Bukhara
アブドゥルアジス・ハン・メドレセ
P.23 チョルミナル
Chor-Minor
カラーン・モスク
カラーン・ミナレット
ホテルアジア・ブハラ
ククカリダシェ・メドレセ
タキ・テルパクフルシャン
Toqi Telpak Furushon
Mekhtar Anbar St
Mirdustim St
Bahouddin Naqshbandi St
ラビハウズ
Bahouddin Naqshbandi St
ナディール・ディヴァンベキ・ハナカ
チャイハナ・チナル P.87
Chayxana Chinar
ナディール・ディヴァンベギ・メドレセ
タキ・サラフォン
Toqi Sarrofon
P.89 パラダイスプラザ・ラグジュアリーホテル
Paradise Plaza Luxury Hotel
P.89 ラングレスホテル
Rangrez Hotel
コミール・ブハラ・ブティックホテル
C
D

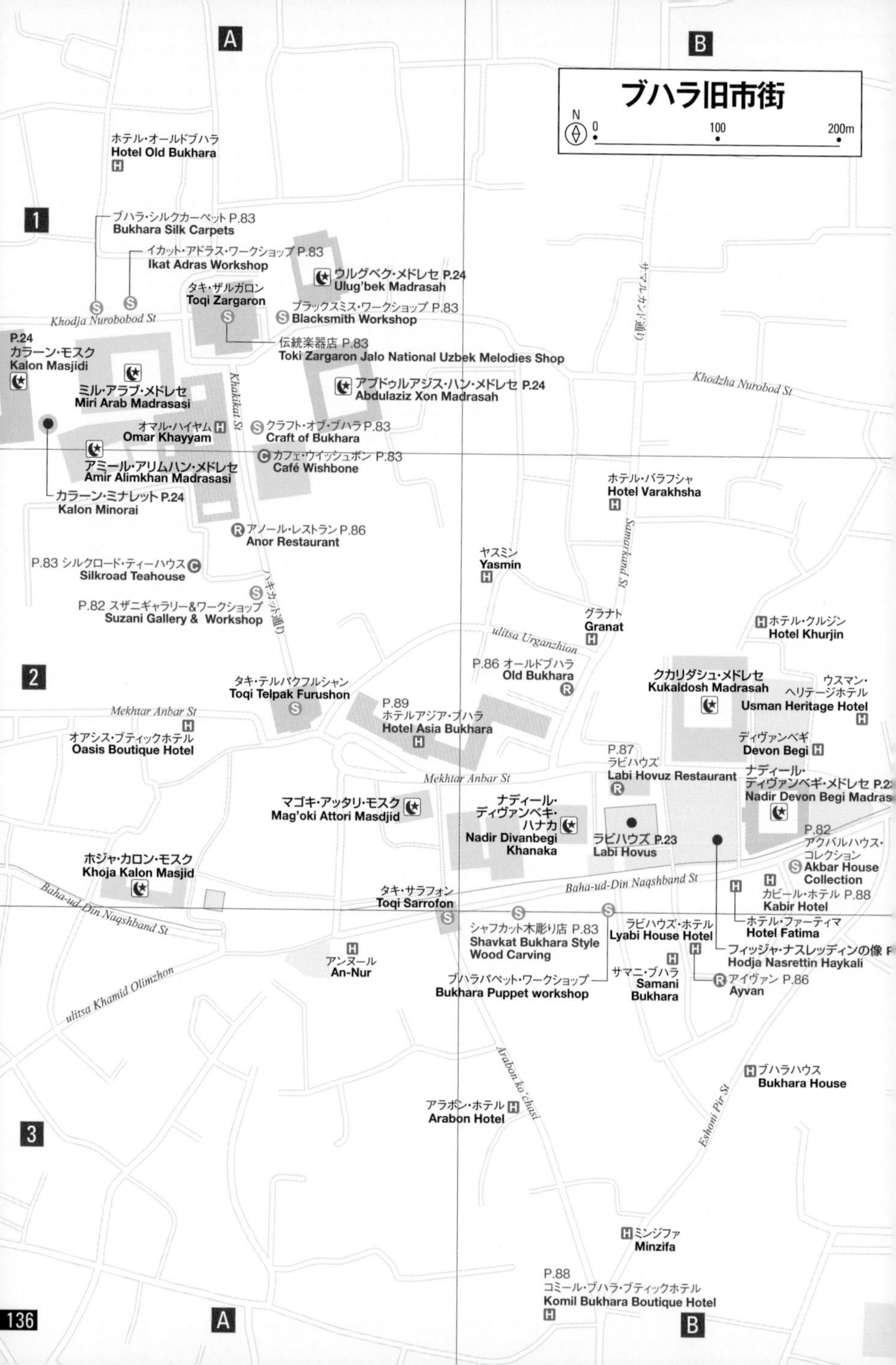

ブハラ旧市街
N
0
100
200m
A
B
1
2
3
ホテル・オールドブハラ
Hotel Old Bukhara
ブハラ・シルクカーペット P.83
Bukhara Silk Carpets
イカット・アドラス・ワークショップ P.83
Ikat Adras Workshop
タキ・ザルガロン
Toqi Zargaron
ウルグベク・メドレセ P.24
Ulug'bek Madrasah
ブラックスミス・ワークショップ P.83
Blacksmith Workshop
Khodja Nurobobod St
伝統楽器店 P.83
Toki Zargaron Jalo National Uzbek Melodies Shop
P.24
カラーン・モスク
Kalon Masjidi
ミル・アラブ・メドレセ
Miri Arab Madrasasi
アブドゥルアジス・ハン・メドレセ P.24
Abdulaziz Xon Madrasah
Khodzha Nurobod St
サマルカンド通り
Khakikat St
オマル・ハイヤム
Omar Khayyam
クラフト・オブ・ブハラ P.83
Craft of Bukhara
カフェ・ウイッシュボン P.83
Café Wishbone
アミール・アリムハン・メドレセ
Amir Alimkhan Madrasasi
カラーン・ミナレット P.24
Kalon Minorai
ホテル・バラフシャ
Hotel Varakhsha
アノール・レストラン P.86
Anor Restaurant
Samarkand St
ヤスミン
Yasmin
P.83 シルクロード・ティーハウス
Silkroad Teahouse
P.82 スザニギャラリー&ワークショップ
Suzani Gallery & Workshop
ハキカット通り
グラナト
Granat
ホテル・クルジン
Hotel Khurjin
ulitsa Urganzhion
P.86 オールドブハラ
Old Bukhara
タキ・テルパクフルシャン
Toqi Telpak Furushon
クカリダシュ・メドレセ
Kukaldosh Madrasah
ウスマン・ヘリテージホテル
Usman Heritage Hotel
Mekhtar Anbar St
P.89
ホテルアジア・ブハラ
Hotel Asia Bukhara
オアシス・ブティックホテル
Oasis Boutique Hotel
ディヴァンベギ
Devon Begi
P.87
ラビハウズ
Labi Hovuz Restaurant
Mekhtar Anbar St
ナディール・ディヴァンベギ・メドレセ P.2
Nadir Devon Begi Madras
マゴキ・アッタリ・モスク
Mag'oki Attori Masdjid
ナディール・ディヴァンベキ・ハナカ
Nadir Divanbegi Khanaka
ラビハウズ P.23
Labi Hovus
P.82
アクバルハウス・コレクション
Akbar House Collection
ホジャ・カロン・モスク
Khoja Kalon Masjid
Baha-ud-Din Naqshband St
カビール・ホテル P.88
Kabir Hotel
Baha-ud-Din Naqshband St
タキ・サラフォン
Toqi Sarrofon
ホテル・ファーティマ
Hotel Fatima
シャフカット木彫り店 P.83
Shavkat Bukhara Style Wood Carving
ラビハウズ・ホテル
Lyabi House Hotel
フィッジャ・ナスレッディンの像 P
Hodja Nasrettin Haykali
アンヌール
An-Nur
サマニ・ブハラ
Samani Bukhara
アイヴァン P.86
Ayvan
ブハラパペット・ワークショップ
Bukhara Puppet workshop
ulitsa Khamid Olimzhon
Arabon ko'chasi
ブハラハウス
Bukhara House
Eshoni Pir St
アラボン・ホテル
Arabon Hotel
ミンジファ
Minzifa
P.88
コミール・ブハラ・ブティックホテル
Komil Bukhara Boutique Hotel

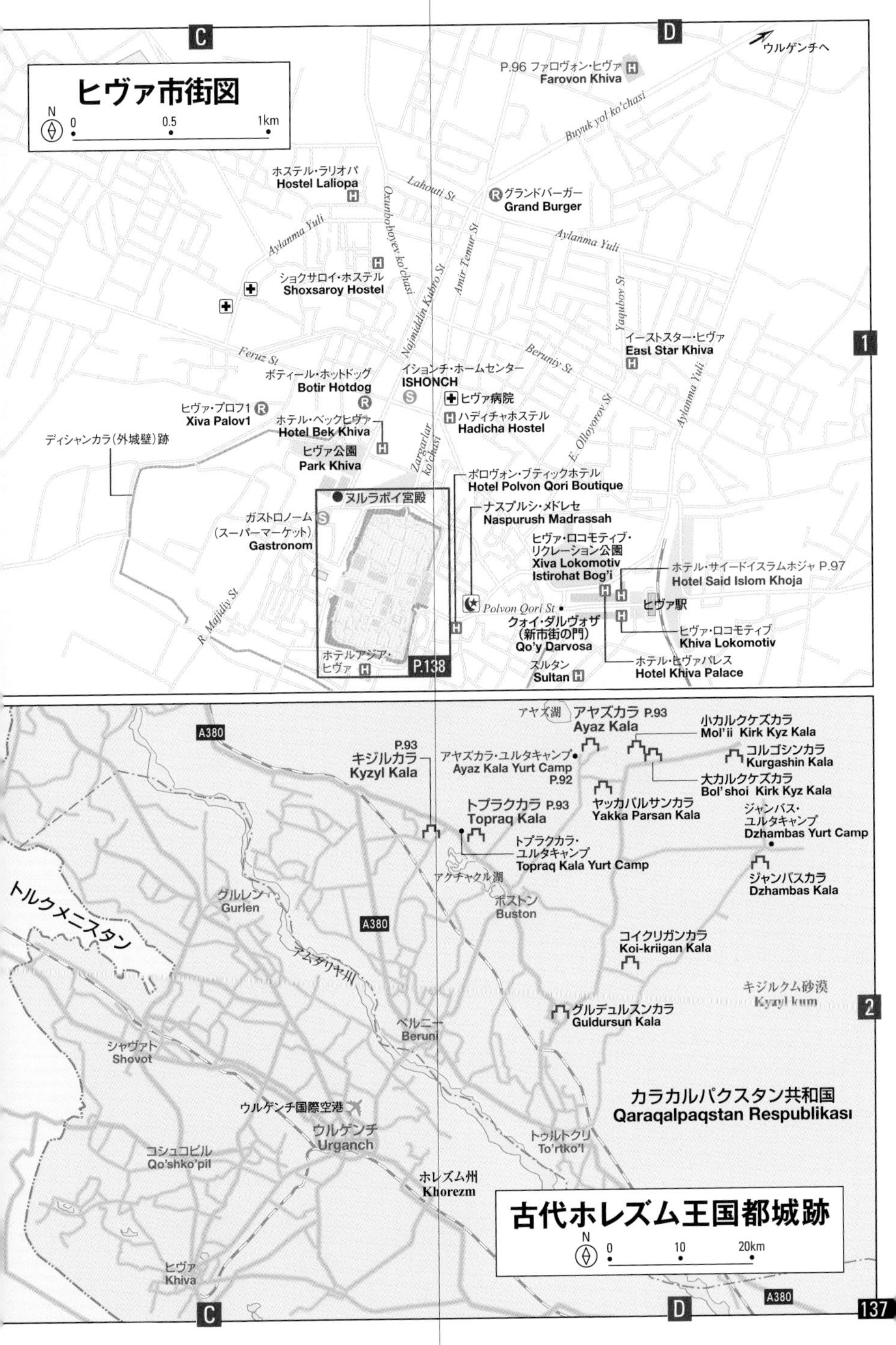

ヒヴァ市街図
N
0
0.5
1km
C
D
1
2
ウルゲンチへ
P.96 ファロヴォン・ヒヴァ
Farovon Khiva
Buyuk yol ko'chasi
ホステル・ラリオパ
Hostel Laliopa
Lahouti St
グランドバーガー
Grand Burger
Aylanma Yuli
Oxunboboyev ko'chasi
Amir Temur St
Najmiddin Kubro St
ショクサロイ・ホステル
Shoxsaroy Hostel
Yaqubov St
イーストスター・ヒヴァ
East Star Khiva
Feruz St
Beruniy St
ボティール・ホットドッグ
Botir Hotdog
イションチ・ホームセンター
ISHONCH
ヒヴァ病院
ヒヴァ・プロフ1
Xiva Palov1
ホテル・ベックヒヴァ
Hotel Bek Khiva
ハディチャホステル
Hadicha Hostel
E. Olloyorov St
ディシャンカラ(外城壁)跡
ヒヴァ公園
Park Khiva
Zargarlar ko'chasi
ポロヴォン・ブティックホテル
Hotel Polvon Qori Boutique
ヌルラボイ宮殿
ナスプルシ・メドレセ
Naspurush Madrassah
ガストロノーム
(スーパーマーケット)
Gastronom
ヒヴァ・ロコモティブ・
リクレーション公園
Xiva Lokomotiv
Istirohat Bog'i
ホテル・サイードイスラムホジャ P.97
Hotel Said Islom Khoja
Polvon Qori St
ヒヴァ駅
R. Majidiy St
クォイ・ダルヴォザ
(新市街の門)
Qo'y Darvosa
ヒヴァ・ロコモティブ
Khiva Lokomotiv
ホテルアジア・
ヒヴァ
P.138
スルタン
Sultan
ホテル・ヒヴァパレス
Hotel Khiva Palace
A380
アヤズ湖
アヤズカラ P.93
Ayaz Kala
小カルクケズカラ
Mol'ii Kirk Kyz Kala
P.93
キジルカラ
Kyzyl Kala
アヤズカラ・ユルタキャンプ
Ayaz Kala Yurt Camp
P.92
コルゴシンカラ
Kurgashin Kala
大カルクケズカラ
Bol'shoi Kirk Kyz Kala
ヤッカパルサンカラ
Yakka Parsan Kala
トプラクカラ P.93
Topraq Kala
ジャンバス・
ユルタキャンプ
Dzhambas Yurt Camp
トプラクカラ・
ユルタキャンプ
Topraq Kala Yurt Camp
ジャンバスカラ
Dzhambas Kala
アクチャクル湖
トルクメニスタン
グルレン
Gurlen
ボストン
Buston
A380
アムダリヤ川
コイクリガンカラ
Koi-kriigan Kala
キジルクム砂漠
Kyzyl kum
グルデュルスンカラ
Guldursun Kala
ベルニー
Beruni
シャヴァト
Shovot
カラカルパクスタン共和国
Qaraqalpaqstan Respublikası
ウルゲンチ国際空港
ウルゲンチ
Urganch
トゥルトクリ
To'rtko'l
コシュコピル
Qo'shko'pil
ホレズム州
Khorezm
古代ホレズム王国都城跡
N
0
10
20km
ヒヴァ
Khiva
A380
C
D

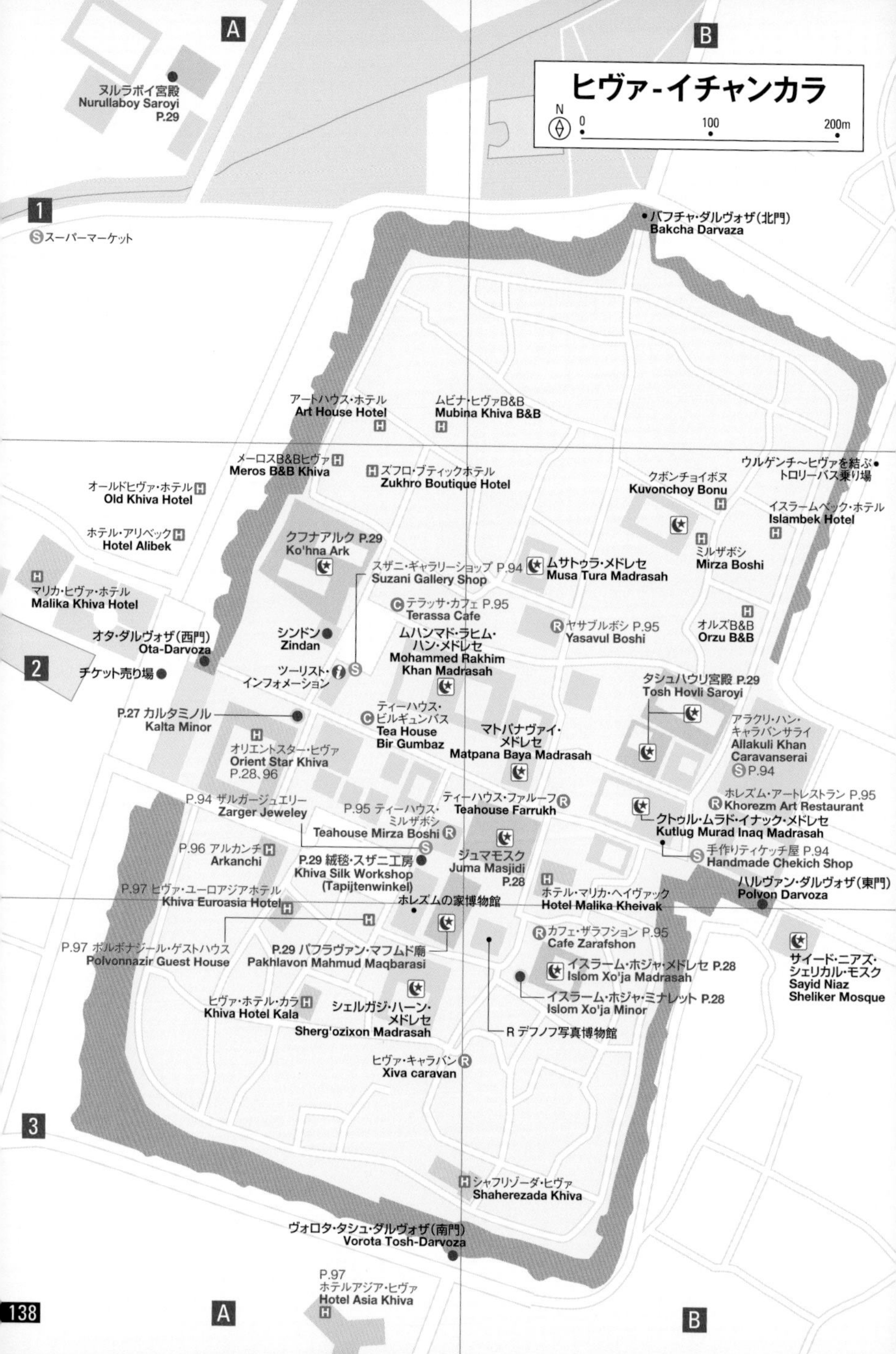

ヒヴァ-イチャンカラ
N
0
100
200m
A
B
1
2
3
ヌルラボイ宮殿
Nurullaboy Saroyi
P.29
スーパーマーケット
バフチャ・ダルヴォザ(北門)
Bakcha Darvaza
アートハウス・ホテル
Art House Hotel
ムビナ・ヒヴァB&B
Mubina Khiva B&B
メーロスB&Bヒヴァ
Meros B&B Khiva
ズフロ・ブティックホテル
Zukhro Boutique Hotel
ウルゲンチ〜ヒヴァを結ぶ
トロリーバス乗り場
オールドヒヴァ・ホテル
Old Khiva Hotel
クボンチョイボヌ
Kuvonchoy Bonu
イスラームベック・ホテル
Islambek Hotel
ホテル・アリベック
Hotel Alibek
クフナアルク P.29
Ko'hna Ark
ムサトゥラ・メドレセ
Musa Tura Madrasah
ミルザボシ
Mirza Boshi
スザニ・ギャラリーショップ P.94
Suzani Gallery Shop
マリカ・ヒヴァ・ホテル
Malika Khiva Hotel
テラッサ・カフェ P.95
Terassa Cafe
オタ・ダルヴォザ(西門)
Ota-Darvoza
シンドン
Zindan
ヤサブルボシ P.95
Yasavul Boshi
オルズB&B
Orzu B&B
ムハンマド・ラヒム・ハン・メドレセ
Mohammed Rakhim Khan Madrasah
チケット売り場
ツーリスト・インフォメーション
タシュハウリ宮殿 P.29
Tosh Hovli Saroyi
P.27 カルタミノル
Kalta Minor
ティーハウス・ビルギュンバス
Tea House Bir Gumbaz
マトパナヴァイ・メドレセ
Matpana Baya Madrasah
アラクリ・ハン・キャラバンサライ
Allakuli Khan Caravanserai
P.94
オリエントスター・ヒヴァ
Orient Star Khiva
P.28、96
P.94 ザルガージュエリー
Zarger Jeweley
ティーハウス・ファルーフ
Teahouse Farrukh
ホレズム・アートレストラン P.95
Khorezm Art Restaurant
P.95 ティーハウス・ミルザボシ
Teahouse Mirza Boshi
クトゥル・ムラド・イナック・メドレセ
Kutlug Murad Inaq Madrasah
P.96 アルカンチ
Arkanchi
P.29 絨毯・スザニ工房
Khiva Silk Workshop
(Tapijtenwinkel)
ジュマモスク
Juma Masjidi
P.28
手作りティケッチ屋 P.94
Handmade Chekich Shop
ハルヴァン・ダルヴォザ(東門)
Polvon Darvoza
P.97 ヒヴァ・ユーロアジアホテル
Khiva Euroasia Hotel
ホレズムの家博物館
ホテル・マリカ・ヘイヴァック
Hotel Malika Kheivak
P.97 ボルボナジール・ゲストハウス
Polvonnazir Guest House
P.29 パフラヴァン・マフムド廟
Pakhlavon Mahmud Maqbarasi
カフェ・ザラフション P.95
Cafe Zarafshon
イスラーム・ホジャ・メドレセ P.28
Islom Xo'ja Madrasah
サイード・ニアズ・シェリカル・モスク
Sayid Niaz Sheliker Mosque
イスラーム・ホジャ・ミナレット P.28
Islom Xo'ja Minor
ヒヴァ・ホテル・カラ
Khiva Hotel Kala
シェルガジ・ハーン・メドレセ
Sherg'ozixon Madrasah
R デフノフ写真博物館
ヒヴァ・キャラバン
Xiva caravan
シャフリゾーダ・ヒヴァ
Shaherezada Khiva
ヴォロタ・タシュ・ダルヴォザ(南門)
Vorota Tosh-Darvoza
P.97
ホテルアジア・ヒヴァ
Hotel Asia Khiva

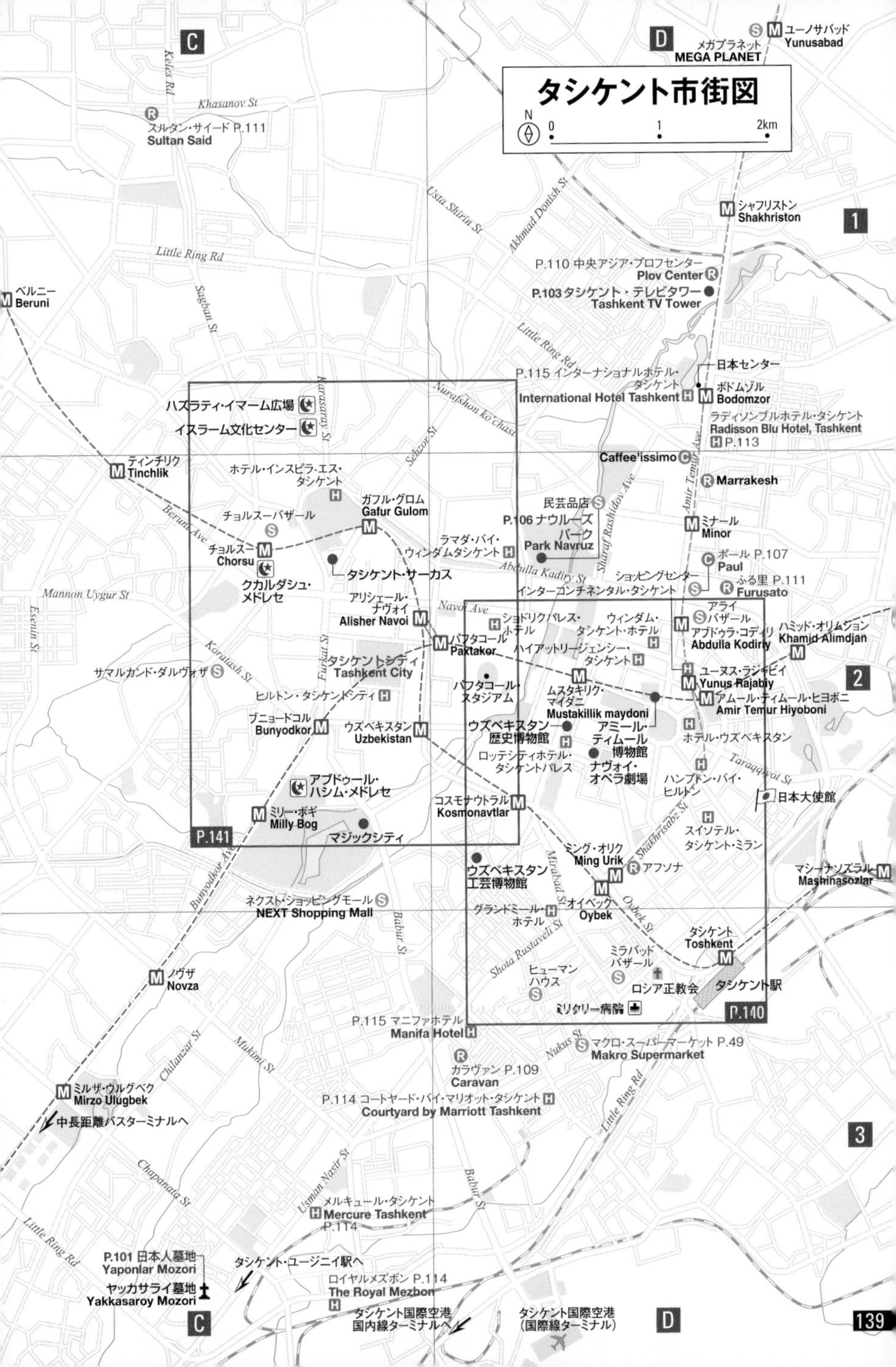

タシケント市街図
N
0
1
2km
C
D
1
2
3
ユーノサバッド
Yunusabad
メガプラネット
MEGA PLANET
Keles Rd
Khasanov St
スルタン・サイード P.111
Sultan Said
Usta Shirin St
Akhmad Donish St
シャフリストン
Shakhriston
Little Ring Rd
P.110 中央アジア・プロフセンター
Plov Center
P.103 タシケント・テレビタワー
Tashkent TV Tower
ベルニー
Beruni
Sagban St
Little Ring Rd
日本センター
P.115 インターナショナルホテル・タシケント
International Hotel Tashkent
ボドムゾル
Bodomzor
ラディソンブルホテル・タシケント
Radisson Blu Hotel, Tashkent
P.113
ハズラティ・イマーム広場
イスラーム文化センター
Karasaray St
Nurafshon ko'chasi
Sebzor St
Amir Temur Ave
Caffee'issimo
Marrakesh
ティンチリク
Tinchlik
ホテル・インスピラ-エス・タシケント
ガフル・グロム
Gafur Gulom
チョルスーバザール
Beruni Ave
民芸品店
P.106 ナウルーズパーク
Park Navruz
Sharaf Rashidov Ave
ミナール
Minor
チョルスー
Chorsu
ラマダ・バイ・ウィンダムタシケント
タシケント・サーカス
Abdulla Kadiry St
ポール P.107
Paul
ショッピングセンター
ふる里 P.111
Furusato
インターコンチネンタル・タシケント
クカルダシュ・メドレセ
Mannon Uygur St
アリシェール・ナヴォイ
Alisher Navoi
Navoi Ave
ショドリクパレス・ホテル
ウィンダム・タシケント・ホテル
アライバザール
アブドゥラ・コディリ
Abdulla Kodiriy
ハミッド・オリムジョン
Khamid Alimdjan
Esenin St
Koratash St
Furkat St
パフタコール
Paxtakor
ハイアットリージェンシー・タシケント
タシケントシティ
Tashkent City
サマルカンド・ダルヴォザ
パフタコール・スタジアム
ユーヌス・ラジャビイ
Yunus Rajabiy
ヒルトン・タシケントシティ
ムスタキリク・マイダニ
Mustakillik maydoni
アムール・ティムール・ヒヨボニ
Amir Temur Hiyoboni
ブニョードコル
Bunyodkor
ウズベキスタン
Uzbekistan
ウズベキスタン歴史博物館
アミール・ティムール博物館
ホテル・ウズベキスタン
ロッテシティホテル・タシケントパレス
ナヴォイ・オペラ劇場
Taraqqiyot St
ハンプトン・バイ・ヒルトン
日本大使館
アブドゥール・ハシム・メドレセ
コスモナウトラル
Kosmonavtlar
ミリー・ボギ
Milly Bog
マジックシティ
P.141
スイソテル・タシケント・ミラン
Shakhrisabz St
Mirabad St
ミング・オリク
Ming Urik
アフソナ
ウズベキスタン工芸博物館
マシーナソズラル
Mashinasozlar
Bunyodkor Ave
ネクスト・ショッピングモール
NEXT Shopping Mall
グランドミール・ホテル
オイベック
Oybek
Oybek St
Babur St
Shota Rustaveli St
タシケント
Toshkent
ミラバッドバザール
ノヴザ
Novza
ヒューマンハウス
ロシア正教会
タシケント駅
ミリタリー病院
P.140
P.115 マニファホテル
Manifa Hotel
Chilanzar St
Mukimi St
Nukus St
マクロ・スーパーマーケット P.49
Makro Supermarket
カラヴァン P.109
Caravan
Little Ring Rd
ミルザ・ウルグベク
Mirzo Ulugbek
P.114 コートヤード・バイ・マリオット・タシケント
Courtyard by Marriott Tashkent
中長距離バスターミナルへ
Chapanata St
Usman Nasir St
Babur St
メルキュール・タシケント
Mercure Tashkent
P.114
Little Ring Rd
P.101 日本人墓地
Yaponlar Mozori
タシケント・ユージニイ駅へ
ロイヤルメズボン P.114
The Royal Mezbon
ヤッカサライ墓地
Yakkasaroy Mozori
タシケント国際空港国内線ターミナルへ
タシケント国際空港(国際線ターミナル)

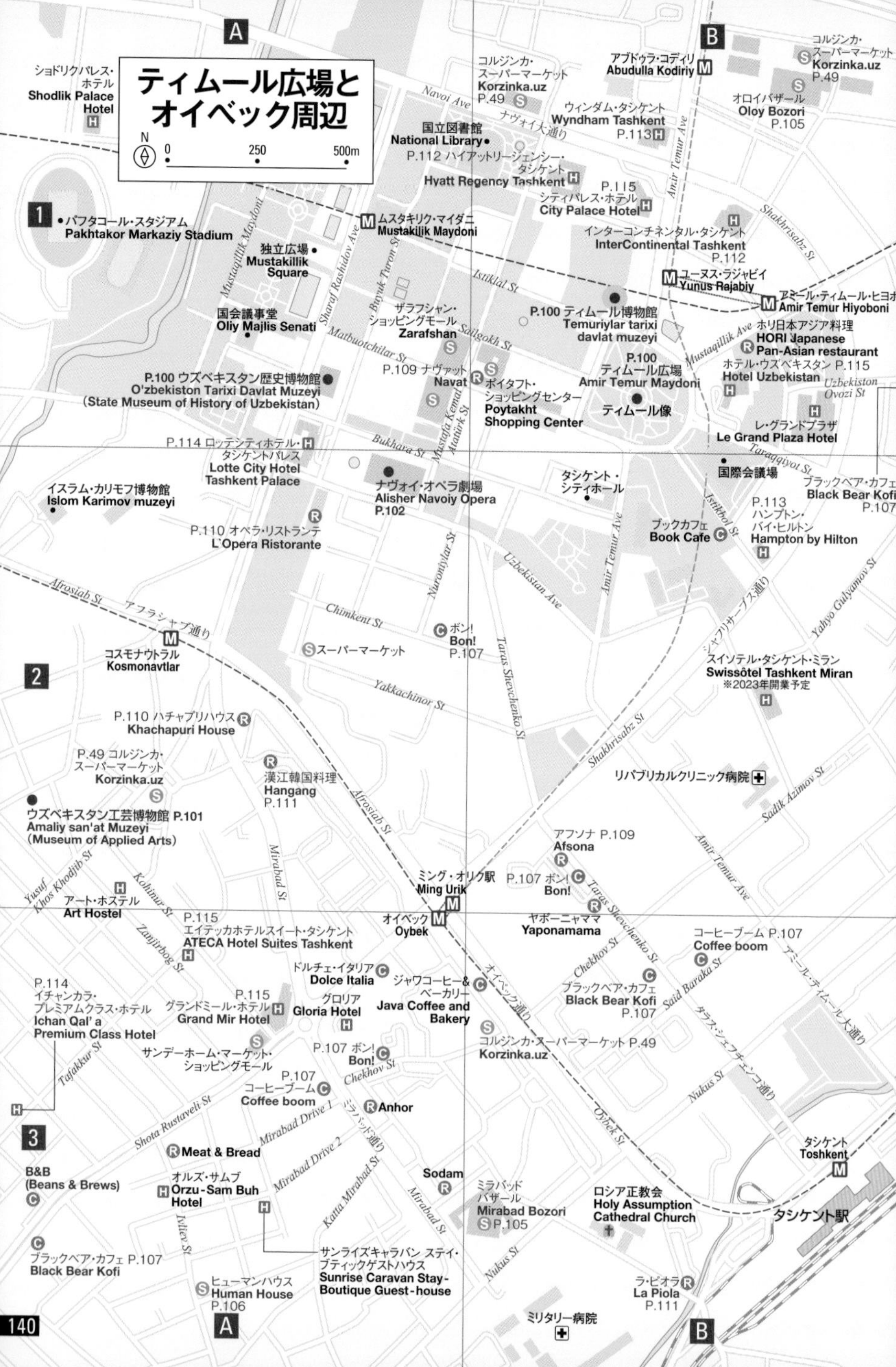
ティムール広場と
オイベック周辺
N
0
250
500m
A
B
1
2
3
ショドリクパレス・ホテル
Shodlik Palace Hotel
パフタコール・スタジアム
Pakhtakor Markaziy Stadium
独立広場
Mustakillik Square
国会議事堂
Oliy Majlis Senati
P.100 ウズベキスタン歴史博物館
O'zbekiston Tarixi Davlat Muzeyi
(State Museum of History of Uzbekistan)
P.114 ロッテシティホテル・タシケントパレス
Lotte City Hotel Tashkent Palace
イスラム・カリモフ博物館
Islom Karimov muzeyi
P.110 オペラ・リストランテ
L`Opera Ristorante
コルジンカ・スーパーマーケット
Korzinka.uz
P.49
国立図書館
National Library
P.112 ハイアットリージェンシー・タシケント
Hyatt Regency Tashkent
ムスタキリク・マイダニ
Mustakilik Maydoni
ザラフシャン・ショッピングモール
Zarafshan
P.109 ナヴァット
Navat
ポイタフト・ショッピングセンター
Poytakht Shopping Center
ナヴォイ・オペラ劇場
Alisher Navoiy Opera
P.102
アブドゥラ・コディリ
Abudulla Kodiriy
ウィンダム・タシケント
Wyndham Tashkent
P.113
P.115
シティパレス・ホテル
City Palace Hotel
インターコンチネンタル・タシケント
InterContinental Tashkent
P.112
ユーヌス・ラジャビイ
Yunus Rajabiy
アミール・ティムール・ヒヨボニ
Amir Temur Hiyoboni
P.100 ティムール博物館
Temuriylar tarixi davlat muzeyi
P.100
ティムール広場
Amir Temur Maydoni
ティムール像
タシケント・シティホール
コルジンカ・スーパーマーケット
Korzinka.uz
P.49
オロイバザール
Oloy Bozori
P.105
ホリ日本アジア料理
HORI Japanese Pan-Asian restaurant
ホテル・ウズベキスタン P.115
Hotel Uzbekistan
レ・グランドプラザ
Le Grand Plaza Hotel
国際会議場
ブラックベア・カフェ
Black Bear Kofi
P.107
P.113
ハンプトン・バイ・ヒルトン
Hampton by Hilton
ブックカフェ
Book Cafe
Navoi Ave
ナヴォイ大通り
Mustaqillik Maydoni
Sharaf Rashidov Ave
Buyuk Turon St
Istiklal St
Matbuotchilar St
Sailgokh St
Mustafa Kemal Ataturk St
Bukhara St
Amir Temur Ave
Shakhrisabz St
Mustaqillik Ave
Uzbekiston Ovozi St
Taraqqiyot St
Istikbol St
Nurontylar St
Uzbekistan Ave
Afrosiab St
アフラシャブ通り
コスモナウトラル
Kosmonavtlar
Chimkent St
スーパーマーケット
ボン!
Bon!
P.107
Yakkachinor St
Taras Shevchenko St
シャフリサーブス通り
Yahyo Gulyamov St
スイソテル・タシケント・ミラン
Swissôtel Tashkent Miran
※2023年開業予定
P.110 ハチャプリハウス
Khachapuri House
P.49 コルジンカ・スーパーマーケット
Korzinka.uz
漢江韓国料理
Hangang
P.111
ウズベキスタン工芸博物館 P.101
Amaliy san'at Muzeyi
(Museum of Applied Arts)
Mirabad St
リパブリカルクリニック病院
Sadik Azimov St
アフソナ P.109
Afsona
P.107 ボン!
Bon!
ヤポーニャママ
Yaponamama
ミング・オリク駅
Ming Urik
オイベック
Oybek
Yusuf Khos Khodjib St
Kohinur St
アート・ホステル
Art Hostel
P.115
エイテッカホテルスイート・タシケント
ATECA Hotel Suites Tashkent
Zanjirbog St
P.114
イチャンカラ・プレミアムクラス・ホテル
Ichan Qal'a Premium Class Hotel
P.115
グランドミール・ホテル
Grand Mir Hotel
ドルチェ・イタリア
Dolce Italia
グロリア
Gloria Hotel
ジャワコーヒー&ベーカリー
Java Coffee and Bakery
オイベック通り
コルジンカ・スーパーマーケット P.49
Korzinka.uz
サンデーホーム・マーケット・ショッピングモール
P.107 ボン!
Bon!
Chekhov St
P.107
コーヒーブーム
Coffee boom
Anhor
コーヒーブーム P.107
Coffee boom
ブラックベア・カフェ
Black Bear Kofi
P.107
Said Baraka St
タラス・シェフチェンコ通り
アミール・ティムール大通り
Nukus St
Tafakkur St
Shota Rustaveli St
Mirabad Drive 1
Mirabad Drive 2
ミラバッド通り
Meat & Bread
B&B
(Beans & Brews)
オルズ・サムブ
Orzu-Sam Buh Hotel
Katta Mirabad St
Sodam
ミラバッドバザール
Mirabad Bozori
P.105
Oybek St
ロシア正教会
Holy Assumption Cathedral Church
タシケント
Toshkent
タシケント駅
Iylitev St
ブラックベア・カフェ P.107
Black Bear Kofi
サンライズキャラバン ステイ・ブティックゲストハウス
Sunrise Caravan Stay-Boutique Guest-house
ヒューマンハウス
Human House
P.106
ラ・ピオラ
La Piola
P.111
ミリタリー病院
Nukus St

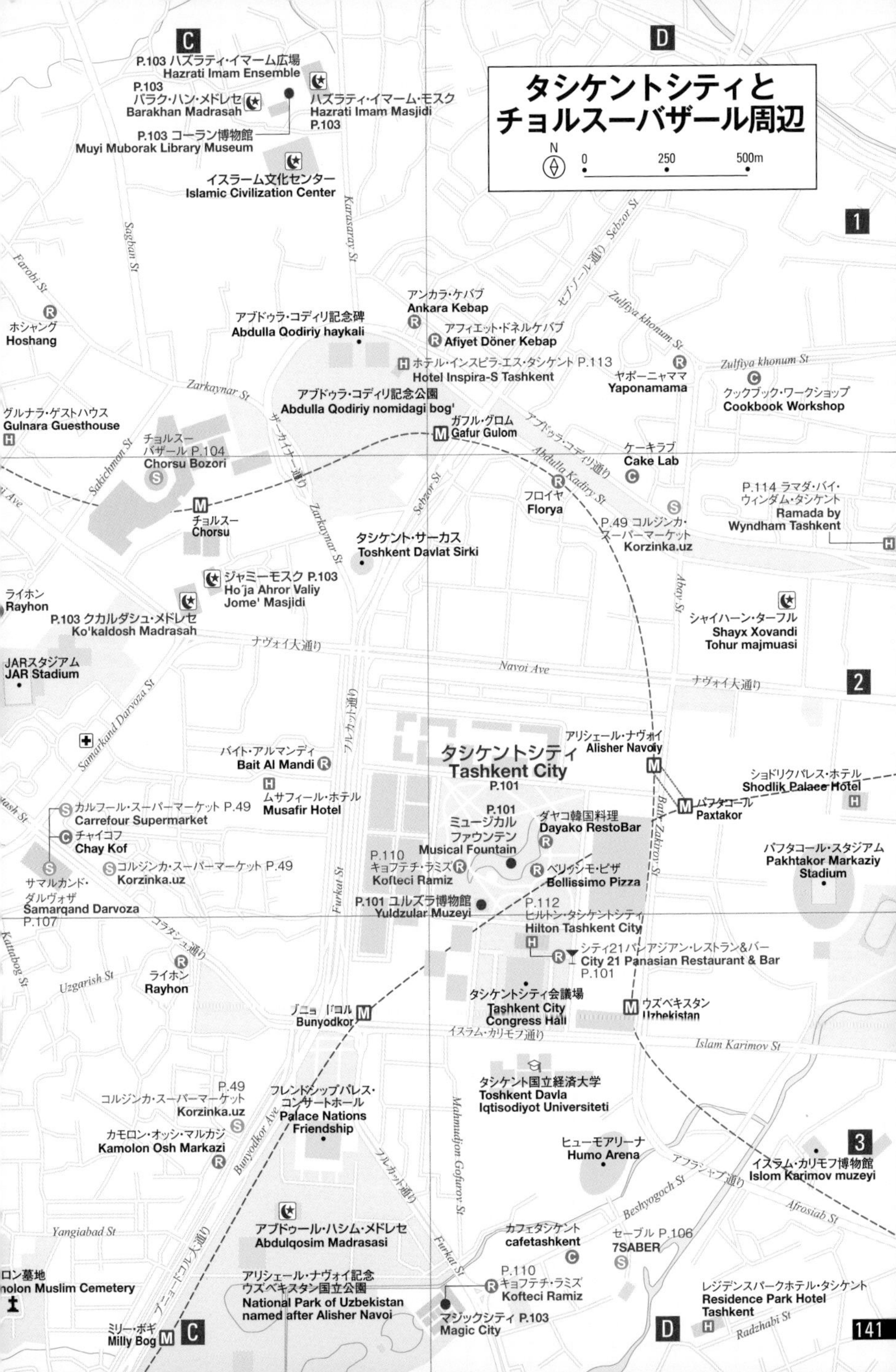
タシケントシティとチョルスーバザール周辺
N
0
250
500m
C
D
1
2
3
P.103 ハズラティ・イマーム広場
Hazrati Imam Ensemble
P.103
バラク・ハン・メドレセ
Barakhan Madrasah
ハズラティ・イマーム・モスク
Hazrati Imam Masjidi
P.103
P.103 コーラン博物館
Muyi Muborak Library Museum
イスラーム文化センター
Islamic Civilization Center
Karasaray St
Sagban St
Farobi St
Sebzor St
セブゾール通り
Zulfiya khonum St
ホシャング
Hoshang
アブドゥラ・コディリ記念碑
Abdulla Qodiriy haykali
アンカラ・ケバブ
Ankara Kebap
アフィエット・ドネルケバブ
Afiyet Döner Kebap
ホテル・インスピラ-エス・タシケント P.113
Hotel Inspira-S Tashkent
ヤポーニャママ
Yaponamama
Zulfiya khonum St
クックブック・ワークショップ
Cookbook Workshop
Zarkaynar St
アブドゥラ・コディリ記念公園
Abdulla Qodiriy nomidagi bog'
グルナラ・ゲストハウス
Gulnara Guesthouse
ガフル・グロム
Gafur Gulom
アブドゥラ・コディリ通り
Abdulla Kadiry St
チョルスー
バザール P.104
Chorsu Bozori
ザーカイナー通り
Sakichmon St
ケーキラブ
Cake Lab
P.114 ラマダ・バイ・
ウィンダム・タシケント
Ramada by
Wyndham Tashkent
フロイヤ
Florya
Sebzor St
チョルスー
Chorsu
Zarkaynar St
タシケント・サーカス
Toshkent Davlat Sirki
P.49 コルジンカ・
スーパーマーケット
Korzinka.uz
Abay St
ジャミーモスク P.103
Ho'ja Ahror Valiy
Jome' Masjidi
ライホン
Rayhon
P.103 クカルダシュ・メドレセ
Ko'kaldosh Madrasah
シャイハーン・ターフル
Shayx Xovandi
Tohur majmuasi
ナヴォイ大通り
Navoi Ave
ナヴォイ大通り
JARスタジアム
JAR Stadium
Samarkand Darvoza St
フルカット通り
タシケントシティ
Tashkent City
P.101
アリシェール・ナヴォイ
Alisher Navoiy
バイト・アルマンディ
Bait Al Mandi
ムサフィール・ホテル
Musafir Hotel
ショドリクパレス・ホテル
Shodlik Palace Hotel
パフタコール
Paxtakor
Baba Zakirov St
カルフール・スーパーマーケット P.49
Carrefour Supermarket
チャイコフ
Chay Kof
P.101
ミュージカル
ファウンテン
Musical Fountain
ダヤコ韓国料理
Dayako RestoBar
パフタコール・スタジアム
Pakhtakor Markaziy
Stadium
P.110
キョフテチ・ラミズ
Kofteci Ramiz
コルジンカ・スーパーマーケット P.49
Korzinka.uz
ベリッシモ・ピザ
Bellissimo Pizza
サマルカンド・
ダルヴォザ
Samarqand Darvoza
P.107
P.101 ユルズラ博物館
Yuldzular Muzeyi
Furkat St
P.112
ヒルトン・タシケントシティ
Hilton Tashkent City
シティ21パンアジアン・レストラン&バー
City 21 Panasian Restaurant & Bar
P.101
Kattabog St
コラダシュ通り
ライホン
Rayhon
Uzgarish St
タシケントシティ会議場
Tashkent City
Congress Hall
ウズベキスタン
Uzbekistan
Bunyodkor
イスラム・カリモフ通り
Islam Karimov St
P.49
コルジンカ・スーパーマーケット
Korzinka.uz
フレンドシップパレス・
コンサートホール
Palace Nations
Friendship
タシケント国立経済大学
Toshkent Davla
Iqtisodiyot Universiteti
カモロン・オッシ・マルカジ
Kamolon Osh Markazi
Bunyodkor Ave
フルカット通り
Mahmudjon Gofurov St
ヒューモアリーナ
Humo Arena
イスラム・カリモフ博物館
Islom Karimov muzeyi
アフラシャブ通り
Beshyogoch St
Afrosiab St
Yangiabad St
アブドゥール・ハシム・メドレセ
Abdulqosim Madrasasi
カフェタシケント
cafetashkent
セーブル P.106
7SABER
ロン墓地
nolon Muslim Cemetery
ブニョドコル大通り
アリシェール・ナヴォイ記念
ウズベキスタン国立公園
National Park of Uzbekistan
named after Alisher Navoi
Furkat St
P.110
キョフテチ・ラミズ
Kofteci Ramiz
レジデンスパークホテル・タシケント
Residence Park Hotel
Tashkent
Radzhabi St
ミリー・ボギ
Milly Bog
マジックシティ P.103
Magic City

INDEX

現地では1ヵ月以上日持ちするといわれるサマルカンドのナン。日本に持ち帰ると、湿気のせいか1週間程度でカビてしまうので注意！

● 観光

● ショップ

●グルメ

●ホテル

STAFF

Producer
河村保之 Yasuyuki Kawamura

Editor
伊藤伸平 Shimpei Ito

Writer
有限会社伊藤伸平事務所 Editorial Office ITO

Photographers
伊藤伸平 Shimpei Ito
写真協力 National PR-Centre / ©iStock / ©Shutterstock / ©Wikimedia Commons

Design
花澤奈津美 Natsumi Hanazawa ● 伊藤伸平 Shimpei Ito ● 荒井英之 Hideyuki Arai (Trouble and Tea Design) ● 株式会社アトリエ・プラン atelier PLAN Co., Ltd

Illustration
株式会社アトリエ・プラン atelier PLAN Co., Ltd

Map
株式会社ジェオ GEO Co., Ltd ● 有限会社伊藤伸平事務所 Editorial Office ITO ● 株式会社アトリエ・プラン atelier PLAN Co., Ltd

Proofreading
ひらたちやこ Chiyako Hirata

Special Thanks
駐日ウズベキスタン共和国大使館 Embassy of the Republic of Uzbekistan in Japan ● ウズベキスタン観光省 Tourism Ministry of Uzbekistan ● 水森由美 Yumi Mizumori ● クチカロフ・ベクゾッド Kuchkotov Behzod ● ツルグノフ・ウミッド Turgunov Umid ● ナショナル PR センター National PR-Centre (State Unitary Enterprise) ● 滝澤しのぶ Shinobu Takizawa ● 高野胡桃 Kurumi Takano ● 川田秀文 Hidehumi Kawada ● ババホジャエヴァ・オルズグル Orzugul Babakhodjaeva ● 宍戸麻理子 Mariko Shishido

地球の歩き方 P23 ぷらっと
Plat ウズベキスタン
サマルカンド ブハラ ヒヴァ タシケント
UZBEKISTAN SAMARKAND

2023 年 5 月 2 日　初版第 1 刷発行
2024 年 10 月 9 日　初版第 2 刷発行

著作編集　地球の歩き方編集室
発 行 人　新井邦弘
編 集 人　由良暁世
発 行 所　株式会社地球の歩き方
〒 141-8425　東京都品川区西五反田 2-11-8
発 売 元　株式会社Gakken
〒 141-8416　東京都品川区西五反田 2-11-8
印刷製本　TOPPAN 株式会社

※本書は 2022 年 10 月の取材、および 2023 年 2 月までの追跡調査に基づいていますが、営業時間と定休日は通常時のデータです。新型コロナウイルス感染症対策の影響で、大きく変わる可能性もありますので、最新情報は各施設のウェブサイトや SNS 等でご確認ください。また特記がない限り、掲載料金は消費税込みの総額表示です。

更新・訂正情報 URL https://www.arukikata.co.jp/travel-support/

●本書の内容について、ご意見・ご感想はこちらまで

〒 141- 8425　東京都品川区西五反田 2-11-8
株式会社地球の歩き方
地球の歩き方サービスデスク「Plat ウズベキスタン」投稿係
URL https://www.arukikata.co.jp/guidebook/toukou.html
地球の歩き方ホームページ（海外・国内旅行の総合情報）
URL https://www.arukikata.co.jp/
ガイドブック『地球の歩き方』公式サイト
URL https://www.arukikata.co.jp/guidebook/

●この本に関する各種お問い合わせ先

・本の内容については、下記サイトのお問い合わせフォームよりお願いします。
URL https://www.arukikata.co.jp/guidebook/contact.html
・広告については、下記サイトのお問い合わせフォームよりお願いします。
URL https://www.arukikata.co.jp/ad_contact/
・在庫については　Tel ▶ 03-6431-1250（販売部）
・不良品（乱丁、落丁）については　Tel ▶ 0570-000577
学研業務センター　〒 354-0045　埼玉県入間郡三芳町上富 279-1
・上記以外のお問い合わせは　Tel ▶ 0570-056-710（学研グループ総合案内）

感想教えてください

読者プレゼント

ウェブアンケートにお答えいただいた方のなかから抽選でクオカード（500 円）をプレゼントします！ 詳しくは左記の二次元コードまたはウェブサイトをチェック☆

応募の締め切り
2025 年 4 月 30 日

URL **https://arukikata.jp/enczsd**

※個人情報の取り扱いについての注意事項は WEB ページをご覧ください。

※本書は株式会社ダイヤモンド・ビッグ社より 2019 年に初版発行したものの最新・改訂版です。
学研グループの書籍・雑誌についての新刊情報・詳細情報は、下記をご覧ください。
学研出版サイト URL https://hon.gakken.jp/